EXCEL 2002 POUR LES NULS

EXCEL 2002 POUR LES NULS

Greg Harvey

First Interactive

Excel 2002 pour les Nuls

Publié par
Hungry Minds, Inc.
909 Third Avenue
New york, NY 10022

Collection dirigée par Jean-Pierre Cano
Edition : Pierre Chauvot
Maquette et mise en page : Edouard Chauvot
Traduction : Bernard Jolivalt

Edition française publiée en accord avec Hungry Minds, Inc.
© 2002 par Éditions First Interactive
33, avenue de la République
75011 Paris - France
Tél. 01 40 21 46 46
Fax 01 40 21 46 20
E-mail : firstinfo@efirst.com
Web : www.efirst.com
ISBN : 2-84427-255-X
Dépôt légal : 1er trimestre 2002

Sommaire

Introduction

Excel 2002 pour les Nuls expose toutes les techniques fondamentales que vous devez connaître pour créer, modifier, mettre en forme et imprimer vos propres feuilles de calcul. En plus de vous montrer ce qu'est une feuille de calcul, ce livre explique comment créer des graphiques et des bases de données. Gardez cependant à l'esprit que ce livre ne fait qu'aborder ces notions de la manière la plus facile ; il n'a pas du tout été question, pour moi, d'aller au fond des choses. Le livre est essentiellement consacré à la création de feuilles de calcul avec Excel, car c'est bien cela qui intéresse les foules.

Comment ce livre est structuré

Ce livre est organisé en cinq parties. Chaque partie contient au moins deux chapitres – c'est l'éditeur qui va être content... – qui présentent une certaine continuité – pour que vous soyez content. Chaque chapitre est subdivisé en sections qui exposent les bases du sujet. Ne vous attachez pas trop à la structure de ce livre ; après tout, peu importe que vous ayez appris à modifier une formule avant de savoir comment mettre les cellules en forme, ou que vous ayez appris à imprimer avant de savoir éditer. Ce qui est important, c'est que vous découvriez l'information nécessaire pour exécuter une tâche et que vous sachiez où la rechercher.

Des fois que ça vous intéresserait, voici un aperçu de ce que vous trouverez dans chaque partie.

Première partie : On se jette à l'eau

Cette partie explique les fondements du logiciel, notamment comment le démarrer. Vous apprendrez à reconnaître les différentes parties de l'écran, à saisir des informations dans la feuille de calcul, à enregistrer un document, etc. Si vous n'avez jamais vu un tableur de près, vous avez intérêt à parcourir le Chapitre 1 pour savoir à quoi ce programme peut bien servir avant de passer, dans le Chapitre 2, à la création des feuilles de calcul.

Deuxième partie : L'art et la manière de modifier un classeur

Dans cette partie, je vous explique comment éditer la feuille de calcul pour lui donner belle apparence, et aussi comment effectuer des modifications assez conséquentes sans courir au désastre. Parcourez le Chapitre 3 lorsque vous aurez besoin de savoir comment mettre les données en forme afin de mieux les présenter. Reportez-vous au Chapitre 4 pour réarranger, supprimer ou insérer de nouvelles informations dans une feuille de calcul. Et ne manquez pas de lire le Chapitre 5 pour connaître tous les ragots qui courent sur l'impression que vous faites.

Troisième partie : S'organiser et rester organisé

Là, je vous explique en long et en large comment ne pas vous faire piéger par les données que vous avez entrées dans vos feuilles de calcul. Le Chapitre 6 est truffé de bonnes idées sur l'art et la manière d'organiser rationnellement vos données dans une seule feuille. Le Chapitre 7 vous dit tout sur le travail avec différentes feuilles d'un même classeur et comment transférer des données entre elles.

Quatrième partie : Y a-t-il une vie après le tableur ?

Cette partie explore les voies obscures du tableur. Le Chapitre 8 vous démontrera combien il est ridiculement facile de créer des graphiques à partir de vos données. Dans le Chapitre 9, vous découvrirez combien il peut être utile de recourir à Excel pour confectionner une base de données, et ce quand vous devez organiser et gérer une grande quantité d'informations.

Cinquième partie : Les dix commandements

La dernière partie contient une liste des dix informations, astuces et suggestions les plus utiles.

Les conventions utilisées dans ce livre

Les informations qui suivent vous expliquent quelque peu comment les choses sont présentées dans le livre. Les éditeurs appellent cela des *conventions* mais, contrairement aux conventions politiques, il n'est besoin ni de faire campagne, ni de s'en prendre à l'adversaire.

Bien que vous utilisiez abondamment la souris et les raccourcis clavier pour vous déplacer dans les feuilles de calcul, vous devrez néanmoins saisir les données manuellement. Lorsqu'il vous est demandé de saisir une formule, ce que vous devez taper apparaît en **gras.** Exemple : Tapez **=somme(A2:B2)** signifie que vous devez exactement taper cela, et appuyer ensuite sur la touche Entrée afin de valider cette formule.

Il vous arrivera de devoir appuyer sur une *combinaison de touches* pour exécuter une action. Elle se présente ainsi : Ctrl+S. Le signe "plus" signifie que vous devez maintenir les touches Ctrl et S enfoncées en même temps puis les relâcher. Ce genre de manipulation exige un peu de doigté...

Quand vous devrez parcourir des menus, je vous demanderai parfois (mais pas trop souvent) d'utiliser les *flèches de commande* qui vous font passer d'un menu à un sous-menu jusqu'à l'option recherchée. Par exemple, si je vous demande d'ouvrir le menu Fichier pour atteindre la commande Ouvrir, je l'écrirai ainsi : choisissez Fichier/Ouvrir.

Les pictogrammes

Les pictogrammes que voici sont fort judicieusement placés dans la marge pour attirer l'attention sur ce qui vaut ou non la peine d'être lu :

Ce pictogramme vous signale des propos hautement techniques que vous ne voudrez certainement pas lire (sauf si personne ne vous regarde).

Ce pictogramme signale un raccourci clavier ou toute autre astuce concernant le sujet en cours.

Ce pictogramme est un pense-bête qui rappelle une information que vous avez sans doute encore en mémoire.

Ce pictogramme indique ce que vous devez faire pour éviter une catastrophe.

Première partie

On se jette à l'eau

Dans cette partie...

Dans le Chapitre 1, nous examinerons l'écran d'Excel 2002 en détail, et vous comprendrez à quoi sert cette débauche d'icônes, de boutons et de panneaux qui vous accompagneront jour après jour.

Afin d'exploiter Excel à fond, vous devez apprendre à utiliser tout ce fourbi (les boutons, les panneaux et tout le reste...). C'est là que le Chapitre 2 entre en jeu et vous fournit tous les tuyaux pour entrer efficacement vos données dans la feuille de calcul. A partir de cette humble entrée en matière, le chemin n'est pas très long jusqu'à la maîtrise complète du logiciel.

Chapitre 1

C'est quoi tout ça ?

Dans ce chapitre :

- Décider de l'utilisation d'Excel 2002.
- Notions de base sur les cellules.
- Démarrer Excel 2002 depuis le menu Démarrer ou la barre de raccourci d'Office.
- Se familiariser avec l'écran d'Excel 2002.
- Quelques tuyaux sur les barres d'outils d'Excel 2002.
- Surfer dans un classeur d'Excel.
- Sélectionner des commandes dans les menus déroulants.
- Obtenir de l'aide de l'Assistant Poser une question.
- S'en sortir avec Excel 2002.

Le seul fait que des tableurs comme Excel 2002 soient devenus aussi courants sur un ordinateur, de nos jours, qu'un logiciel de traitement de texte ou un jeu vidéo ne signifie pas pour autant qu'ils sont bien maîtrisés. J'ai rencontré une foule de gens qui étaient très versés dans l'art d'écrire et mettre en page un texte avec Microsoft Word, mais qui n'avaient aucune idée, ou si peu, de ce qu'ils pourraient faire avec Excel.

Des lignes et des colonnes...

Regardez une feuille de calcul Excel vierge, comme celle de la Figure 1.1 : qu'est-ce que vous y voyez ? Des tas de lignes et de colonnes ! L'intersection de ces lignes et de ces colonnes (il en existe des dizaines de milliers dans un seul dossier Excel) définit ce que l'on appelle, dans le jargon des tableurs, des *cellules.* Chaque donnée, qu'il s'agisse d'un nom propre, d'une adresse postale, de chiffres de ventes ou de la date de naissance de la tante Berthe est placée dans une des cellules de la feuille de calcul que vous concoctez.

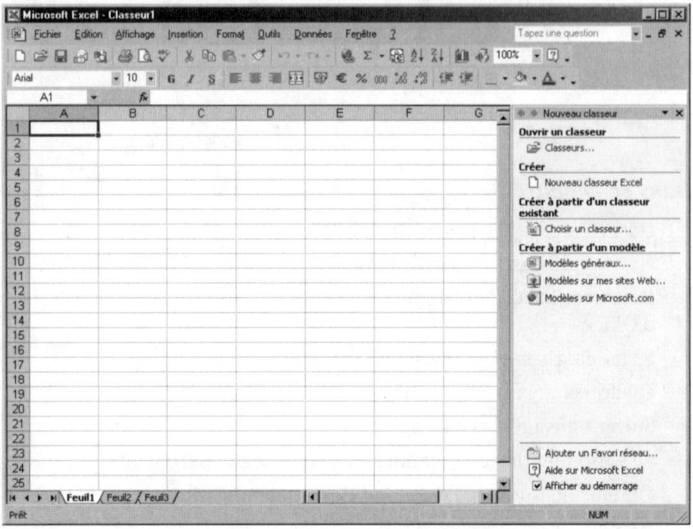

Figure 1.1 : Des cellules toutes pareilles...

L'adresse d'une cellule

Une feuille de calcul d'Excel est bordée sur les côtés supérieur et gauche d'une série de lettres et de numéros qui identifient respectivement les colonnes et les lignes. Ce système de repérage est indispensable car une feuille de calcul est très étendue ; dans la Figure 1.1, on en voit qu'une toute petite partie. Les références d'une cellule identifient son emplacement aussi sûrement qu'une adresse postale et évitent que vous vous égariez dans la feuille.

Comme le montre la Figure 1.2, Excel indique toujours la position de la cellule active – celle que vous utilisez – de trois manières.

- Observez la petite fenêtre blanche au-dessus du coin en haut à gauche de la feuille de calcul, qui contient l'indication D5. Il s'agit de la Zone Nom. Elle se trouve à gauche de la barre de formule. C'est dans la Zone Nom qu'Excel indique les références de la cellule active selon la lettre de la colonne (D) et le numéro de la ligne (5).

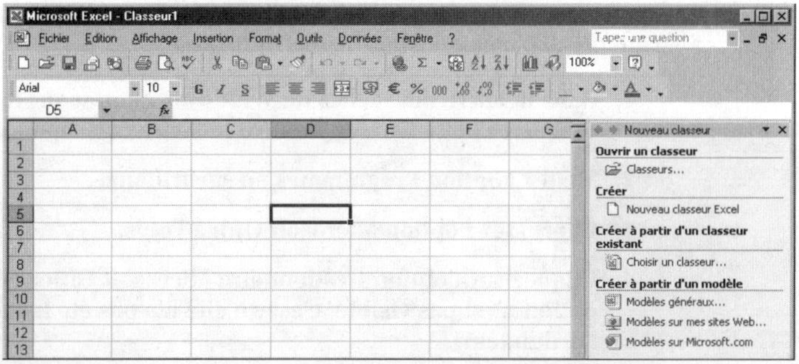

Figure 1.2 : Excel vous indique où vous êtes dans la feuille de calcul.

- Dans la feuille de calcul elle-même, le pointeur de cellule apparaît sous la forme d'une bordure épaisse. Il indique la ou les cellules sélectionnées.
- Dans les en-têtes de colonnes et de lignes, celles correspondant à l'emplacement de la cellule sont plus sombres et entourées d'une bordure un peu plus marquée.

TRUC

Dans une feuille de calcul, vous ne pouvez entrer des données que dans la cellule active.

Ne pouvoir entrer des données que dans la cellule active a d'énormes répercussions ; en effet, si vous accordez plus d'attention à ce que vous comptez entrer dans la feuille de calcul qu'à ce qui s'y trouve déjà, vous risquez de remplacer par inadvertance les données déjà présentes. Cela signifie aussi que vous ne pouvez pas éditer une entrée de cellule particulière si cette dernière n'a pas d'abord été sélectionnée pour en faire la cellule active (NdT : une *entrée* désigne tous textes, chiffres, formules ou données placés dans une cellule. Le contenu d'une cellule est une entrée).

Démarrer Excel 2002 depuis la barre d'outils Programmes ou le gestionnaire Microsoft Office

Démarrer Excel 2002 depuis le gestionnaire Microsoft Office est le moyen le plus rapide d'accéder au logiciel. Le seul problème avec cette méthode, c'est que vous ne pouvez l'utiliser que si le gestionnaire Microsoft Office a été installé, et si la barre d'outils Office ou Programmes (contenant le bouton Excel) a été sélectionnée. Procédez comme suit pour afficher le gestionnaire Microsoft Office (si bien sûr il a été préalablement installé dans l'ordinateur) :

1. **Dans la barre des tâches de Windows, cliquez sur le bouton Démarrer pour faire apparaître le menu correspondant.**
2. **Mettez l'option Programmes en surbrillance.**
3. **Choisissez l'option Microsoft Office Tools.**
4. **Cliquez sur l'option Gestionnaire Microsoft Office (si cette option n'est pas visible, c'est qu'elle n'a pas été installée dans l'ordinateur).**

Pour sélectionner la barre d'outils Office ou Programmes, cliquez avec le bouton droit de la souris sur le nom de la barre d'outils puis, dans le menu contextuel, choisissez Office ou Programmes.

Après avoir affiché la barre d'outils Office ou Programmes, vous pouvez démarrer Excel 2002. Localisez l'icône d'Excel 2002 (elle représente un "XL" stylisé vert) puis cliquez dessus.

Lancer Excel 2002 depuis le menu Démarrer

Si pour une raison ou pour une autre vous ne tenez pas à démarrer Excel 2002 depuis le gestionnaire Microsoft Office, vous pouvez le faire depuis le menu Démarrer de Windows en procédant comme suit :

1. **Dans la barre des tâches, cliquez sur le bouton Démarrer afin d'accéder au menu contextuel.**
2. **Mettez l'option Programmes en surbrillance.**
3. **Dans le menu Programmes, choisissez l'option Microsoft Excel.**

Cela fait, le chargement d'Excel commence. Une page d'accueil s'affiche brièvement puis, dès la fin du chargement, un écran semblable à ceux visibles dans les Figures 1.1 et 1.2 apparaît. Il montre un nouveau classeur que vous pouvez commencer à utiliser.

Travailler à la souris

Un logiciel sous Windows comme Excel se base sur quatre actions élémentaires pour sélectionner et manipuler les différents objets du logiciel et les fenêtres du classeur :

- **Cliquez sur un objet pour le sélectionner :** Amenez le pointeur de la souris et appuyez très brièvement sur le bouton principal (celui de gauche à moins que, gaucher, vous ayez permuté les boutons de la souris).
- **Cliquez sur un objet avec le bouton droit de la souris pour afficher son menu contextuel :** Amenez le pointeur quelque part et appuyez brièvement sur le bouton droit de la souris (à moins que, gaucher, vous ayez quelque peu permuté les boutons).
- **Double-cliquez sur un objet pour l'ouvrir :** Amenez le pointeur de la souris sur un élément et appuyez deux fois sur le bouton, à intervalles très brefs (NdT : car "double-cliquer" n'est pas l'équivalent de "cliquer deux fois", c'est-à-dire une fois, et encore une fois).
- **Faites glisser un objet pour le déplacer ou le copier :** Amenez le pointeur sur un objet puis, le bouton gauche de la souris enfoncé, tirez cet objet dans la direction de votre choix. Une fois qu'il se trouve à l'emplacement désiré, relâchez le bouton pour déposer l'objet.

Quand vous cliquez sur un objet pour le sélectionner, vous devez veiller à ce qu'au moment de cliquer l'extrémité du pointeur de la souris soit placé sur l'objet que vous désirez sélectionner. Pour éviter tout déplacement intempestif au moment du clic, maintenez fermement la souris entre votre pouce – placé sur un côté – et l'annulaire et le petit doigt, et cliquez avec l'index. Si vous n'avez pas assez d'espace pour déplacer la souris, levez-la et repositionnez-la ailleurs (ce qui n'entraîne aucun déplacement du pointeur).

Le pointeur de la souris

Ne confondez pas le pointeur de la souris avec le pointeur de cellule. Le pointeur de la souris change de forme selon l'endroit où il se trouve. Le pointeur de cellule est le liseré qui entoure la ou les cellules sélectionnées. Le pointeur de la souris réagit au moindre mouvement de la souris sur son tapis ; il est de plus indépendant du pointeur de cellule. Ce dernier est positionné en amenant l'épais pointeur en forme de croix au-dessus de la cellule à sélectionner et en appuyant ensuite sur le bouton principal de la souris.

Que faire de tous ces boutons ?

La Figure 1.3 montre les différentes parties d'une fenêtre Excel telle qu'elle apparaît lorsque vous démarrez le tableur pour la première fois (c'est-à-dire sans avoir préalablement ouvert une feuille de calcul existante). Comme vous le constatez, cette fenêtre est remplie d'éléments ô combien utiles, même si elle vous paraît de prime abord assez compliquée.

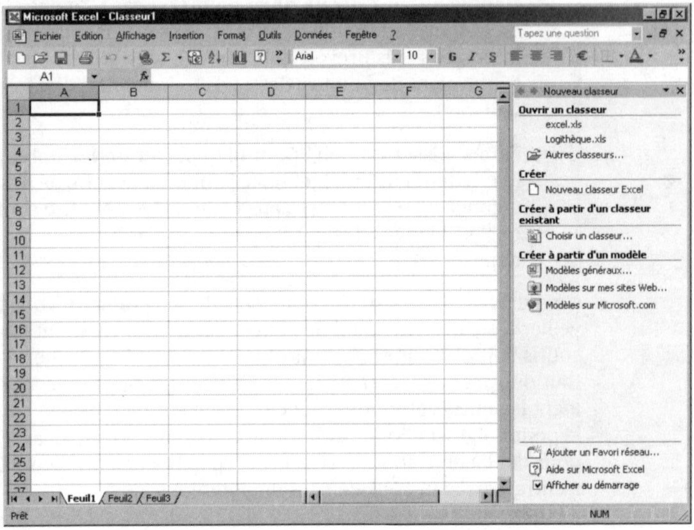

Figure 1.3 : La fenêtre d'Excel contient tout un assortiment de boutons et de barres d'outils.

Un coup d'œil sur la barre de titre

La première barre d'Excel est appelée *barre de titre* car elle affiche le nom du logiciel présent dans la fenêtre, Microsoft Excel en l'occurrence. Lorsque la fenêtre du classeur est agrandie au maximum, comme c'est le cas dans la Figure 1.3, le nom du classeur suit le nom du logiciel, comme dans cet exemple :

```
Microsoft Excel - Classeur1
```

A gauche du nom du logiciel et du fichier, vous apercevez l'icône d'Excel (un L en italique, barré pour former un X). Cliquer sur cette icône fait apparaître le menu Commandes avec toutes les options permettant de redimensionner ou déplacer la fenêtre d'Excel. Si vous choisissez la commande Fermer (le bouton avec un X, à droite de la barre de titre) ou que vous appuyez sur Alt+F4, qui est le raccourci clavier, vous quittez Excel et retournez dans le Bureau de Windows.

Les boutons à droite de la barre de titre sont des boutons de redimensionnement. Cliquer sur le bouton Réduire (celui avec un signe de soulignement) place Excel dans la barre des tâches de Windows. Cliquer sur le bouton Restaurer (celui avec deux rectangles qui se chevauchent) réduit la taille d'Excel. Le bouton Restaurer est remplacé par le bouton Agrandir, reconnaissable à son unique rectangle. Il sert à rétablir Excel à la taille maximale dans l'écran. Si vous cliquez sur le bouton Fermer (celui avec un X), vous quittez Excel, exactement comme si vous aviez choisi Fermer dans le menu Commandes ou appuyé sur Alt+F4.

La barre de menu

La deuxième barre de la fenêtre d'Excel est la *barre de menu.* Elle contient des menus déroulants dont le premier est nommé Fichier et le dernier, indiqué seulement par un point d'interrogation, est le menu d'aide. Ils servent à sélectionner les commandes d'Excel dont vous aurez besoin pour créer ou modifier vos feuilles de calcul (reportez-vous à la section "Commander directement le menu" pour en savoir plus sur la sélection des commandes).

Une icône Excel se trouve à gauche de la barre de menus. Cliquer dessus déroule un menu Commandes presque identique à celui de la barre de titre ; il contient diverses commandes de redimensionnement et de déplacement de la fenêtre du classeur Excel. Choisissez la commande Fermer (ou appuyez sur les touches de raccourci Ctrl+W ou Ctrl+F4) pour fermer le classeur d'Excel courant, mais sans quitter Excel.

A droite des menus se trouve une boîte de texte contenant le texte "Tapez une question". Vous pouvez l'utiliser pour poser n'importe quelle question sur Excel 2002 et accéder aux rubriques d'aide correspondantes. Elles sont affichées sous la boîte de texte ; cliquer sur l'une de ces rubriques ouvre automatiquement l'aide d'Excel (pour en savoir plus, reportez-vous à la section "Les appels à l'aide", plus loin dans ce chapitre).

Les boutons de redimensionnement à droite de la barre de menu opèrent pour le classeur courant de la même manière que pour le logiciel Excel. Cliquez sur le bouton Réduire et la fenêtre du classeur se ratatine sous la forme d'une petite barre de titre, tout en bas de la fenêtre d'Excel. Cliquez sur le bouton Restaurer, et la fenêtre courante réduit sa taille. L'icône de classeur, le nom du fichier et les boutons de redimensionnement restent visibles sur cette fenêtre de classeur quelque peu réduite ; le bouton Restaurer est remplacé par un bouton Agrandir, que vous pouvez utiliser pour rétablir la fenêtre à sa taille maximale. Si vous cliquez sur le bouton Fermer (celui avec un X), vous fermez le fichier du classeur courant, tout comme si vous aviez choisi Fermer dans le menu Commandes ou appuyé sur Ctrl+W ou sur Ctrl+F4.

Pour chaque classeur que vous ouvrez, Excel 2000 ajoute automatiquement un bouton dans la barre des tâches de Windows. Cette nouvelle fonctionnalité fort commode permet de passer rapidement d'un classeur à un autre. Lorsque vous réduisez Excel dans la barre des tâches, un bouton comportant le nom du classeur courant est placé dans la barre des tâches.

Les barres d'outils Standard et Mise en forme

La troisième barre d'Excel 2002 est en fait la juxtaposition des deux barres d'outils les plus connues, Standard et Mise en forme. Elles contiennent les boutons (appelés aussi *outils*) utilisés pour effectuer les tâches les plus communes dans Excel. Les outils de la barre Standard servent essentiellement à effectuer des opérations élémentaires sur les fichiers, comme la création, l'enregistrement, l'ouverture ou l'impression des classeurs. Les outils de la barre Mise en forme servent à modifier l'apparence des données, en sélectionnant notamment une nouvelle police, en modifiant sa taille et en appliquant des enrichissements tels que le **gras,** le <u>soulignement</u> ou l'*italique* aux chiffres et aux textes.

Pour savoir à quoi servent les différents outils de ces deux barres (et des autres), immobilisez simplement le pointeur de la souris au-dessus de l'un d'eux jusqu'à ce qu'une petite étiquette (appelée *info-bulle*) apparaisse sous la flèche. Pour qu'Excel exécute la commande associée à un outil, cliquez simplement sur le bouton en question.

Du fait que les barres d'outils Standard et Mise en forme contiennent chacune un grand nombre de boutons, il est impossible de les afficher tous ensemble sur une seule et même rangée. C'est pourquoi chacune de ces barres affiche un bouton Options de barre d'outils, matérialisé par une petite flèche pointée vers le bas, surmontée d'un double chevron de continuation (>>). La seule présence de ce symbole vous indique que la barre est tronquée et que tous ses boutons ne sont pas affichés.

Lorsque vous cliquez sur le bouton Options de barre d'outils, Excel affiche une palette contenant les boutons non affichés dans la barre d'outils. Deux commandes se trouvent en bas de cette palette :

- **Afficher les boutons sur deux lignes.** Les barres Standard et Mise en forme sont affichées chacune sur des rangées séparées.
- **Ajouter/Supprimer des boutons.** Cette commande est accompagnée d'un menu déroulant qui permet de personnaliser la présence des boutons sur la barre d'outils Standard ou Mise en forme.

Lorsque vous sélectionnez l'option Ajouter/Supprimer des boutons, dans les Options de barre d'outils, Excel affiche un sous-menu dans lequel vous sélectionnez la barre d'outils Standard ou Mise en forme. Cela fait, un autre menu présente tous les boutons associés à la barre choisie. Les cases de tous les boutons actuellement affichés sont cochées. Pour ajouter des boutons, il suffit de cocher leurs cases. Pour supprimer temporairement des boutons, cliquez dans une case afin d'ôter la coche.

Le Tableau 1.1 indique les noms et les fonctions de chacun des outils de la barre Standard d'Excel 2002. Le Tableau 1.2 contient ceux de la barre d'outils Mise en forme. Ne vous laissez pas impressionner par cette liste car, au fur et à mesure que vous utiliserez Excel, vous finirez par bien les connaître.

Tableau 1.1 : Les outils de la barre Standard.

Bouton	Outil	Fonction
	Nouveau	Ouvre un nouveau classeur avec trois feuilles de calcul vierges.
	Ouvrir	Sert à ouvrir un classeur Excel existant.
	Enregistrer	Enregistre les modifications dans le classeur courant.
	Message électronique	Ouvre l'en-tête d'un message électronique afin d'envoyer la feuille de calcul à quelqu'un via l'Internet.

Bouton	Outil	Fonction
	Rechercher	Ouvre dans la partie droite d'Excel un panneau de recherche permettant de retrouver un classeur que vous auriez créé ou de localiser une donnée particulière.
	Imprimer	Imprime le classeur.
	Aperçu avant impression	Visualise l'apparence de la feuille de calcul une fois qu'elle sera imprimée.
	Orthographe	Vérifie l'orthographe du texte de la feuille de calcul.
	Couper	Supprime la sélection courante, dans la feuille de calcul, et la place dans le Presse-papiers en prévision d'un collage.
	Copier	Copie la sélection courante dans le Presse-papiers.
	Coller	Colle le contenu du Presse-papiers dans la feuille de calcul.
	Reproduire la mise en forme	Applique le format de la cellule courante à la sélection de cellule que vous choisissez.
	Annuler	Annule la ou les dernières actions.
	Rétablir	Répète les dernières actions.
	Insérer un lien hypertexte	Permet de placer un lien hypertexte pointant vers un autre fichier, une adresse Internet (URL) ou un endroit spécifique dans un autre document.
	Somme automatique	Additionne, effectue la moyenne, compte ou trouve les valeurs minimale et maximale d'une sélection de cellules. Permet aussi de choisir d'autres fonctions d'Excel.
	Conversion en euro	Remplace le signe monétaire d'un chiffre par le signe monétaire de l'euro (_). Si le format de la cellule est de type Comptabilité, cliquer sur ce bouton affiche un convertisseur francs/euros.
	Tri croissant	Trie les données d'une sélection de cellules dans l'ordre alphabétique et/ou numérique, selon le type des données.
	Tri décroissant	Trie les données d'une sélection de cellules dans l'ordre alphabétique et/ou numérique inverse, selon le type des données.

Bouton	Outil	Fonction
	Assistant Graphique	Vous assiste dans toutes les étapes de la création d'un graphique à partir des données de la feuille de calcul courante.
	Dessin	Affiche ou masque la barre d'outils Dessin. Comme nous le verrons dans le Chapitre 8, elle contient de quoi tracer diverses sortes de flèches et de formes géométriques.
100%	Zoom	Agrandit ou réduit l'affichage de la feuille de calcul.
	Aide sur Microsoft Excel	Affiche, dans la partie droite du tableur, la fenêtre de l'aide en ligne dans laquelle vous pouvez poser une question concernant l'utilisation d'Excel (reportez-vous à la section "Appel à l'aide", plus loin dans ce chapitre, pour en savoir plus).
	Options de barre d'outils	Cliquer sur cet outil fait apparaître un menu déroulant permettant d'afficher les barres Standard et Mise en forme sur deux rangées (si ce n'est pas déjà le cas) ou sur une rangée (si elles sont superposées). Il est aussi possible de configurer l'affichage ou non de tel ou tel bouton. Si la barre d'outils est tronquée (signalée par le symbole de continuation >>), une palette montre tous les outils qui ne sont actuellement pas visibles.

Tableau 1.2 : Les outils de la barre Mise en forme.

Bouton	Outil	Fonction
Arial	Police	Applique une nouvelle police aux données figurant dans les cellules sélectionnées.
10	Taille de police	Applique une nouvelle taille à la police des données figurant dans les cellules sélectionnées.
G	Gras	Met en gras, ou supprime le gras des données des cellules sélectionnées.
I	Italique	Met en italique, ou supprime l'italique des données des cellules sélectionnées.
S	Souligné	Souligne, ou supprime le soulignement des données des cellules sélectionnées (mais ne souligne pas la ou les cellules).

Bouton	Outil	Fonction
	Aligné à gauche	Cale les données des cellules sélectionnées à gauche.
	Au centre	Centre le contenu des cellules sélectionnées.
	Aligné à droite	Cale les données des cellules sélectionnées à droite.
	Fusionner et centrer	Transforme plusieurs cellules contiguës en une seule et centre les données qui s'y trouvent.
	Monétaire	Applique le format monétaire aux chiffres figurant dans la ou les cellules sélectionnées, avec séparation des milliers, deux décimales et le symbole monétaire.
	Euro	Affiche un convertisseur de devises en euros, applicable aux cellules sélectionnées.
	Style de pourcentage	Applique un format de pourcentage à la ou les cellules sélectionnées. Les valeurs sont multipliées par 100 et affichées avec le signe %, sans décimales.
	Séparateur de milliers	Segmente un chiffre par milliers, affiche une virgule ainsi que deux décimales.
	Ajouter une décimale	Ajoute une décimale à la ou les cellules sélectionnées chaque fois que vous cliquez sur cet outil. L'effet est inversé lorsque vous maintenez la touche Maj enfoncée pendant le clic.
	Réduire les décimales	Supprime une décimale à la ou les cellules sélectionnées chaque fois que vous cliquez sur cet outil. L'effet est inversé lorsque vous maintenez la touche Maj enfoncée pendant le clic.
	Diminuer le retrait	Diminue le retrait, vers la gauche dans la cellule courante, d'une largeur de caractère de la police standard.
	Augmenter le retrait	Augmente le retrait, vers la droite dans la cellule courante, d'une largeur de caractère de la police standard.
	Bordure	Applique aux cellules sélectionnées la bordure sélectionnée dans la palette déroulante associée à cet outil.
	Couleur de remplissage	Permet de choisir dans une palette la couleur de fond des cellules sélectionnées, de l'appliquer et de la mémoriser.

Bouton	Outil	Fonction
	Couleur de police	Permet de choisir dans une palette la couleur des données contenues dans les cellules sélectionnées, de l'appliquer et de la mémoriser.
	Options de barre d'outils	Cliquer sur cet outil fait apparaître un menu déroulant permettant d'afficher les barres Standard et Mise en forme sur deux rangées (si ce n'est pas déjà le cas) ou sur une rangée (si elles sont superposées). Il est aussi possible de configurer l'affichage ou non de tel ou tel bouton. Si la barre d'outils est tronquée (signalée par le symbole de continuation >>), une palette montre tous les outils qui ne sont actuellement pas visibles.

Fureter dans la barre de formule

La barre de formule indique l'adresse d'une cellule et affiche son contenu. Elle est divisée en trois parties :

- **La Zone Nom.** La partie la plus à gauche contient l'adresse de la cellule courante.
- **Les boutons de barre de formule.** La deuxième partie de la barre, en grisé, contient le bouton qui déploie le menu déroulant de la Zone Nom ainsi qu'un bouton d'insertion de formule marqué *fx*.
- **Le contenu de la cellule.** Cette troisième zone s'étend jusqu'au bord droit du tableur.

Si la cellule courante est vide, cette troisième partie de la barre de formules est vierge. Dès que vous commencez à entrer des données dans la feuille de calcul ou à taper une formule, les deuxième et troisième parties de la barre de formule prennent vie. Dès la saisie d'un premier caractère, les boutons Annuler et Entrer apparaissent dans la zone en grisé, entre le bouton de la Zone Nom – qui se transforme automatiquement en bouton listant les fonctions, chaque fois que vous entrez une formule – et le bouton Insérer une fonction (voir Figure 1.4). Nous reviendrons sur tous ces boutons dans le Chapitre 2.

Juste après le bouton Insérer une fonction, vous apercevez les caractères que vous êtes en train de taper dans la cellule de la feuille de calcul. Lorsque vous avez terminé de taper – ce que vous signalez en cliquant sur la touche Entrée –, Excel affiche les données ou la

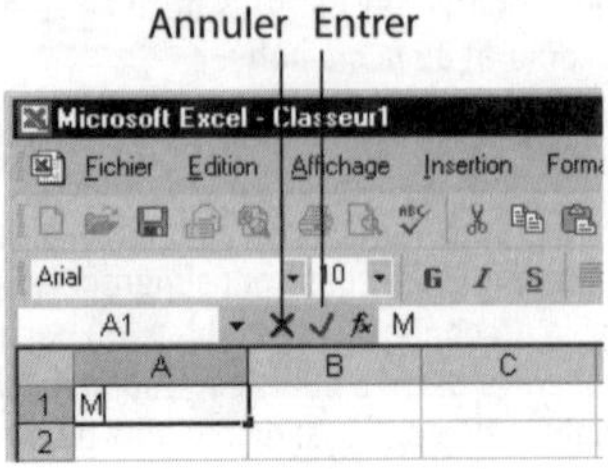

Figure 1.4 : Lorsque vous écrivez dans une cellule, les boutons Annuler et Entrer apparaissent dans la barre de formule, entre les boutons Zone Nom et Insérer une fonction.

formule dans la barre de formule tandis que les boutons Annuler et Entrer disparaissent. Le contenu d'une cellule apparaît toujours dans la barre de formule chaque fois que vous sélectionnez cette cellule avec le pointeur.

La fenêtre d'un classeur

Lorsque vous démarrez le logiciel – autrement qu'en ayant double-cliqué sur l'icône d'un fichier Excel –, un classeur Excel vierge est ouvert dans la fenêtre située juste sous la barre de formule, en même temps qu'à droite, le volet Office. Comme vous le constatez dans la Figure 1.5, lorsque vous cliquez sur le bouton Agrandissement, le classeur occupe toute la place disponible à gauche du volet. La barre de titre du classeur contient un nom de fichier provisoire, comme Classeur1 ou, si vous en ouvrez un autre, Classeur2, et ainsi de suite.

Des boutons de défilement des onglets de feuille de calcul se trouvent en bas de la fenêtre du classeur. Ils précèdent les onglets qui activent les diverses feuilles de calcul du classeur (par défaut, tout nouveau classeur comporte trois feuilles de calcul). Vous trouvez ensuite la barre de défilement horizontal qui permet d'accéder aux diverses colonnes. A droite de la fenêtre du classeur, une barre de défilement vertical donne accès aux lignes de la feuille de calcul, dont seul un faible pourcentage est affiché. Au point de rencontre des barres de défilement horizontal et vertical, en bas à droite, une zone de redimensionnement permet de modifier manuellement les dimensions d'une fenêtre lorsqu'elle n'est pas agrandie au maximum.

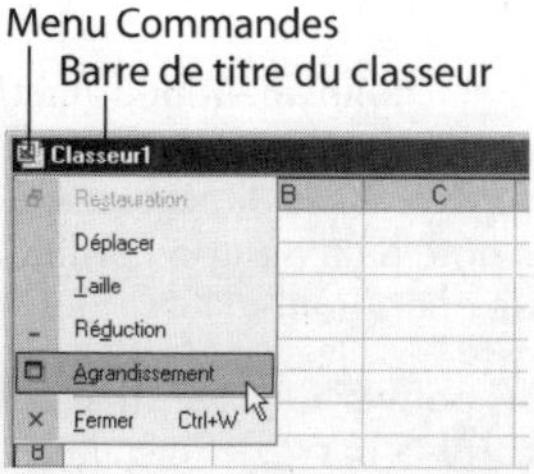

Figure 1.5 : Chaque classeur Excel possède son propre menu Commandes ainsi que ses propres boutons de redimensionnement et de défilement.

Manipuler manuellement la fenêtre du classeur

Lorsque vous travaillez dans un classeur dont la fenêtre n'est pas agrandie au maximum, comme celle de la Figure 1.6, vous pouvez la déplacer et la dimensionner manuellement grâce à la zone de redimensionnement, en bas à droite.

Pour modifier la taille d'une fenêtre de classeur, amenez le pointeur de la souris sur la zone de redimensionnement puis, dès qu'il se transforme en flèche à deux pointes, cliquez et, bouton enfoncé, déplacez la souris et ajustez les dimensions de la fenêtre à votre convenance. Remarquez que la transformation du pointeur ne se produit que si ce dernier se trouve sur un bord de la fenêtre ou sur un coin. Il conserve cette forme aussi longtemps qu'il reste dans la zone de redimensionnement.

- Si vous placez le pointeur en bas de la fenêtre et que vous le faites remonter, vous réduisez la hauteur du classeur. Si vous le tirez vers le bas, vous augmentez cette hauteur.
- En plaçant le pointeur à droite de la fenêtre et en le tirant vers la gauche, la fenêtre du classeur devient plus étroite ; si vous le tirez vers la droite, vous élargissez la fenêtre.
- Si vous placez le pointeur dans le coin inférieur droit de la fenêtre et que vous le faites ensuite glisser en diagonale vers le coin opposé, la fenêtre du classeur est réduite en hauteur et en largeur. Autrement, si vous faites glisser le pointeur en diagonale mais en l'éloignant, la fenêtre devient plus haute et plus large.

Dès que le contour de la fenêtre du classeur est à la taille désirée, relâchez le bouton de la souris. Excel redessine aussitôt le classeur à la nouvelle taille.

Après avoir utilisé la zone de redimensionnement pour mettre la fenêtre du classeur à la taille voulue, vous devrez l'utiliser de nouveau afin de rétablir manuellement la fenêtre à ses dimensions d'origine. Excel n'est malheureusement pas doté d'un bouton permettant d'effectuer automatiquement cette opération.

Outre le redimensionnement, vous pouvez déplacer une fenêtre de classeur dans la zone comprise entre la barre de formule et la barre d'état.

Pour déplacer la fenêtre d'un classeur :

1. **Cliquez sur la barre de titre.**
2. **Ensuite, bouton de la souris enfoncé, faites glisser la fenêtre jusqu'à l'emplacement désiré, puis relâchez le bouton.**

Si vous éprouvez quelques difficultés à déplacer des objets avec la souris, vous pouvez aussi procéder comme suit :

1. **Dans la barre de titre du classeur, cliquez sur l'icône Excel afin de déployer le menu Commandes puis sélectionnez l'option Déplacer ou appuyez sur les touches Ctrl+F7.**

   Le pointeur de la souris, qui avait la forme d'une épaisse croix blanche, prend la forme d'une flèche à quatre pointes.

2. **Faites glisser la fenêtre avec le pointeur ou appuyez sur les touches fléchées du clavier pour la déplacer jusqu'à l'endroit désiré.**
3. **Appuyez sur la touche Entrée pour immobiliser la fenêtre du classeur.**

   Le pointeur reprend sa forme initiale, c'est-à-dire une épaisse croix blanche.

Passer d'une feuille à une autre

Tout en bas de la fenêtre du classeur, au niveau de la barre de défilement horizontal, se trouvent les boutons de défilement des onglets des feuilles de calcul ainsi que les onglets de chacune des trois feuilles du classeur. Excel indique la feuille de calcul active en mettant l'onglet en blanc et son nom en gras. Pour activer une nouvelle feuille, c'est-à-dire y accéder, cliquez simplement sur son onglet.

Lorsque vous ajoutez des feuilles de calcul supplémentaires (nous verrons comment le faire dans le Chapitre 7) et si l'onglet de la feuille que vous désirez atteindre n'est pas visible, utilisez les boutons de défilement des onglets pour amener la feuille en vue. Cliquer sur le bouton avec un triangle pointant vers la gauche ou vers la droite décale les feuilles d'une à la fois dans la direction correspondante. Cliquer sur l'un des boutons pointant vers une petite barre verticale décale les feuilles jusqu'à ce que la première ou la dernière de la série soit visible.

La barre d'état

La barre qui se trouve tout en bas d'Excel est appelée *barre d'état* car elle fournit des informations sur l'état courant d'Excel. La partie gauche affiche des messages concernant l'avancement des tâches en cours. Lorsque vous venez de démarrer Excel, le message Prêt est visible dans cette zone, comme le montre la Figure 1.6 ; il indique que le logiciel est prêt à accepter vos *entrées* ou des commandes.

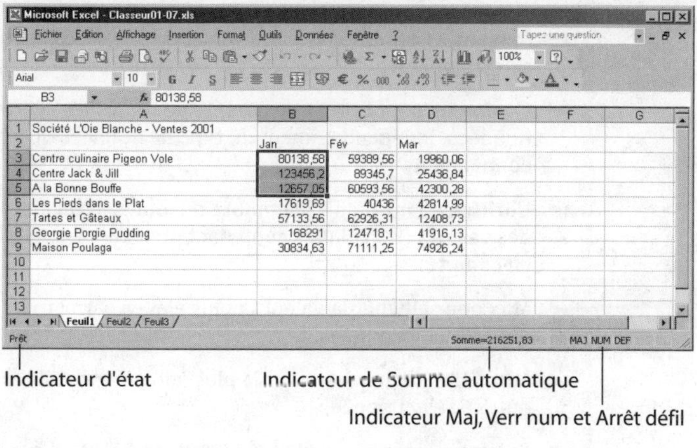

Figure 1.6 : La somme des valeurs actuellement sélectionnées apparaît automatiquement dans la barre d'état, dans l'indicateur du calcul automatique.

La partie droite de la barre d'état contient différentes fenêtres qui indiquent si Excel est dans un état susceptible d'affecter le fonctionnement du logiciel. Par exemple, lorsque vous démarrez Excel pour la première fois, l'indicateur de verrouillage du pavé numérique affiche NUM dans la barre d'état ; si vous appuyez sur la touche de verrouillage des majuscules, vous verrez apparaître la mention MAJ à gauche de NUM. Et si vous appuyez sur la touche d'arrêt du défilement

– pour naviguer dans la feuille de calcul avec les touches fléchées –, la mention DEF apparaît à droite.

Calculez automatiquement une somme

La fenêtre la plus grande, la deuxième à partir de la gauche, est celle de l'indicateur de somme automatique. Il permet d'obtenir un total reporté de n'importe quel groupe de valeurs de la feuille de calcul (vous apprendrez au début du Chapitre 3 comment sélectionner un groupe de cellules). La Figure 1.6 montre une feuille de calcul typique, contenant notamment des valeurs, et dont quelques-unes ont été sélectionnées. Le total des valeurs sélectionnées apparaît en temps réel dans la fenêtre de la Somme automatique, dans la barre d'état.

L'indicateur de somme automatique ne se contente pas de donner un total des cellules actuellement sélectionnées ; il est aussi capable de fournir d'autres statistiques comme le nombre de valeurs ou leur moyenne. Pour ce faire, il suffit de cliquer avec le bouton droit de la souris dans la fenêtre de la somme automatique puis de choisir l'une des options suivantes :

- **Moyenne** pour obtenir la moyenne de toutes les cellules sélectionnées.
- **Compteur** pour obtenir le compte de toutes les cellules sélectionnées, indépendamment du type de données qu'elles contiennent.
- **Chiffres** pour obtenir le nombre de toutes les cellules contenant des valeurs (les cellules contenant du texte ne sont pas prises en compte).
- **Max** pour afficher la valeur la plus élevée parmi toutes celles qui ont été sélectionnées.
- **Min** pour afficher la valeur la plus faible parmi toutes celles qui ont été sélectionnées.
- **Somme** pour revenir à la fonction de totalisation par défaut.

L'indicateur Verr Num et le pavé numérique

La mention NUM indique que vous pouvez utiliser le pavé numérique pour entrer des valeurs dans la feuille de calcul. Si vous appuyez sur la touche Verr Num, l'indicateur NUM disparaît, signalant que ce sont maintenant les flèches directionnelles du pavé qui sont actives. Autrement dit, si vous appuyez maintenant sur ce qui était la touche 6, le pointeur se déplacera d'une cellule vers la droite au lieu d'entrer un 6 dans la barre de formule.

Le volet Office d'Excel 2002

Quand vous démarrez Excel avec un classeur vierge, un panneau intitulé Nouveau classeur s'ouvre à droite de l'écran (il est notamment visible dans la Figure 1.3). Ce panneau appelé volet Office – ou volet Tâche de démarrage – sert à modifier les classeurs récemment ouverts ou à en créer d'autres, comme nous le verrons plus en détail dans le Chapitre 2. En plus du panneau Nouveau classeur, Excel 2002 en propose deux autres : Presse-papiers et Rechercher.

Le volet Presse-papiers sert à visualiser et coller n'importe quelle entrée que vous avez coupée ou copiée vers le Presse-papiers de Windows, c'est-à-dire provenant non seulement d'Excel, mais aussi de n'importe quelle application d'Office XP (pour les détails, reportez-vous au Chapitre 4). Le volet Rechercher sert à retrouver des fichiers produits par une application Office et stockés dans le disque dur, et même les messages électroniques. Vous pouvez aussi l'utiliser pour trouver une valeur particulière ou un texte figurant dans le classeur actif (nous y reviendrons en détail dans le Chapitre 4).

En plus de ces trois volets standards, accessibles à tout moment dans Excel, vous rencontrerez des volets qui n'apparaissent que lors de l'exécution d'une tâche particulière. Par exemple, si vous utilisez la commande Insertion/Image/Images clipart pour placer une image de la collection Office XP dans la feuille de calcul, un volet Insérer une image clipart apparaît. Vous pouvez aussi recourir à ce volet pour rechercher un type d'image particulier à insérer, ou pour ouvrir la nouvelle Bibliothèque multimédia qui affiche les images par catégories (vous trouverez des informations complémentaires dans le Chapitre 8).

L'affichage de n'importe quel volet Office peut être désactivé en cliquant sur le bouton Fermer, dans le coin supérieur droit de sa fenêtre. En procédant ainsi, vous libérez de la place pour l'affichage des cellules. Afin de réafficher un volet, cliquez dans la barre de menu sur Affichage/Volet Office, ou sur Affichage/Barres d'outils/Volet Office.

Lorsque le volet Office est affiché, vous pouvez sélectionner le type de volet désiré en cliquant sur le bouton de menu déroulant situé juste à gauche du bouton Fermer. Il contient les options Nouveau classeur (qui permet aussi d'ouvrir un classeur existant), Presse-papiers, Rechercher et Insérer une image clipart. Après avoir sélectionné des volets, il est possible de passer de l'un à l'autre en cliquant sur les boutons Précédent et Suivant, respectivement signalés par des icônes avec une flèche vers la gauche ou vers la droite.

TRUC

Si vous désirez ne plus voir le volet Office s'afficher automatiquement chaque fois que vous démarrez Excel avec un classeur vierge, désactivez cette fonctionnalité en ôtant la coche de l'option Afficher au démarrage, tout en bas du panneau. Vous obtenez le même résultat en cliquant, dans la barre de menu, sur Outils/Options, puis sur l'onglet Affichage, et en ôtant la coche de la case Volet Tâche de démarrage.

Sortez-moi de cette cellule !

Excel propose plusieurs méthodes pour aller de l'une à l'autre des vastes feuilles de calcul d'un classeur. La méthode la plus facile consiste à cliquer sur l'onglet de la feuille que vous comptez utiliser puis à employer les barres de défilement pour atteindre la zone voulue. Le logiciel est en outre doté de nombreux raccourcis clavier qui permettent non seulement d'accéder à n'importe quelle partie de la feuille de calcul, mais aussi d'activer une cellule en y amenant directement le pointeur.

Le défilement

Dans le but de comprendre ce qu'est le défilement dans Excel, imaginez la feuille de calcul sous la forme d'un gigantesque papyrus qui se déroule horizontalement. Pour arriver à une partie de ce papyrus située à droite, vous le déroulez en faisant tourner le rouleau de gauche jusqu'à ce que vous soyez arrivé à la zone voulue. A l'inverse, pour parvenir à une zone située à gauche, vous agirez sur le rouleau de droite.

Accéder à de nouvelles colonnes avec la barre de défilement horizontal

Vous pouvez utiliser la *barre de défilement horizontal* afin d'accéder aux différentes colonnes d'une feuille de calcul. Pour voir les colonnes qui se trouvent à droite, cliquez sur le bouton de défilement dont la flèche pointe vers la droite, dans la barre horizontale. Pour voir celles qui sont à gauche (à supposer que la colonne A n'est pas en vue), cliquez sur le bouton de défilement dont la flèche pointe vers la droite.

Pour faire défiler très rapidement les colonnes dans une direction ou dans l'autre, cliquez sur le bouton de défilement fléché approprié en maintenant le bouton de la souris enfoncé jusqu'à ce que vous soyez arrivé à la colonne voulue. Lorsque vous effectuez ainsi un défilement vers la droite, la taille du *curseur de défilement* (c'est la barrette mobile visible dans la barre de défilement) réduit considérablement et devient même minuscule si vous vous aventurez dans des contrées éloignées, du côté de la colonne BA. Si vous cliquez sur le bouton de défilement vers la gauche en le maintenant continûment enfoncé, vous observerez que le curseur de défilement s'agrandit rapidement et finit par occuper presque toute la barre de défilement lorsque apparaît de nouveau la colonne A.

Le curseur de défilement peut aussi servir à effectuer de longs sauts d'une colonne à une autre. Il suffit de le tirer à l'emplacement approprié, sur la barre de défilement.

Découvrir de nouvelles lignes avec la barre de défilement vertical

Utilisez la *barre de défilement vertical* pour parcourir les lignes de la feuille de calcul. Pour atteindre les lignes situées sous celles actuellement en vue, cliquez sur le bouton de défilement dont la flèche pointe vers le bas ; pour remonter (à condition que la ligne 1 ne soit pas visible), cliquez sur le bouton avec une flèche pointée vers le haut.

Afin de faire défiler très rapidement les lignes dans une direction ou dans l'autre, cliquez continûment sur le bouton de défilement vertical comme vous l'aviez fait pour les colonnes. Observez comment la taille du *curseur de défilement vertical,* également appelé "ascenseur", devient de plus en plus petite, et même minuscule dès que vous dépassez la ligne 100. Si vous cliquez sur le bouton de défilement qui permet de revenir à la première ligne, observez comment le curseur grandit, jusqu'à occuper presque toute la barre de défilement à bout de course.

Vous pouvez utiliser le curseur de défilement vertical pour effectuer de grands sauts parmi les lignes de la feuille de calcul, en le faisant glisser dans la direction voulue, jusqu'à l'emplacement approprié.

Le défilement par écran

Les barres de défilement horizontal et vertical peuvent aussi servir à se déplacer parmi les colonnes et les lignes par écran entier. Pour ce faire, cliquez dans la zone en grisé de part et d'autre du curseur de défilement. Par exemple, pour faire défiler les colonnes d'un écran vers la droite lorsque le curseur de défilement est calé contre le bouton fléché pointant vers la gauche, il suffit de cliquer dans la zone en grisé située entre le curseur et le bouton fléché pointant vers la droite.

De même, pour descendre et monter parmi les lignes d'un écran à la fois, vous cliquez dans la zone en grisé sous ou sur le curseur de défilement.

Les touches de déplacement du pointeur de cellule

Le seul inconvénient des barres de défilement, c'est qu'elles permettent certes de se déplacer dans la feuille de calcul, mais sans changer en rien la position du pointeur de cellule. Si vous comptez entrer des données dans une autre partie de la feuille, vous devrez d'abord sélectionner une cellule en cliquant dedans, ou un groupe de cellules en tirant le pointeur autour d'elles.

Excel est doté d'une grande diversité de raccourcis clavier qui permettent d'amener le pointeur de cellule à l'emplacement désiré. Quand vous utilisez l'un de ces raccourcis, le logiciel cadre immédiatement la partie de feuille concernée si cela s'avère nécessaire.

Remarque : Quand vous devez utiliser les touches fléchées, vous devrez appuyer soit sur les touches du petit pavé avec les quatre touches directionnelles, soit désactiver la touche Verr Num du pavé numérique. Car si vous tentiez d'utiliser ces touches alors que l'indicateur NUM est visible dans la barre d'état d'Excel, vous entreriez des chiffres dans la cellule au lieu de déplacer le pointeur (et en plus, c'est à moi que vous vous en prendriez).

Alors ? Tu la trouves, cette cellule ?

La fonction Atteindre d'Excel propose un moyen facile d'aller directement à une cellule lointaine, dans la feuille de calcul. Pour utiliser cette fonctionnalité, vous devez afficher la boîte de dialogue Atteindre en cliquant, dans la barre de menu, sur Edition/Atteindre ou en appuyant sur les touches Ctrl+T ou encore en appuyant sur la touche de fonction F5. Tapez ensuite, dans la boîte de texte Référence de la boîte de dialogue, l'adresse de la cellule que vous désirez rejoindre puis cliquez sur OK ou appuyez sur la touche Entrée. Les lettres peuvent indifféremment être tapées en minuscule ou en majuscule.

Chaque fois que vous utilisez la fonction Atteindre pour déplacer le pointeur de cellule, Excel mémorise les références des quatre dernières cellules que vous avez visitées. Elles apparaissent dans la fenêtre Atteindre. Notez que l'adresse de la dernière cellule visitée apparaît également dans la boîte Référence. Il est ainsi possible de se mouvoir très rapidement de l'actuel emplacement vers un emplacement précédent en appuyant sur F5 puis sur Entrée, à condition bien sûr que vous ayez effectué vos déplacements avec la fonction Atteindre.

Les déplacements avec Verr Num

Vous pouvez utiliser la touche Verr Num pour figer la position du pointeur de cellule dans la feuille de calcul, ce qui vous permet de faire défiler la feuille avec des touches telles que PageHaut et PageBas sans que le pointeur change de position. Ces actions sont semblables à l'utilisation des barres de défilement.

Après avoir enclenché Verr Num et fait défiler la feuille de calcul avec les touches fléchées, Excel ne sélectionne pas pour autant une autre cellule. Pour "libérer" le pointeur de cellule, vous devez de nouveau appuyer sur la touche Verr Num.

Commander directement le menu

Si la fonction que vous recherchez ne se trouve ni sur la barre d'outils Standard ni sur la barre d'outils Mise en forme, vous devrez recourir aux menus. Dans Excel, ils sont particulièrement nombreux car, en plus des menus déroulants qui, à l'instar de la plupart des applications sous Windows, se trouvent sur la barre de menu, le logiciel propose aussi des *menus contextuels*.

Les menus contextuels offrent un accès rapide aux commandes habituellement utilisées pour manipuler les objets auxquels ils sont associés (barres d'outils, fenêtre de classeur, cellule...). Ils affichent souvent une commande qui nécessiterait le déroulement de plusieurs menus et sous-menus si elle devait être sélectionnée à partir de la barre de menu principale.

Les menus déroulants

A l'instar du déplacement du pointeur de cellule dans la feuille de calcul, Excel laisse le choix, pour la sélection des commandes dans un menu déroulant, entre l'utilisation de la souris ou le recours aux touches. Pour déployer un menu avec la souris, il suffit de cliquer sur le nom de ce menu, dans la barre de menu. Pour ouvrir un menu à l'aide du clavier, maintenez la touche Alt enfoncée tout en appuyant sur la touche correspondant à la lettre qui, dans le nom du menu, est soulignée. Par exemple, si vous appuyez sur Alt+E, Excel ouvre le menu Edition car, dans la barre de menu, la lettre "E" est soulignée (Edition).

Vous pouvez aussi enfoncer et relâcher la touche Alt ou la touche de fonction F10 pour accéder à la barre de menu et appuyer ensuite sur la touche Flèche droite jusqu'à ce que le menu désiré soit en surbrillance ; ensuite, pour ouvrir le menu, appuyez sur la touche Flèche bas.

Après avoir déployé le menu déroulant, vous pouvez sélectionner n'importe laquelle des commandes qu'il contient en cliquant dessus avec la souris, ou en appuyant sur la touche correspondant à une lettre soulignée d'un nom de commande, ou en appuyant sur la touche Flèche bas autant de fois que nécessaire pour arriver à une commande et en appuyant ensuite sur la touche Entrée.

Au fur et à mesure que vous vous familiariserez avec les commandes Excel, vous finirez par combiner l'ouverture d'un menu et le choix d'une commande en cliquant dans la barre de menu et en faisant glisser le pointeur vers le bas jusqu'à la commande désirée, après quoi vous relâcherez le bouton. La même chose peut être accomplie au clavier, en maintenant la touche Alt enfoncée tout en tapant les lettres soulignées des différentes commandes. Par exemple, pour fermer la fenêtre du classeur actif en choisissant la commande Fermer du menu Fichier, vous maintiendrez la touche Alt enfoncée et appuierez sur la touche F puis de nouveau sur F.

Certaines commandes des menus déroulants d'Excel sont accompagnées de raccourcis clavier ; ils sont visibles à droite de la commande. Vous pouvez les utiliser au lieu de naviguer dans les menus. Par exemple, pour enregistrer les modifications apportées à un classeur, vous utiliserez le raccourci Ctrl+S au lieu de déployer le menu Fichier pour accéder à la commande Enregistrer. (NdT : quelques raccourcis clavier ne sont pas indiqués ; c'est le cas de Ctrl+W qui, dans de nombreuses applications Windows, ferme le document en cours, le classeur en l'occurrence, ou de la touche de fonction F12 pour Enregistrer sous).

De nombreuses commandes des menus déroulants affichent une boîte de dialogue qui contient d'autres commandes ainsi que des options (voir "Utiliser les boîtes de dialogue", plus loin dans ce chapitre). Vous pouvez reconnaître les commandes qui ouvrent une boîte de dialogue aux points de suspension qui suivent leur nom. Vous saurez ainsi que la commande Fichier/Enregistrer sous affiche une boîte de dialogue car dans le menu la commande d'enregistrement apparaît sous la forme *Enregistrer sous...*

Notez aussi que les commandes des menus déroulants ne sont pas toutes disponibles en permanence. Si l'une d'elles n'est pas utilisable pour le moment, elle apparaît en grisé et le reste aussi longtemps que le contexte ne permet pas de l'utiliser. Par exemple, la commande Coller, dans le menu Edition, est en grisé aussi longtemps que le Presse-papiers est vide. Mais, sitôt que vous avez placé des informations dans le Presse-papiers à l'aide de la commande Couper ou Copier, l'option Coller apparaît en caractères normaux, indiquant qu'elle peut désormais être utilisée.

Menus à géométrie variable

Les menus déroulants d'Excel 2002 n'apparaissent pas toujours sous la même forme. Grâce à (ou à cause de) une fonction d'affichage "intelligent" inventée par Microsoft, chaque fois que vous ouvrez un menu, il n'apparaît que partiellement, certaines commandes n'étant pas affichées. Cette forme abrégée des menus est censée ne présenter que les commandes que vous avez récemment utilisées, et éviter d'encombrer le menu avec les commandes que vous n'avez pas employées depuis un certain temps. Remarquez qu'il est possible de savoir si un menu est abrégé grâce au bouton de continuation qui se trouve à son pied, reconnaissable aux chevrons inversés (deux V superposés) qui symbolisent une flèche inversée.

Si vous avez le temps et la patience d'attendre un peu tandis que le menu est affiché, Excel finit par le remplacer par une version intégrale, non expurgée. Si vous n'avez vraiment pas que ça à faire, vous pouvez forcer Excel à afficher les menus entiers en cliquant sur le bouton de continuation, comme nous le décrivons dans les étapes qui suivent.

TRUC

Lorsque le menu intégral est affiché, la marge de gauche du menu, qui contient des icônes, est plus claire en regard des commandes qui sont habituellement masquées. Ce marquage permet de différencier d'un seul coup d'œil les commandes normalement affichées de celles qui ne le sont que sur demande. Mais il ne vous aide en rien à trouver l'emplacement des différents éléments du menu car leur positionnement varie selon que vous utilisez la version abrégée ou intégrale !

Si comme moi vous n'avez pas du tout l'intention de jouer à cache-cache avec les menus déroulants d'Excel, vous pouvez désactiver cette redoutable fonction en procédant comme suit :

1. **Cliquez avec le bouton droit de la souris dans une barre de menu ou dans la barre d'outils Standard ou Mise en forme afin d'accéder au menu contextuel.**

2. **Sélectionnez la commande Personnaliser.**

   La boîte de dialogue Personnalisation s'ouvre.

3. **Sélectionnez l'onglet Options.**

   Sous l'onglet Options, la case Toujours afficher les menus dans leur intégralité n'est pas cochée. Par défaut, la case Afficher les menus entiers après un court délai est cochée.

4. **Cochez la case Toujours afficher les menus dans leur intégralité. L'option Afficher les menus entiers après un court délai se met automatiquement en grisé.**

   En toute logique, Excel a désactivé, après un court délai, l'option Afficher les menus entiers qui n'a plus de raison d'être disponible.

5. **Cliquez sur le bouton Fermer afin de quitter la boîte de dialogue Personnalisation.**

TRUC

Si vous êtes un vrai débutant, je vous recommande d'activer la case Toujours afficher les menus dans leur intégralité. Vous éviterez ainsi de perdre de vue l'option de menu que vous recherchez et, en ayant toujours sous les yeux la totalité des commandes, vous vous familiariserez peu à peu avec les fonctionnalités qu'offre Excel.

Remarque : Si vous aimez jouer à cache-cache avec les commandes et qu'attendre un instant pour les avoir en intégralité ne vous intéresse pas, vous pouvez désactiver cette fonction en ôtant la coche dans la case Afficher les menus entiers après un court délai. Cette option se trouve juste sous Toujours afficher les menus dans leur intégralité, et n'est accessible que si cette dernière est cochée.

N'OUBLIEZ PAS

Quand vous modifiez l'affichage des menus et des barres d'outils dans la boîte de dialogue Personnalisation, la nouvelle configuration affecte les menus déroulants et les barres d'outils de toutes les autres applications d'Office XP, comme Word 2002, PowerPoint 2002, etc.

Les menus contextuels

Contrairement aux menus déroulants, auxquels vous accédez avec la souris ou par le clavier, les menus contextuels ne peuvent être affichés qu'avec la souris. Puisqu'ils sont attachés à des objets bien précis, comme la fenêtre d'un classeur, une barre d'outils ou une cellule, Excel utilise le deuxième bouton de la souris, celui de droite (pour les droitiers du moins, car pour les gauchers – minoritaires dans la population – qui activent la permutation des boutons, ce deuxième bouton est à gauche).

La Figure 1.7 montre le menu contextuel attaché aux barres d'outils d'Excel. Pour l'ouvrir, amenez le pointeur de la souris sur la barre puis cliquez sur le bouton droit. Veillez à ne pas utiliser le bouton principal de la souris (celui dit "de gauche") car vous activeriez inopinément l'outil qui se trouve dessous.

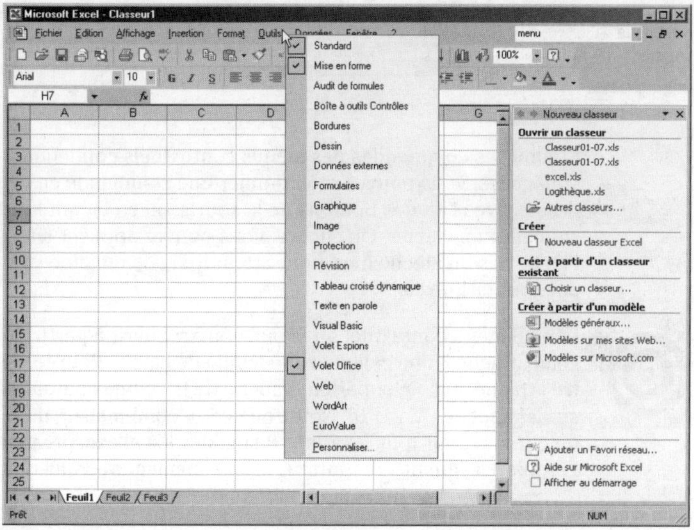

Figure 1.7 : Le menu contextuel de la barre d'outils apparaît en cliquant dans la barre avec le bouton droit de la souris.

Après avoir ouvert le menu contextuel de la barre d'outils, vous pouvez utiliser les commandes qu'elle contient pour afficher ou masquer n'importe quelle barre d'outils ou pour la personnaliser.

Observez dans la Figure 1.8 le menu contextuel propre à chacune des cellules d'une feuille de calcul. Pour ouvrir ce menu, amenez le pointeur sur une cellule puis cliquez avec le bouton droit de la souris.

Remarque : Vous pouvez aussi ouvrir ce menu et appliquer les commandes qu'il contient à une plage de cellules sélectionnées.

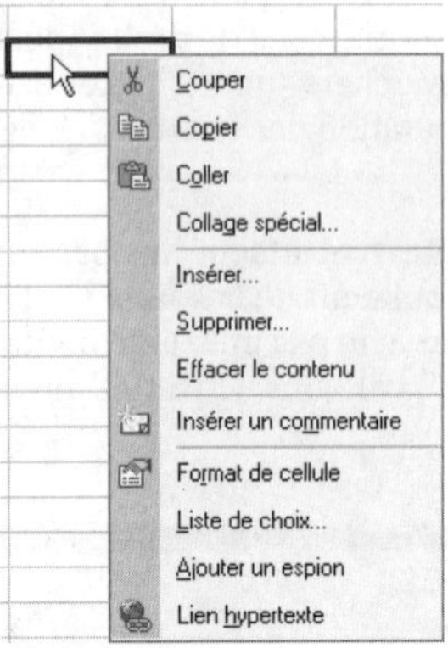

Figure 1.8 : Le menu contextuel d'une cellule d'une feuille de calcul apparaît en appuyant sur Maj+F10 ou en cliquant dans la cellule avec le bouton droit de la souris.

Comme les commandes des menus contextuels contiennent des lettres soulignées, vous pouvez sélectionner une commande en cliquant dessus avec l'un des boutons de la souris, ou en tapant la lettre soulignée au clavier. Ou encore, vous pouvez appuyer sur la touche Flèche bas ou Flèche haut pour atteindre la commande et appuyer ensuite sur Entrée.

TRUC

Le seul menu contextuel que vous pouvez ouvrir à partir du clavier est celui attaché à une cellule d'une feuille de calcul. Pour le voir apparaître attaché au coin supérieur gauche de la cellule courante, appuyez sur les touches Maj+F10. Notez que cette combinaison de touches fonctionne pour tous les types de feuilles Excel excepté pour les graphiques, qui ne comportent pas de menu contextuel de ce type.

Utiliser les boîtes de dialogue

De nombreuses commandes d'Excel renvoient vers une boîte de dialogue qui contient de nombreuses options. Vous y trouvez quasiment tous les types de boutons, d'onglets et de cases décrits dans le Tableau 1.3.

Remarque : Bien qu'une boîte de dialogue puisse être déplacée pour voir ce qui se trouve dessous, il n'est pas possible de la redimensionner.

De nombreuses boîtes de dialogue contiennent des options par défaut ou des entrées qui sont automatiquement sélectionnées, à moins que vous ne les modifiiez vous-même.

Tableau 1.3 : Les éléments des boîtes de dialogue.

Elément	Utilisation
Onglet	Permet d'afficher un ensemble d'options thématiques dans une boîte de dialogue complexe.
Boîte de texte	Appelée aussi "champ de saisie", elle permet d'entrer des commandes ou des données. Beaucoup de boîtes de texte contiennent une option par défaut que vous pouvez accepter telle qu'elle ou modifier.
Boîte de liste	Déploie une liste déroulante dans laquelle vous choisissez un élément. Si la liste contient plus d'éléments qu'elle ne peut en afficher, une barre de défilement permet d'accéder aux éléments cachés. Certaines boîtes de liste sont attachées à une boîte de texte, ce qui permet d'entrer des données en les tapant directement dedans ou en les choisissant dans la liste.
Boîte de liste déroulante	Version condensée de la boîte de liste standard. Au lieu d'afficher plusieurs éléments, elle ne montre que l'option courante (qui est à l'origine celle par défaut). Pour ouvrir la boîte de liste et accéder aux autres options, vous devez cliquer sur le bouton de liste associé à la boîte puis, dans la liste qui apparaît, cliquer sur l'option désirée.
Case	Est associée à une option que vous pouvez activer ou désactiver. Lorsqu'elle est cochée, l'option est sélectionnée. Si la case est vide, l'option n'est pas active.
Bouton radio	Il se présente sous la forme d'un cercle placé à côté de l'intitulé d'une option. Il n'est jamais seul mais disposé en groupe, et un seul peut être activé. Le bouton actif est signalé par un point en son centre. Officiellement appelé "bouton d'option" par Microsoft, le bouton radio doit son surnom au fait que le bouton actif ressemble aux boutons des anciens postes de radio.
Bouton d'incrémentation	Un bouton d'incrémentation est divisé en deux petites boîtes superposées. La boîte supérieure contient une flèche pointée vers le haut, la boîte inférieure une flèche pointée vers le bas. Le bouton d'incrémentation sert à entrer une valeur en cliquant autant de fois que nécessaire sur l'une des boîtes. Une autre variété de boîte d'incrémentation contient une liste de valeurs prédéfinies. Dans la boîte de dialogue Options, l'onglet Général en contient plusieurs.
Bouton de commande	Il démarre une action. Un bouton de commande est rectangulaire et son nom est inscrit dessus. Si le nom est suivi de points de suspension, Excel affiche une boîte de dialogue contenant des options complémentaires.

- Pour fermer une boîte de dialogue et appliquer vos choix, cliquez sur le bouton OK ou, sur certaines boîtes, sur le bouton Fermer.
- Si le bouton OK est entouré d'une bordure noire, ce qui est souvent le cas, vous pouvez appuyer sur Entrée afin de valider vos choix.
- Pour fermer une boîte de dialogue sans appliquer les sélections, vous pouvez cliquer sur le bouton Annuler ou, dans la barre de titre, sur le bouton Fermer (celui avec un X), ou encore appuyer tout simplement sur la touche Echap.

La plupart des boîtes de dialogue regroupent les éléments de même nature, généralement à l'intérieur d'un liseré. Lorsque vous procédez à des choix à la souris dans une boîte de dialogue, il suffit de cliquer sur les options désirées ou, dans le cas d'entrées textuelles, de cliquer dans une boîte pour y placer le point d'insertion avant de commencer la saisie.

Mais quand vous effectuez des choix au clavier, il vous faut parfois activer d'abord un élément avant de pouvoir sélectionner l'une de ses options.

- Appuyez sur la touche Tab jusqu'à ce que l'option désirée soit activée (Maj+Tab fait reculer parmi les options).
- Quand vous appuyez sur Tab ou sur Maj+Tab, Excel indique quelle option est activée en la mettant en surbrillance ou en entourant son nom d'un liseré en pointillé.
- Après avoir activé une option, vous pouvez la modifier en appuyant sur une touche fléchée haut ou bas (ce procédé fonctionne avec les boutons radio ou les listes déroulantes), en appuyant sur la barre Espace (pour cocher une case ou la désactiver) ou en tapant une nouvelle saisie (dans une boîte de texte).

Vous pouvez aussi sélectionner une option en appuyant sur la touche Alt et en tapant la lettre soulignée d'une commande ou d'un élément.

- En appuyant sur Alt et en tapant la lettre soulignée d'une commande de boîte de texte, vous activez la saisie dans cette boîte de texte. Il vous suffit ensuite de taper la donnée.
- En appuyant sur Alt et en tapant la lettre soulignée d'une case, vous l'activez ou la désactivez (apparition/disparition de la coche).

- En appuyant sur Alt et en tapant la lettre soulignée d'un bouton radio, vous sélectionnez l'option (au détriment de celle qui l'était).
- En appuyant sur Alt et en tapant la lettre soulignée d'un bouton de commande, vous exécutez la commande ou accédez à une boîte de dialogue.

Par ailleurs, vous rencontrerez des boîtes de dialogue simples qui affichent des messages et des mises en garde. Elles sont appelées *panneaux d'alerte.* Beaucoup ne comportent qu'un bouton OK sur lequel vous devrez cliquer après avoir lu le message.

L'aide

Vous pouvez à tout moment faire appel à l'aide en ligne d'Excel 2002. Le seul problème avec le système d'aide traditionnel, c'est qu'il n'est véritablement utile que si vous avez assimilé le jargon d'Excel. Si vous ne connaissez pas l'appellation exacte d'une fonction, vous aurez du mal à la trouver (autant chercher dans un dictionnaire le sens d'un mot dont vous ne connaissez pas du tout l'orthographe). Pour contourner ce problème, Excel a été doté d'un moteur de recherche qui comprend le langage courant. La langue de Descartes étant fort compliquée, cette fonctionnalité est absente de la version francisée d'Excel ; elle n'est présente que dans les versions anglaises du logiciel.

La version française d'Excel 2002 est cependant dotée d'un système d'aide relativement sophistiqué. Par exemple, si vous tapez la question **Comment imprimer ?** dans la boîte de texte à droite de la barre de menu, Excel sera capable de déduire que vous voulez imprimer et proposera différentes options, comme le montre la Figure 1.9.

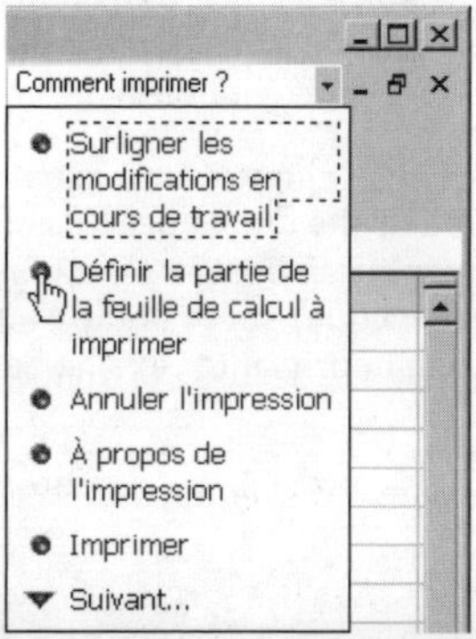

Figure 1.9 : Tapez une question et Excel s'efforcera d'y répondre.

Choisissez parmi les propositions la plus proche de ce que vous comptez faire. Excel ouvre ensuite le panneau d'aide montré par la Figure 1.10. Il contient plusieurs rubriques concernant le sujet qui vous intéresse. Chaque titre est précédé par un symbole triangulaire qui déploie le contenu de la rubrique ou le rétracte. Remarquez qu'au moment où le pointeur survole un titre ou le symbole triangulaire le texte est affiché avec un soulignement, à l'instar d'un lien Web.

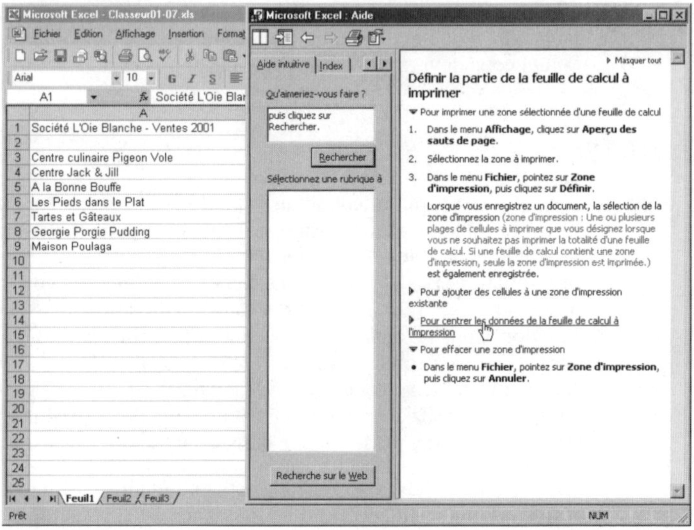

Figure 1.10 : Après avoir sélectionné un sujet, une liste de sujets plus détaillée apparaît.

Dès que vous cliquez sur un titre ou sur le symbole triangulaire, l'information est déployée (et le triangle pointe vers le bas au lieu de pointer vers la droite). Au cours de votre lecture, vous rencontrerez des sous-titres. Pour déployer les commentaires qui leur sont associés, cliquez sur ces sous-titres ou sur leur symbole.

TRUC

Pour déployer tous les titres d'une aide, cliquez sur la mention Afficher tout, dans le coin en haut à droite du panneau d'aide. Pour afficher l'aide en plein écran, cliquez sur le bouton Agrandir, dans la barre de titre. Pour imprimer l'aide, cliquez sur le bouton Imprimer, reconnaissable à son icône avec une imprimante, sous la barre de titre.

Après avoir utilisé l'aide, revenez dans Excel et dans le classeur en cliquant sur le bouton Fermer.

Vous pouvez aussi accéder aux sujets de l'aide en ligne en cliquant, dans la barre de menu, sur ?/Aide sur Microsoft Excel ou en appuyant sur la touche de fonction F1. Ce faisant, le compagnon Office apparaît sous la forme d'un personnage.

L'aide contextuelle

Vous pouvez obtenir une aide contextuelle en cliquant, dans la barre de menu, sur ?/Qu'est-ce que c'est ?, ou en appuyant sur Maj+F1. Dans les deux cas, un point d'interrogation apparaît près du pointeur. Cliquez ensuite sur un élément pour obtenir une explication le concernant. Supposons par exemple que vous ne vous rappelez plus comment utiliser le bouton Somme automatique pour obtenir le total des nombres contenus dans une colonne. Il suffit de cliquer sur ce bouton avec le pointeur flèche/point d'interrogation afin d'afficher le paragraphe explicatif que montre la Figure 1.11.

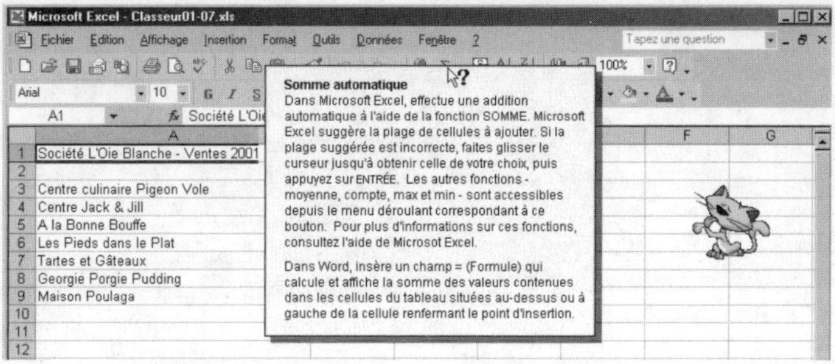

Figure 1.11 : Cliquez avec le pointeur Qu'est-ce que c'est ?, et Excel vous indiquera ce qu'est cet élément et à quoi il sert.

Vous pouvez aussi faire appel à l'aide contextuelle pour obtenir des informations concernant les menus déroulants. Supposons par exemple que vous vous demandez ce que peut bien être la commande Plein écran, dans le menu Affichage. Pour savoir à quoi elle sert et comment l'utiliser, appuyez sur Maj+F1 ou cliquez sur ?/Qu'est-ce que c'est ? puis cliquez sur le menu Affichage avec le pointeur doté du point d'interrogation. Le menu étant ouvert, cliquez ensuite sur la commande Plein écran. Cela ouvre la boîte de texte qui explique comment afficher un maximum de cellules de tableur à l'écran. Pour désactiver l'aide, appuyez de nouveau sur les touches Maj+F1 ou tout simplement sur la touche Echap.

Quitter Excel

Quand le moment est venu de changer d'air et de quitter Excel, plusieurs choix s'offrent à vous :

- Cliquer sur le bouton Fermer, dans la barre de titre.
- Cliquer, dans la barre de menu, sur Fichier/Quitter.
- Double-cliquer, à l'extrême gauche de la barre de titre, sur l'icône Excel (celle avec un X et un L vert).
- Appuyer sur Alt+F4.

Si vous tentez de quitter Excel sans avoir enregistré le classeur sur lequel vous venez de travailler, le logiciel affiche une boîte d'alerte qui demande s'il faut enregistrer les modifications. Pour cela, cliquez sur le bouton Oui (des explications détaillées sur l'enregistrement des documents sont fournies dans le Chapitre 2). Si vous vous êtes simplement exercé et que vous ne tenez pas à conserver les modifications, vous pouvez renoncer aux modifications en cliquant sur le bouton Non.

Chapitre 2

Créer une feuille de calcul

Dans ce chapitre :

- Démarrer un nouveau classeur.
- Entrer trois types de données dans la feuille de calcul.
- Créer des formules simples.
- Corriger des entrées erronées.
- Utiliser la fonction de correction automatique.
- Utiliser la recopie automatique pour entrer des séries de données.
- Entrer et modifier des formules contenant des fonctions prédéfinies.
- Totaliser les colonnes et les lignes avec le bouton Somme automatique.
- Enregistrer votre précieux travail et récupérer les classeurs quand le logiciel ne répond plus.

Après avoir appris à entrer des données brutes dans la feuille de calcul, vous aborderez ce qui est sans doute la plus importante des leçons : l'enregistrement de toutes ces informations sur le disque afin que vous n'ayez plus à ressaisir tout ça !

Qu'est-ce qu'on va bien pouvoir mettre dans ce nouveau classeur ?

Quand vous démarrez Excel sans ouvrir un document spécifique – ce qui est le cas lorsque vous le lancez en double-cliquant sur le bouton Microsoft Excel de la barre Office XP –, il affiche un classeur vierge, provisoirement nommé Classeur1, qui contient trois feuilles de calcul nommées Feuil1, Feuil2 et Feuil3. Pour commencer à travailler, il suffit d'entrer des informations dans l'une d'elles, la première par exemple.

Les tenants et les aboutissants de la saisie des informations

Voici quelques règles simples à garder à l'esprit chaque fois que vous envisagez de créer une nouvelle feuille de calcul dans le classeur :

- Autant que possible, organisez vos informations en tableaux de données utilisant des colonnes et des lignes adjacentes (voisines). Commencez en haut à gauche de la feuille de calcul puis allez plutôt vers le bas de la feuille que vers le côté. Si ça vous arrange, séparez les tableaux par une seule colonne ou ligne.
- Quand vous élaborez ces tableaux, ne sautez pas des lignes et des colonnes "rien que pour ménager de la place" pour les informations. Vous apprendrez dans le Chapitre 3 comment aérer efficacement un tableau en élargissant les colonnes, en augmentant la hauteur des lignes et en réglant l'alignement.
- Réservez une colonne à gauche du tableau pour y placer les en-têtes de lignes.
- Réservez une ligne en haut du tableau pour y placer les en-têtes de colonnes.
- Si le tableau doit comporter un titre, placez-le dans la ligne au-dessus de celle des en-têtes de colonnes. Mettez-le dans la même colonne que celle des en-têtes de lignes. Vous apprendrez dans le Chapitre 3 comment le centrer par rapport à toutes les colonnes du tableau.

Dans le Chapitre 1, j'avais longuement insisté sur la très grande taille physique d'une feuille de calcul. Or, vous devez certainement vous demander pourquoi je vous invite maintenant à ne pas éparpiller les données. Car après tout, vu l'espace disponible dans chacune des feuilles d'Excel, en faire l'économie est sans doute le moindre de vos soucis.

C'est très vrai, à un minuscule détail près : réduire l'espace dans la feuille de calcul réduit aussi l'occupation de la feuille dans la mémoire vive (ou RAM) de l'ordinateur. Car, selon l'utilisation des colonnes et des lignes, Excel détermine la quantité de mémoire qu'il doit réserver, juste pour le cas où il vous viendrait l'idée saugrenue de remplir toutes les cellules de votre zone de travail, c'est-à-dire entre la première et la dernière cellule que vous accaparez. Autrement dit, en laissant des lignes et des colonnes inutilisées dans votre zone de travail, vous gaspillez de la mémoire qui pourrait être utilisée pour stocker les informations de votre feuille de calcul.

Mettez-vous bien ça en tête...

Vous le savez maintenant : c'est de la mémoire disponible dans votre ordinateur que dépend la taille maximale du document que vous pouvez créer, et non du nombre total de cellules d'un classeur. Si la mémoire vient à manquer, vous ne pourrez plus entrer d'informations, quel que soit par ailleurs le nombre de colonnes et de lignes vides dont vous disposez. Pour optimiser la quantité de données que vous pouvez placer dans une feuille de calcul, adoptez systématiquement la technique dite "du camion de déménagement" : concentrez toujours les données au maximum, sans perdre le moindre espace.

La saisie des données

Commencez par réciter (à l'unisson) la règle de base de toute saisie de données :

> **Pour entrer des données dans une feuille de calcul, il faut cliquer avec le pointeur dans la cellule qui doit les recevoir puis les taper.**

Notez qu'avant de positionner le pointeur de cellule là où la saisie (ou entrée) doit avoir lieu, Excel doit être en mode Prêt ; ce mode est affiché en toutes lettres dans la barre d'état. Mais, dès que vous commencez à saisir des données, Excel passe en mode Entrer (ce mot remplace le mot Prêt, dans la barre d'état).

Si le mode Prêt n'est pas enclenché, appuyez sur la touche Echap.

Dès lors que vous commencez à saisir en mode Entrer, les caractères que vous tapez apparaissent à la fois dans la cellule de la feuille de calcul et dans la barre de formule, en haut de l'écran. Tout ce que vous tapez dans une cellule a un effet dans la barre de formule, à commencer par l'apparition des boutons Annuler, Entrer et Insérer une fonction, entre la Zone Nom et la barre de formule.

Au fur et à mesure que vous tapez, Excel affiche vos saisies à la fois dans la barre de formule et dans la cellule active de la feuille de calcul, comme l'illustre la Figure 2.1. Le point d'insertion n'est toutefois présent qu'après les caractères affichés dans la cellule.

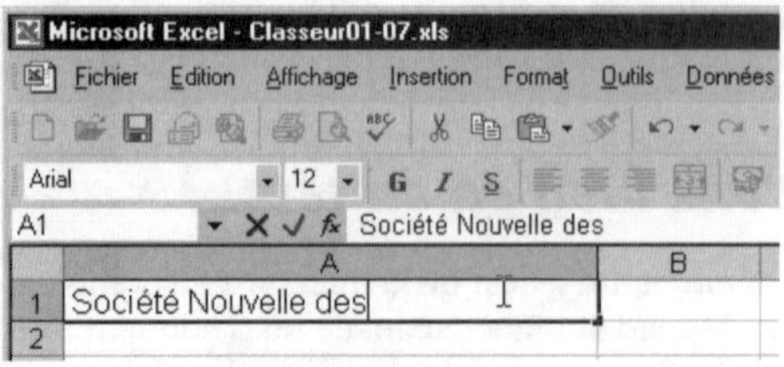

Figure 2.1 : Ce que vous tapez apparaît à la fois dans la cellule courante et dans la barre de formule.

Après avoir effectué la saisie, vous devez faire en sorte qu'elle demeure dans la cellule. Pour ce faire, le logiciel doit quitter le mode Entrer et revenir au mode Prêt afin que vous puissiez déplacer le pointeur vers une autre cellule et y entrer éventuellement d'autres données.

Pour terminer la saisie et par là même passer du mode Entrer au mode Prêt, vous pouvez au choix cliquer sur le bouton Entrer (dans la barre de formule), appuyer sur la touche Entrée, ou encore appuyer sur l'une des touches fléchées afin de déplacer le pointeur vers une cellule voisine. Il est aussi possible d'appuyer sur la touche tab ou Maj+Tab.

Bien que chacune de ces manipulations serve à valider la saisie des données dans une cellule, ce qui s'ensuit diffère quelque peu :

- Si vous cliquez sur le bouton Entrer, dans la barre de formule, la saisie est validée mais le pointeur de cellule reste en place.
- Si vous appuyez sur la touche Entrée, la saisie est validée mais le pointeur se place sur la cellule située juste en dessous.
- Si vous appuyez sur l'une des touches fléchées, la saisie est validée, après quoi le pointeur de cellule se déplace dans le sens de la flèche.
- Si vous appuyez sur la touche Tab, la saisie est validée, après quoi le pointeur se déplace vers la cellule immédiatement à droite (ce qui équivaut à appuyer sur la touche Flèche droite). L'appui sur Maj+Tab déplace le pointeur vers la cellule immédiatement à gauche (équivalent de la touche Flèche gauche).

Quelle que soit la méthode que vous adoptez pour effectuer une saisie, Excel désactive la barre de formule dès que la frappe est validée en faisant disparaître les boutons Annuler et Entrer. Les données continuent d'être présentes dans la feuille de calcul, à quelques exceptions près que nous évoquerons plus loin dans ce chapitre.

Chaque fois que vous sélectionnerez cette cellule, les données seront de nouveau affichées dans la barre de formule.

Si, pendant la saisie – et aussi longtemps qu'elle n'a pas été validée – vous vous rendez compte d'une erreur, vous pouvez purger et désactiver la barre de formule en cliquant sur le bouton Annuler (celui avec un X) ou en appuyant sur la touche Echap. Mais si vous ne repérez cette erreur qu'après la validation, vous devrez revenir à cette cellule pour la corriger ou supprimer l'entrée (nous verrons ces opérations dans le Chapitre 4) et refaire la saisie.

Choisir le sens du déplacement du pointeur

Pour empêcher le pointeur de cellule de se déplacer, ôtez la coche de l'option Déplacer la sélection après validation. Pour que le pointeur aille dans une direction donnée après validation, déroulez la liste Sens et choisissez Bas, Droite, Haut ou Gauche (NdT : veillez à ce que la case Déplacer la sélection après validation soit cochée). Cela fait, cliquez sur OK ou appuyez sur Entrée.

Les types de données

Pendant que vous entrez des données dans le tableur, Excel analyse constamment à votre insu le type de ces données et les classe selon l'un des trois types qu'il connaît : du *texte,* une *valeur* ou une *formule.*

S'il s'agit d'une formule, Excel la calcule aussitôt puis affiche le résultat dans la cellule de la feuille de calcul (la formule elle-même reste cependant visible dans la barre de formule). Si la saisie n'a rien d'une formule, Excel détermine s'il s'agit d'un texte ou d'une valeur.

Il effectue cette distinction pour savoir comment aligner ces données dans la feuille de calcul. Les textes sont calés à gauche des cellules tandis que les valeurs sont calées à droite. Et, comme la plupart des formules se nourrissent de valeurs, en différenciant les textes des valeurs, Excel sait quelles sont les données qui seront admises par une formule et lesquelles ne le seront pas. Disons sans trop nous y attarder qu'il est facile de tourner une formule en bourrique en lui donnant à mouliner du texte là où elle attend des valeurs.

Les signes révélateurs d'un texte

Un texte n'est rien d'autre qu'une entrée qu'Excel ne reconnaît ni comme formule, ni comme valeur. Autant dire qu'en ce qui concerne les types de données c'est carrément une catégorie fourre-tout. En pratique, la plupart des entrées de texte (appelées aussi *intitulé*) sont des combinaisons de lettres et de ponctuations, ou de lettres et de chiffres. Les textes servent principalement à créer des titres, des en-têtes ou des annotations.

Il est facile de savoir si une saisie a produit un texte car ce type de données est automatiquement aligné contre le bord gauche de la cellule. Si le texte est plus long que la cellule, il déborde sur la ou les cellules à droite, *aussi longtemps que celles-ci sont vides* (voir Figure 2.2).

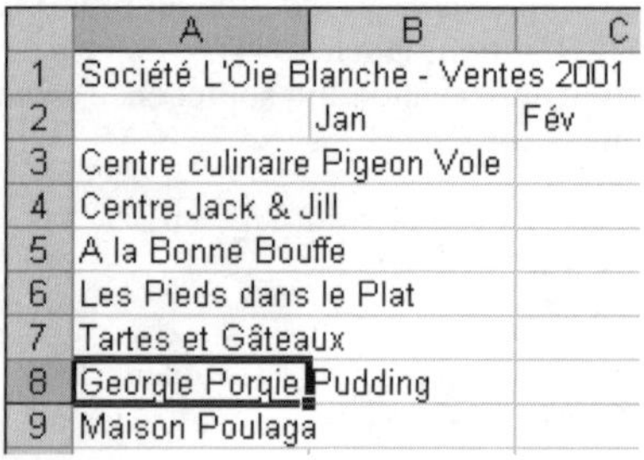

	A	B	C
1	Société L'Oie Blanche - Ventes 2001		
2		Jan	Fév
3	Centre culinaire Pigeon Vole		
4	Centre Jack & Jill		
5	A la Bonne Bouffe		
6	Les Pieds dans le Plat		
7	Tartes et Gâteaux		
8	Georgie Porgie Pudding		
9	Maison Poulaga		

Figure 2.2 : Un texte long déborde de la cellule vers ses voisines vides de droite.

Si par la suite vous entrez une information dans une cellule sur laquelle du texte a débordé, Excel tronque le texte, comme le montre la Figure 2.3. Ne vous inquiétez pas. Excel n'a pas du tout coupé le texte, il a simplement évité de l'afficher dans le but de libérer de la place pour les nouvelles données. Afin de récupérer la partie masquée du texte, vous devrez élargir la colonne qui le contient (nous verrons comment dans le Chapitre 3).

Comment Excel évalue les valeurs

Les *valeurs* sont les blocs de construction de la plupart des formules que vous élaborerez dans Excel. Il en existe deux sortes : les chiffres qui représentent des quantités (14 en stock, ou 140 000 ¤ ...) et les chiffres qui représentent une date (le 19 décembre 2001) ou une heure (13:30).

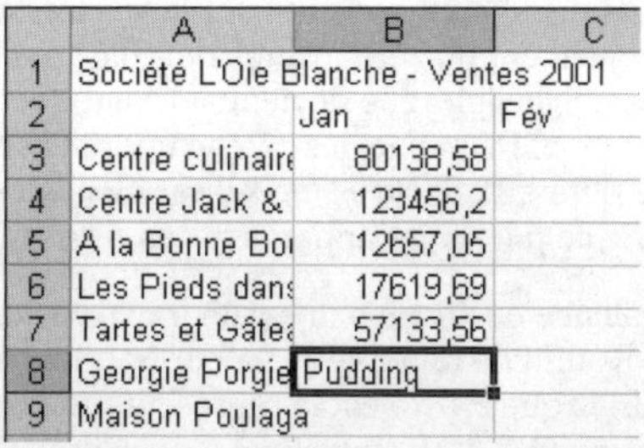

	A	B	C
1	Société L'Oie Blanche - Ventes 2001		
2		Jan	Fév
3	Centre culinair	80138,58	
4	Centre Jack &	123456,2	
5	A la Bonne Bo	12657,05	
6	Les Pieds dan	17619,69	
7	Tartes et Gâte	57133,56	
8	Georgie Porgie	Pudding	
9	Maison Poulaga		

Figure 2.3 : Les données de la colonne B masquent partiellement les textes longs qui débordent.

Vous pouvez savoir si Excel a accepté une entrée comme valeur en observant comment il l'a alignée ; une valeur est toujours calée à droite. Si elle est trop grande pour tenir dans la cellule, Excel la convertit automatiquement en *notation scientifique.* Par exemple, la valeur 6E+08 indique que 6 est suivi par 8 zéros, soit une valeur de 600 millions. Pour obtenir l'affichage décimal d'un nombre en notation scientifique, il suffit d'élargir la cellule (nous verrons comment dans le Chapitre 3).

S'assurer que c'est bien le bon chiffre

Quand vous créez une nouvelle feuille de calcul, vous passez probablement beaucoup de temps à entrer des nombres qui représentent toutes sortes de quantités, de l'argent que vous avez gagné (ou perdu) à la part de votre budget professionnel que vous accordez à la machine à café et aux croissants (ah bon, vous n'avez pas droit aux croissants ?).

Si vous avez l'habitude de la comptabilité, vous pouvez placer les chiffres négatifs, comme vos dépenses, entre parenthèses. Vous taperez alors **(1750)**. Remarquez qu'en procédant ainsi Excel convertit automatiquement les parenthèses en signe moins : vous tapez (1750) mais Excel affiche -1750.

Pour des valeurs monétaires comme l'euro, vous pouvez ajouter le symbole monétaire ¤ et obtenir la séparation en milliers de vos chiffres. Dès que vous tapez une valeur suivie d'un signe monétaire, Excel met automatiquement cette valeur en forme (NdT : les symboles monétaires reconnus – F, ¤ et $ – sont déclarés dans les options régionales de Windows. Pour y accéder, cliquez sur Démarrer/ Paramètres/Panneau de configuration, cliquez ensuite sur l'icône Options régionales et choisissez l'onglet Symbole monétaire).

Pour entrer des valeurs décimales, vous utilisez la virgule. Au besoin, Excel ajoute automatiquement un zéro avant la virgule ; par exemple, si vous tapez **,34** dans une cellule, elle devient automatiquement 0,34 au moment de la validation. De même, les zéros superflus sont éliminés : taper **12,50** donne 12,5 (NdT : mais il est bien sûr possible de forcer la mise en forme pour faire apparaître ces zéros décimaux).

Afin d'obtenir l'équivalence décimale d'une valeur exprimée sous la forme d'une fraction, il suffit de taper cette valeur fractionnaire. Par exemple, si vous ignoriez que 2,1875 est la représentation décimale de 2 et 3/16e, tapez simplement **2 3/16** en veillant à placer un espace entre 2 et 3/16. Après avoir validé cette saisie, rien n'a changé dans la cellule, mais dans la barre de formule, vous lisez le résultat 2,1875. Comme vous le découvrirez dans le Chapitre 3, il s'agit là d'une petite astuce qu'utilise Excel pour afficher l'équivalent de 2 et 3/16e dans la barre de formule.

Remarque : Si vous devez entrer des fractions simples comme 3/4 ou 5/8, vous devez les faire précéder d'un zéro suivi d'un espace, par exemple : **0 3/4** ou **0 5/8**. Autrement, Excel penserait que vous entrez des dates qu'il traduirait respectivement par 03-avr et 05-août.

Quand vous entrez dans une cellule une valeur numérique qui représente un pourcentage, vous avez le choix entre :

- Diviser le nombre par 100 et entrer son équivalent décimal (en décalant la virgule de deux chiffres vers la gauche, comme vous l'avez appris à l'école). Vous taperez par exemple **,12** pour 12 %.
- Entrer le nombre suivi du signe de pourcentage : **12 %**.

Quelle que soit la méthode choisie, Excel stocke la valeur décimale dans la cellule (0,12 dans notre exemple). Si vous utilisez le signe de pourcentage, Excel applique la mise en forme correspondante, c'est-à-dire 12 %.

Fixer la virgule décimale

Si vous devez entrer une série de chiffres qui doivent comporter un même nombre de décimales, activez la fonction Décimale fixe d'Excel. Elle s'avère vraiment commode lorsque vous devez saisir des centaines de valeurs financières ou comptables avec deux décimales pour les centimes.

Procédez comme suit pour fixer le nombre de décimales des chiffres que vous entrez :

1. **Dans la barre de menu, choisissez Outils/Options.**

   La boîte de dialogue Options apparaît.

2. **Cliquez sur l'onglet Modification.**
3. **Cochez la case Décimale fixe.**

   Par défaut, Excel place la virgule de façon à réserver deux décimales. Pour modifier ce paramètre, allez à l'étape 4, sinon passez directement à l'étape 5.

4. **Tapez une nouvelle valeur dans Place ou utilisez le bouton d'incrémentation pour la régler.**

   Par exemple, si vous voulez afficher trois décimales, mettre la valeur de Place à 3 donnera : 00,000.

5. **Cliquez sur OK ou appuyez sur Entrée.**

   Excel affiche la mention FIX dans la barre d'état pour bien indiquer que la fonction Décimale fixe est active.

Après avoir fixé les décimales, Excel ajoute automatiquement la virgule décimale à toutes les valeurs numériques que vous serez amené à entrer. Tout ce que vous avez à faire, c'est de taper des chiffres et les valider. Par exemple, pour entrer 100,99 dans une cellule lorsque la place de la décimale fixe est 2, vous taperez **10099** sans jamais taper la virgule. Dès que vous validez ces chiffres, Excel fait apparaître 100,99 dans la cellule.

Pour revenir au mode de saisie habituel, dans lequel vous tapez vous-même la virgule, ouvrez la boîte de dialogue Options, retournez sous l'onglet Modification puis cliquez dans la case Décimale fixe afin d'ôter la coche. Cliquez ensuite sur OK ou appuyez sur Entrée. La mention FIX disparaît de la barre d'état.

La saisie des dates et des heures

De prime abord, il peut sembler assez curieux que dans une feuille de calcul les dates et les heures soient considérées comme des valeurs plutôt que comme du texte. En fait, la raison est très simple : les dates et les heures peuvent être utilisées dans des formules, ce qui ne serait pas envisageable si elles étaient du texte. Il est par exemple possible d'entrer deux dates puis d'élaborer une formule qui soustrait la plus récente de la plus ancienne et retourne le nombre de jours qui les sépare.

Excel détermine si la valeur que vous venez d'entrer est une date ou une heure, ou bien du texte, selon le format utilisé. Si celui-ci correspond à l'un des formats de date ou d'heure d'Excel, le logiciel considère ces valeurs comme une date ou comme une heure. Autrement, si le format n'est pas reconnu, l'entrée est considérée comme du texte.

Excel reconnaît les formats d'heure suivants :

3	AM ou PM
3	A ou P (pour AM et PM)
3:21	
3:21:04	AM ou PM
15:21	
15:21:04	

NdT : Les initiales AM et PM, utilisées dans les pays anglophones, sont respectivement celles des termes latins *ante meridiem* (avant midi) et *post meridiem* (après midi). Elles sont utilisées pour différencier les heures dans un système horaire basé sur 12 heures.

Excel reconnaît les formats de date suivants :

2 novembre 2001 ou 2 novembre 01

2/11/01 ou 2-11-01

2-nov-01, 2/nov/01 ou 2nov01

2/11, 2-nov, 2/nov ou 2nov

02nov ou 02-nov

Concocter ces fabuleuses formules !

Les formules sont les véritables chevaux de bataille d'Excel. Pour peu qu'une formule ait été correctement élaborée, elle renverra le résultat recherché dès sa validation. Par la suite, elle réagira en temps réel à toutes les modifications apportées aux cellules dont elle dépend.

Vous indiquez à Excel que vous tapez une formule – et non du texte ou une valeur – en commençant la saisie par le signe = (égal). Il précède toutes les formules, même les plus élémentaires comme SOMME ou MOYENNE (reportez-vous à la section "Placer une fonction dans une formule avec le bouton Insérer une fonction", plus loin dans ce chapitre, pour en savoir plus sur l'utilisation des fonctions d'Excel).

D'autres formules simples se basent sur une série de valeurs ou de références de cellules contenant des valeurs. Ces dernières sont séparées par un ou plusieurs des opérateurs mathématiques que voici :

+ Addition

- Soustraction

* Multiplication

/ Division

^ Puissance

Par exemple, pour créer dans la cellule C2 une formule qui multiplie la valeur contenue dans la cellule B2, vous taperez la formule suivante : **=A2*B2**.

Procédez comme suit pour entrer cette formule :

1. **Sélectionnez la cellule C2.**
2. **Tapez l'intégralité de la formule :** =A2*B2
3. **Appuyez sur la touche Entrée.**

Ou :

1. **Sélectionnez la cellule C2.**
2. **Tapez le signe = (égal).**
3. **Sélectionnez la cellule A2 en cliquant dedans ou avec les touches fléchées.**

   Cette action place la cellule de référence A2 dans la formule, comme le montre la Figure 2.4.

Figure 2.4 : Pour commencer à créer la formule, tapez le signe = puis sélectionnez la cellule A2.

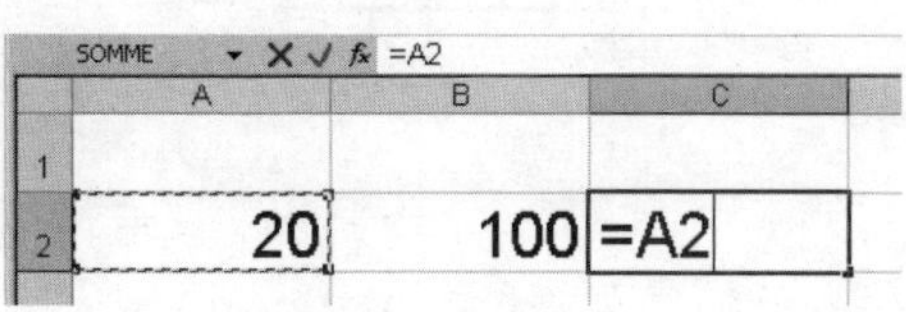

4. **Tapez * (ce caractère se trouve dans le coin décrit par les touches Entrée et Maj droit).**

   L'astérisque est le signe de multiplication. Il se substitue au signe "x" appris à l'école.

5. **Sélectionnez la cellule B2 avec la souris ou au clavier.**

   Cette action insère le contenu de la cellule B2 dans la formule, comme le montre la Figure 2.5.

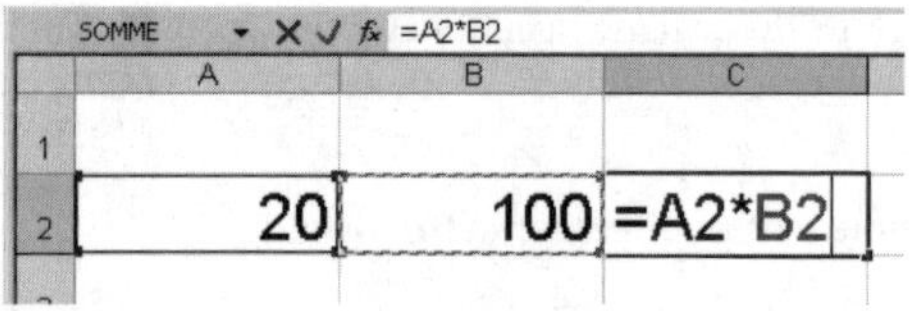

Figure 2.5 : Pour entrer la deuxième partie de la formule, tapez * puis sélectionnez la cellule B2.

6. **Cliquez sur le bouton Entrer pour terminer la formule tout en laissant le pointeur sur la cellule C2.**

   Excel affiche le résultat du calcul dans la cellule C2 ; la formule apparaît dans la barre de formule (voir Figure 2.6).

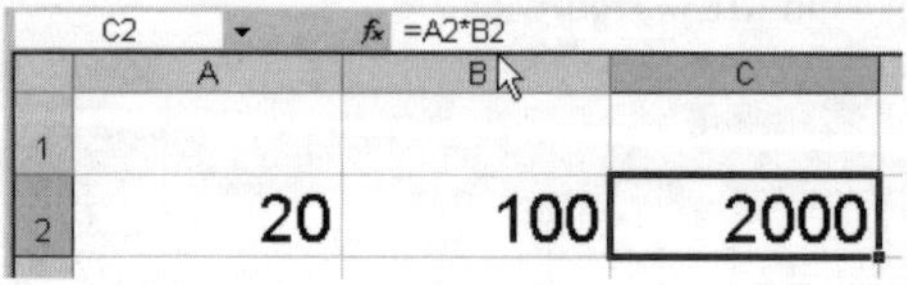

Figure 2.6 : Cliquez sur le bouton Entrer. Excel affiche le résultat dans la cellule C2 ; la formule apparaît dans la barre de formule.

Après avoir validé la formule **=A2*B2**, dans la cellule C2, Excel affiche le résultat selon les valeurs actuellement contenues dans les cellules A2 et B2. La grande force du tableur réside dans la possibilité de recalculer immédiatement et automatiquement la formule dès qu'une des cellules dépendant d'une formule est modifiée.

Nous en arrivons à la partie intéressante : après avoir créé une formule qui, comme celle de notre exemple, se réfère à des valeurs contenues dans certaines cellules (et non à des valeurs appartenant à la formule), tout changement apporté à ces valeurs entraîne le recalcul de la formule puis l'affichage du résultat dans la feuille de calcul. Dans l'exemple de la Figure 2.6, si vous remplacez la valeur de la cellule B2 par 50 au lieu de 100, Excel recalcule la formule et affiche le nouveau résultat dans la cellule C2, c'est-à-dire 1000.

Pour l'avoir, il suffit de pointer

Cette méthode de sélection des cellules à utiliser dans une formule, différente de la frappe de leurs références au clavier, est appelée *pointage.* Le pointage est non seulement plus rapide que la saisie des références, mais aussi plus sûr car il élimine tout risque de faute de frappe. Or, la moindre erreur dans la lettre d'une colonne ou le numéro d'une ligne peut avoir des conséquences désastreuses.

Lorsque vous devez utiliser une cellule dans une formule, vous limiterez considérablement les risques d'erreur en cliquant dans cette cellule ou en amenant le pointeur dessus.

La priorité des opérations

De nombreuses formules que vous créerez effectueront plus d'une opération mathématique. Excel les exécute de la gauche vers la droite selon un ordre hiérarchique strict, qui est en fait l'ordre naturel des opérations arithmétiques. La multiplication et la division sont prioritaires sur l'addition et la soustraction et, de ce fait, elles sont effectuées en premier, même si ces opérations ne figurent pas en tête dans la formule (lors d'une lecture de gauche à droite).

Etudions la série d'opérations de cette formule :

```
=A2+B2*C2
```

Si la cellule A2 contient le nombre 5, la cellule B2 le nombre 10 et la cellule C2 le nombre 2, Excel évalue la formule de la manière suivante :

```
=5+10*2
```

Dans cette formule, Excel commence par multiplier 10 par 2, ce qui donne 20, puis il ajoute 5, ce qui donne 25.

Si vous tenez à ce qu'Excel effectue l'addition entre les valeurs des cellules A2 et B2 avant de procéder à la multiplication du résultat par la valeur de la cellule C2, vous devez mettre l'addition entre parenthèses comme suit :

```
=(A2+B2)*C2
```

La parenthèse indique à Excel que cette opération doit être effectuée avant la multiplication. Dans ce cas de figure où A2 contient 5, B2 contient 10 et C2 contient 2, Excel commence par additionner 5 et 10, ce qui donne 15, après quoi il multiplie ce résultat par 2 pour produire le résultat final 30.

Dans des formules plus alambiquées, vous devrez jongler avec beaucoup plus de parenthèses, en les imbriquant parfois (comme les fameuses poupées russes) pour imposer l'ordre dans lequel les calculs doivent être exécutés. Lorsque des parenthèses sont imbriquées, Excel commence par calculer celle qui est le plus à l'intérieur. Voyons par exemple la formule que voici :

```
=(A4+(B4-C4))*D4
```

Excel soustrait d'abord la valeur de la cellule C4 de celle de la cellule B4, puis il ajoute la différence à la valeur de la cellule A4 et multiplie enfin le résultat par la valeur de D4.

Sans les deux paires de parenthèses imbriquées, livré à lui-même, Excel aurait d'abord multiplié la valeur de la cellule C4 par celle de la cellule D4, puis il aurait ajouté la valeur de la cellule A4 à celle de la cellule B4, et enfin effectué la soustraction.

TRUC

Ne vous inquiétez pas trop du risque d'oublier une parenthèse lorsque vous en utilisez plusieurs dans une formule. S'il en manque une, Excel affiche une boîte d'alerte et propose de corriger la formule afin d'apparier les parenthèses. Si vous êtes d'accord avec cette correction, cliquez simplement sur le bouton Oui. Quoi qu'il en soit, veillez toujours à utiliser des parenthèses et non des crochets [ ] ou des accolades { }, ce qu'Excel n'apprécie pas du tout.

Les erreurs de formule

Dans certaines circonstances, même la formule la mieux écrite peut faire des siennes une fois qu'elle a été validée. Vous vous rendez compte que quelque chose ne va pas lorsque, au lieu de voir apparaître le résultat attendu, la cellule affiche un étrange message en majuscules précédé d'un dièse (#) et terminé par un point d'exclamation (!) ou, dans un cas bien particulier, par un point d'interrogation (?). Cette bizarrerie est appelée, dans le jargon des tableurs, une *valeur d'erreur.* Elle est censée vous prévenir qu'un élément – que ce soit dans la formule elle-même ou dans une cellule à laquelle elle se réfère – empêche Excel de procéder au calcul.

Le pire avec les valeurs d'erreur, c'est qu'elles peuvent se répercuter dans d'autres formules de la feuille de calcul. Si une formule retourne une valeur d'erreur dans une cellule et qu'une autre formule d'une autre cellule s'y réfère, cette deuxième formule retourne à son tour la même erreur, qui risque d'être reprise ailleurs et ainsi de suite.

Lorsqu'une valeur d'erreur apparaît dans une cellule, vous devez découvrir son origine puis modifier la formule. Le Tableau 2.1 recense quelques-unes des valeurs d'erreur que vous risquez de rencontrer et indique les causes les plus communes.

Corriger les entrées erronées

Nous visons tous à la perfection, mais comme bien peu d'entre nous peuvent s'en prévaloir – en ce qui concerne Excel bien sûr –, nous finissons tous par nous planter plus ou moins. Quand il s'agit d'entrer de grandes quantités de données, la faute de frappe n'attend qu'un moment d'inattention pour s'immiscer dans le travail. Mais, dans notre quête de la feuille parfaite, nous ne sommes pas sans armes. Voici quelques recommandations. La première, c'est de configurer Excel pour qu'il rectifie automatiquement certaines fautes de frappe grâce à la fonction de correction automatique. La deuxième, c'est de corriger manuellement les petites erreurs, soit au moment de la saisie, soit après validation.

La correction automatique

La correction automatique est une aubaine pour tous ceux d'entre nous qui ont tendance à répéter toujours les mêmes erreurs. Grâce à cette fonction, vous pouvez signaler vos fautes de frappe favorites à Excel 2002 et obtenir de lui qu'il les corrige aussitôt.

La première fois que vous installez Excel, la correction automatique est d'ores et déjà configurée pour corriger les deux premières lettres majuscules des textes que vous entrez (il met automatiquement la

Tableau 2.1 : Les valeurs d'erreurs susceptibles d'entacher des formules.

Ce qu'affiche la cellule	Cause probable
#DIV/0!	Se produit lorsqu'un élément de la formule doit être divisé par le contenu d'une cellule dont la valeur est 0 ou, ce qui est le plus souvent le cas, lorsque cette cellule est vide. En mathématique, la division par zéro est une aberration.
#NOM?	Se produit lorsque la formule se réfère à un *nom de plage* (reportez-vous au Chapitre 6 pour en savoir plus sur ce sujet) qui n'existe pas dans le classeur. Ce type d'erreur apparaît lorsque vous faites une faute de frappe en tapant le nom ou lorsque du texte utilisé dans une formule n'est pas placé entre guillemets, ce qui laisse croire à Excel qu'il s'agit d'un nom de plage.
#NUL!	Se produit le plus souvent lorsque vous insérez un espace, au lieu du point-virgule requis pour séparer les références de cellules utilisées comme arguments pour les fonctions.
#NOMBRE!	Se produit lorsque Excel rencontre dans la formule un problème avec un nombre, par exemple un type d'argument erroné dans une fonction ou un calcul qui produit un nombre trop grand ou trop petit pour être représenté dans la feuille de calcul.
#REF!	Se produit lorsque Excel rencontre une référence de cellule non valide. C'est le cas lorsque vous supprimez une cellule utilisée par une formule ou, dans certains cas, quand vous collez des cellules par-dessus celle à laquelle se réfère la formule.
#VALEUR!	Se produit lorsque vous utilisez le mauvais type d'argument ou d'opérateur dans une fonction, ou lors de l'appel à une opération mathématique qui se réfère à des cellules contenant du texte.

deuxième lettre en minuscule). Il met une majuscule aux noms des jours, ou remplace fort judicieusement un texte erroné par un autre, corrigé.

Vous pouvez à tout moment ajouter vos propres termes à la liste de mots à corriger. Ces textes de remplacement peuvent être de deux types : ceux qui corrigent des fautes de frappe que vous ne pouvez vous empêcher de faire, et des abréviations ou des acronymes que vous devez tout le temps taper en entier.

Pour déclarer un texte de remplacement :

1. **Dans la barre de menu, choisissez Outils/Options de correction automatique afin d'accéder à la boîte de dialogue correspondante.**

2. **Sous l'onglet Correction automatique, entrez le texte ou l'abréviation dans le champ Remplacer.**
3. **Entrez la correction ou la forme complète de l'abréviation dans le champ Par.**
4. **Cliquez sur le bouton Ajouter ou appuyez sur la touche Entrée afin d'insérer la correction dans la liste.**
5. **Cliquez sur OK pour quitter la boîte de dialogue Correction automatique.**

Les règles de modification d'une cellule

En dépit de la correction automatique, des erreurs peuvent néanmoins se produire. Leur correction varie selon que vous les avez repérées au cours de la saisie ou après validation.

- Si vous avez repéré la bourde avant d'avoir validé l'entrée, vous pouvez la corriger en appuyant sur la touche Ret.Arr. jusqu'à ce que vous ayez supprimé tous les caractères erronés de la cellule. Il ne vous reste ensuite plus qu'à retaper le reste de l'entrée.
- Si vous n'avez découvert l'erreur qu'après coup, vous avez le choix entre le remplacement de toute l'entrée ou la seule correction de l'erreur.
- Si le contenu de la cellule est facile à retaper, vous choisirez sans doute de le remplacer. Pour ce faire, positionnez le pointeur sur cette cellule, tapez la nouvelle entrée puis validez-la en cliquant sur le bouton Entrer ou en appuyant sur la touche Entrée ou sur une flèche de direction.
- Si l'erreur est facile à corriger mais que l'entrée est longue, vous aurez sans doute intérêt à modifier le contenu de la cellule plutôt que tout retaper. Pour éditer l'entrée, double-cliquez dedans ou appuyez sur la touche de fonction F2.
- L'une et l'autre de ces actions activent la barre de formule qui affiche de nouveau les boutons Entrer et Annuler tandis que le point d'insertion réapparaît dans la cellule. Notez que quand vous double-cliquez, le point d'insertion apparaît là où vous avez cliqué ; si vous appuyez sur F2, il apparaît après le dernier caractère de l'entrée.
- Remarquez aussi que, dans la barre d'état, l'indicateur de mode se met sur Modifier. Dans ce mode, vous pouvez utiliser la

souris ou les touches fléchées pour déplacer le point d'insertion jusqu'à l'endroit à corriger.

Le Tableau 2.2 contient les touches du clavier que vous pouvez utiliser pour positionner le point d'insertion dans une entrée de cellule et supprimer les caractères indésirables. Afin d'insérer de nouveaux caractères au point d'insertion, il suffit de les taper. Pour supprimer des caractères au fur et à mesure que vous tapez les nouveaux, appuyez une seule fois sur la touche Insert dans le but de passer du mode d'insertion normal au mode de remplacement, dans lequel les caractères tapés écrasent ceux qu'ils rencontrent. Pour revenir au mode d'insertion normal, appuyez de nouveau sur Insert. Lorsque les corrections auront été faites, vous devrez appuyer sur Entrée afin qu'Excel valide les modifications et les prenne en compte.

Quand Excel est en mode Modifier, vous devez entrer le contenu d'une cellule modifiée en cliquant sur le bouton Entrer ou en appuyant sur Entrée. Vous ne pouvez utiliser les touches fléchées pour terminer l'entrée que si Excel est en mode Entrer. En mode Modifier, les touches flèches déplacent uniquement le point d'insertion dans la cellule, et ne déplacent pas du tout le pointeur vers d'autres cellules.

Tableau 2.2 : Les touches de modification du contenu d'une cellule.

Touche	Action
Suppr	Supprime le caractère à droite du point d'insertion.
Ret.Arr.	Supprime le caractère à gauche du point d'insertion.
→	Décale le point d'insertion d'un caractère vers la droite.
←	Décale le point d'insertion d'un caractère vers la gauche.
↑	Si le point d'insertion est la fin de l'entrée, il est déplacé à la position qu'il occupait précédemment.
Fin ou ↑	Place le point d'insertion après le dernier caractère de l'entrée.
Origine	Place le point d'insertion avant le premier caractère de l'entrée.
Ctrl+→	Place le point d'insertion devant le prochain mot de l'entrée.
Ctrl+←	Place le point d'insertion devant le mot précédent de l'entrée.
Inser	Fait passer du mode Insertion au mode Ecrasement et inversement.

La saisie semi-automatique

La fonction de saisie semi-automatique d'Excel 2002 ne fera pas tout à votre place, mais elle vous aidera néanmoins à saisir vos données. Dans le but louable de vous décharger des tâches les plus ingrates, les programmeurs de chez Microsoft ont mis au point une intéressante fonction qui facilite vos saisies.

La saisie semi-automatique est une sorte de mémoire qui anticipe la frappe selon ce que vous avez commencé à taper. Elle n'entre en jeu que quand vous tapez du texte, mais pas avec les chiffres ou les formules. Lorsque vous entrez du texte, la saisie semi-automatique recherche si, ailleurs dans la colonne, du texte commençant par les mêmes lettres existe déjà. Si c'est le cas, elle complète aussitôt votre saisie, vous évitant ainsi d'avoir à taper le reste.

Supposons par exemple que j'aie tapé **Centre culinaire Pigeon vole** (l'un des partenaires de la société L'Oie Blanche) dans la cellule A3 puis que le pointeur ait été déplacé vers la cellule A4. Dès l'appui sur la touche **C** – en majuscule ou en minuscule, cela n'a pas d'importance –, la saisie semi-automatique ajoute aussitôt le restant, soit *entre culinaire Pigeon vole* juste après le C, comme le montre la Figure 2.7.

Figure 2.7 : La saisie semi-automatique complète l'entrée si elle existe déjà.

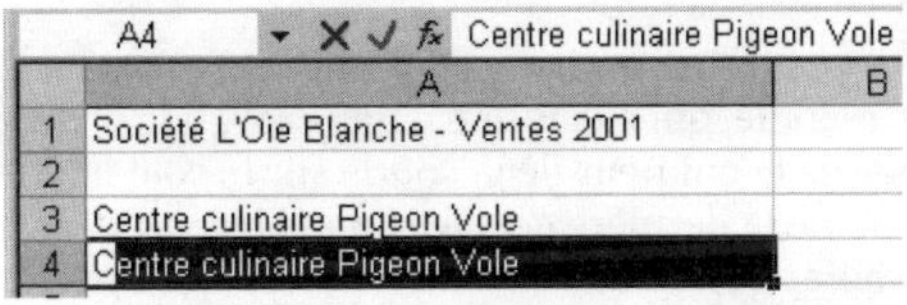

La saisie semi-automatique est parfaite si les cellules A3 et A4 doivent contenir les mêmes entrées. Mais supposons que les entrées commencent certes par les mêmes lettres, mais qu'elles diffèrent ensuite. La saisie semi-automatique fonctionnera aussi longtemps que les lettres sont identiques – le mot *Centre* en l'occurrence – ; il suffit de continuer à taper. Dès que le texte diffère, comme dans *Centre Jack & Jill,* la saisie semi-automatique cesse dès la frappe du J, vous laissant libre de compléter l'entrée à votre guise.

Dès que vous tapez autre chose que ce que propose la saisie semi-automatique, vous mettez fin à cette fonction. Dans l'exemple précédent, dès que le J de Jack & Jill a été tapé, au lieu du C de "culinaire", vous êtes livré à vous-même.

Si vous trouvez qu'en proposant systématiquement des entrées chaque fois que vous commencez à taper du texte la fonction Saisie semi-automatique est plus gênante qu'utile, vous pouvez la désactiver en cliquant sur Outils/Options, et en allant ensuite sous l'onglet Modification. Ôtez ensuite la coche dans la case Saisie semi-automatique des valeurs de cellule. Cliquez enfin sur OK.

La recopie automatique

Bon nombre des feuilles de calcul que vous créez avec Excel exigent la saisie de séries de chiffres ou de dates qui se suivent. Vous devrez par exemple entrer les douze mois de l'année dans un classeur, ou numéroter des cellules de 1 à 100.

La fonction de recopie d'Excel, appelée aussi Recopie incrémentée, facilite considérablement ces tâches répétitives. Tout ce que vous avez à faire, c'est de taper la première valeur d'une série. Le plus souvent, la recopie automatique se fera un plaisir de remplir les cellules voisines en tirant une poignée de recopie vers la droite pour incrémenter sur une ligne, ou vers le bas pour incrémenter dans une colonne.

La poignée de recopie, qui a la forme d'une croix noire, n'apparaît que quand vous placez le pointeur de la souris sur le coin inférieur droit d'une cellule, ou de la dernière cellule si une plage a été sélectionnée. Lorsque vous faites glisser une sélection de cellules avec le pointeur de souris en forme d'épaisse croix blanche, Excel se contente d'étendre la sélection aux cellules par-dessus lesquelles vous avez tiré le pointeur (voir Chapitre 3). Si vous faites glisser la sélection avec le pointeur en forme de flèche, Excel déplace la sélection (voir Chapitre 4).

Quand vous créez une série avec la poignée de recopie, vous ne pouvez tirer que dans une seule direction à la fois. Il vous est par exemple possible de remplir les cellules situées à droite ou à gauche sur la même ligne que la cellule initiale contenant les données à recopier, ou vers le haut ou le bas de la même colonne. Mais il est exclu d'opérer dans deux directions, par exemple vers la droite puis vers le bas, en tirant la poignée en diagonale.

Lorsque vous actionnez la souris, le logiciel vous tient informé des données qu'il entre dans la dernière cellule de la plage sélectionnée en affichant son contenu à proximité du pointeur, dans une sorte d'info-bulle. Dès que vous relâchez le bouton de la souris après avoir étendu la recopie, Excel crée une série de données dans toutes les cellules que vous avez sélectionnées ou recopie simplement la valeur initiale sans la modifier. A droite de la dernière entrée qu'il vient d'effectuer, Excel affiche un bouton contextuel qui déroule un menu proposant plusieurs options. Elles servent à outrepasser l'option de recopie par défaut, par laquelle Excel recopie la valeur de départ dans une plage de cellules, et à activer à la place la recopie incrémentée.

Vous pouvez aussi utiliser les options du menu contextuel de la recopie automatique, ouvert en cliquant sur le bouton qui apparaît à proximité de la poignée de recopie, et choisir un autre type de recopie que celui proposé par défaut. Pour qu'Excel recopie le mot janvier dans chaque cellule, choisissez l'option Copier les cellules. Pour ne recopier que le format de la cellule d'origine (le gras ou l'italique par exemple, ainsi que les couleurs, les bordures, etc.), sélectionnez l'option Ne recopier que la mise en forme. Pour recopier les mois sans recopier la mise en forme de la cellule B2, choisissez l'option Recopier les valeurs sans la mise en forme.

Le Tableau 2.3, dans la section suivante, indique les valeurs initiales susceptibles d'être utilisées pour une recopie automatique et les résultats qu'elle produit.

Travailler avec des séries échelonnées

La recopie automatique utilise la valeur initiale sélectionnée (date, heure, jour, année...) pour produire une série. Toutes celles énumérées dans le Tableau 2.3 varient de 1 (un jour, un mois, une unité...). Il est toutefois possible de faire en sorte que la recopie automatique s'effectue selon une autre valeur en entrant deux valeurs de départ dans des cellules voisines, qui quantifient la modification d'une valeur à une autre. Ces deux valeurs constitueront la sélection initiale que vous étendrez avec la poignée de recopie.

Par exemple, pour démarrer une série le lundi et entrer un jour sur deux dans une ligne, vous taperez **Samedi** dans une cellule et **Lundi** dans la cellule suivante. Après avoir sélectionné ces deux cellules, tirez la poignée de recopie vers la droite aussi loin que nécessaire. Lorsque vous relâchez le bouton de la souris, Excel remplit les cellules avec la série Mercredi, Vendredi, Dimanche, Mardi et ainsi de suite.

Tableau 2.3 : Séries susceptibles d'être créées avec la recopie automatique.

Entrée initiale	Série produite par la recopie automatique
Juillet	Août, Septembre, Octobre...
Juil	Août, Sept, Oct, Nov...
Mardi	Mercredi, Jeudi, Vendredi...
Mar	Mer, Jeu, Ven, Sam...
01/04/2002	02/04/2002, 03/04/2002, 04/04/2002...
Janv-00	Févr-00, Mars-00, Avr-00...
15-Févr	16-Févr, 17-Févr, 18-Févr...
10:00 PM	11:00 PM, 12:00 PM, 1:00 AM
8:01	9:01, 10:01, 11:01, 12:01...
1er trim	2e trim, 3e trim, 4e trim...
Tr1	Tr2, Tr3, Tr4, Tr5, Tr6...
T3	T4, T1, T2, T3, T4, T1...
Produit 1	Produit 2, Produit 3, Produit 4...
1er produit	2e produit, 3e produit...

Copier avec la recopie automatique

Vous pouvez utiliser la recopie automatique pour copier un texte sur une plage de cellules, mais sans incrémentation. Pour ce faire, maintenez la touche Ctrl enfoncée tout en cliquant et en tirant la poignée de recopie. Un petit signe + apparaît près de la poignée, indiquant qu'une *copie* est en cours, et non une copie incrémentée. Vous pouvez vérifier que l'entrée dupliquée ne change pas en observant l'info-bulle, dont le contenu reste identique à celui de la cellule d'origine. Si vous voulez néanmoins incrémenter la recopie, il suffit de cliquer sur le bouton contextuel et de choisir, dans le menu, l'option Incrémenter une série ; les éléments copiés sont aussitôt transformés en série d'éléments numérotés ou successifs.

Alors que maintenir la touche Ctrl enfoncée pendant la recopie automatique empêche l'incrémentation du texte, il en va tout autrement avec les valeurs numériques ! Supposons que vous ayez entré le nombre **17** dans une cellule et que vous tiriez la poignée de recopie pour remplir les cellules voisines. Dans ce cas, Excel recopie le nombre 17 dans chacune des cellules. Mais, si la touche Ctrl est enfoncée, la recopie sera incrémentée et donnera 18, 19, 20 et ainsi de suite. Si vous avez oublié ce détail et créé une série de nombres incrémentés alors que vous vouliez simplement le recopier à l'identique dans les cellules, corrigez la manipulation en cliquant sur le bouton contextuel et choisissez l'option Copier les cellules.

Créer une liste personnalisée

En plus de pouvoir varier l'incrémentation d'une série de recopies automatiques, vous pouvez créer vos propres séries. Par exemple, la société L'Oie Blanche travaille avec les entreprises suivantes :

- Centre culinaire Pigeon Vole
- Centre Jack & Jill
- A la Bonne Bouffe
- Les Pieds dans le Plat
- Tartes et Gâteaux
- Georgie Porgie Pudding
- Maison Poulaga

Au lieu d'avoir à taper sans cesse le nom de chacune de ces entreprises chaque fois que vous devez les lister dans une feuille de calcul, vous pouvez en faire une liste personnalisée. Il vous suffira ensuite de taper Centre culinaire Pigeon Vole dans la première cellule, puis de tirer sur la poignée de recopie, pour placer automatiquement tous les autres noms dans les cellules sélectionnées.

Procédez comme suit pour créer une liste personnalisée :

1. **Dans la barre de menu, choisissez Outils/Options.**
2. **Dans la boîte de dialogue Options, cliquez sur l'onglet Liste pers., visible dans la Figure 2.8.**

   Ce faisant, l'option Nouvelle liste est automatiquement sélectionnée dans la fenêtre Listes personnalisées.

   Si vous vous êtes déjà coltiné la saisie d'une liste dans la feuille de calcul, passez à l'étape 3. Sinon, rendez-vous à l'étape 6.
3. **Cliquez dans la boîte de texte Importer la liste des cellules puis cliquez sur le bouton Minimiser (il se trouve à droite de la boîte de texte) ; la boîte de dialogue Options se réduit à une**

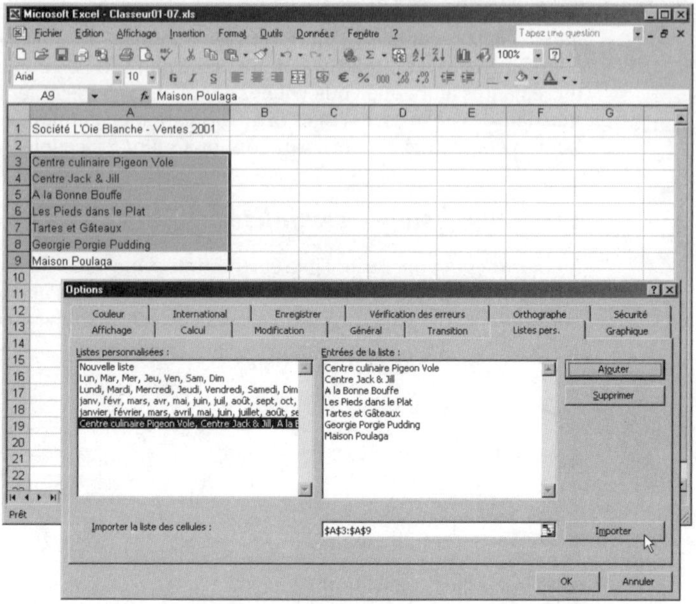

Figure 2.8 : Création d'une liste personnalisée à partir de plage de cellules existantes.

toute petite taille, vous laissant de la place pour sélectionner confortablement une plage de cellules (nous y reviendrons dans le Chapitre 3).

4. **Après avoir sélectionné la plage de cellules dans la feuille de calcul, cliquez sur le bouton Agrandir afin de réafficher intégralement la boîte de dialogue Options.**

   Ce bouton se substitue automatiquement au bouton Minimiser, à droite de la boîte de texte Importer la liste des cellules.

5. **Cliquez ensuite sur le bouton Importer pour copier le contenu des cellules dans la fenêtre Entrées de la liste.**

   Passez à l'étape 8.

6. **Cliquez dans la fenêtre Entrées de la liste. Tapez ensuite chaque entrée dans l'ordre qui vous convient ; n'oubliez pas de taper sur la touche Entrée après chaque saisie.**

   Après avoir tapé tous les intitulés dans la fenêtre Entrées de la liste, vous pouvez passer à la prochaine étape.

7. **Cliquez sur le bouton Ajouter afin de transférer les éléments dans la fenêtre Listes personnalisées.**

   Créez éventuellement d'autres listes personnalisées en procédant comme nous venons de l'indiquer. Cela fait, passez à la prochaine et dernière étape.

8. **Cliquez sur OK ou appuyez sur Entrée pour fermer la boîte de dialogue Options et revenir à la feuille de calcul courante du classeur actif.**

Après avoir ajouté une liste personnalisée dans Excel, il suffira simplement de taper la première entrée dans une cellule puis de tirer la poignée de recopie dans une direction pour que les autres éléments de la liste apparaissent dans la plage de cellules.

Si vous n'avez pas l'intention de taper la première ligne, utilisez la fonction de Saisie semi-automatique décrite précédemment dans ce chapitre ; créez une entrée sous la forme d'un acronyme qui affichera automatiquement le nom complet, comme *albb* pour *A la Bonne Bouffe*.

Les entrées d'une plage

Si vous devez saisir un tableau de données dans un nouveau classeur, vous vous simplifierez le travail – et votre existence – en sélectionnant d'abord toutes les cellules vides qui devront contenir ces données avant même de procéder à la moindre entrée. Pour cela, placez le pointeur dans la première cellule de ce qui sera le tableau puis sélectionnez toutes les cellules dans les colonnes et les lignes voisines (reportez-vous au Chapitre 3 pour apprendre à sélectionner des plages de cellules). Cela fait, vous pouvez commencer à entrer la première donnée.

Quand vous sélectionnez une *plage* de cellules avant de commencer à entrer des informations, Excel restreint la saisie des données à cette plage de la façon suivante :

- Le logiciel avance automatiquement le pointeur de cellule à la prochaine cellule de la plage lorsque vous cliquez sur le bouton Entrer ou appuyez sur la touche Entrée pour valider une saisie.
- Dans une plage contenant plusieurs lignes et colonnes, Excel fait descendre le pointeur de cellule dans la colonne afin que vous puissiez procéder aux entrées ; lorsqu'il atteint la dernière cellule dans la partie sélectionnée de la colonne, Excel place le pointeur tout en haut de la prochaine colonne à droite. Si le

tableau n'occupe qu'une ligne, le pointeur est décalé de gauche à droite.

- Lorsque vous finissez d'entrer des informations dans la dernière cellule de la plage sélectionnée, Excel positionne le pointeur de cellule sur la première cellule du tableau de données qui vient d'être terminé. Pour désélectionner la plage de cellules, cliquez sur l'une des cellules de la feuille de calcul, hors du tableau ou à l'intérieur, ou appuyez sur une touche fléchée.

Veillez à ne pas appuyer sur une touche fléchée pour valider la saisie dans l'une des cellules de la plage sélectionnée, au lieu de cliquer sur le bouton Entrer ou d'appuyer sur la touche Entrée. L'appui sur une touche fléchée désélectionne en effet la plage au moment où Excel déplace le pointeur de cellule. Utilisez l'une de ces méthodes afin de déplacer le pointeur de cellule sans désélectionner la plage :

- Appuyez sur Entrée pour passer à la cellule inférieure puis, le moment venu, passer à la prochaine colonne. Appuyez sur Maj+Entrée pour reculer à la cellule précédente.
- Appuyez sur la touche Tab pour passer à la prochaine cellule de la colonne de droite et descendre ensuite dans la colonne. Appuyez sur Maj+Tab pour revenir à la cellule précédente.
- Appuyez sur Ctrl+. (point du pavé numérique) pour aller d'un coin de la plage à un autre.

La saisie express

Quand une même entrée (texte, valeur ou formule) doit apparaître dans plusieurs cellules d'un classeur, vous économiserez beaucoup de temps et d'énergie en la plaçant dans toutes ces cellules en une seule opération. Sélectionnez d'abord la plage de cellules qui doit contenir l'information (comme nous le verrons dans le Chapitre 3, Excel permet de sélectionner plusieurs cellules à la fois), procédez à la saisie puis validez avec les touches Ctrl+Entrée pour répartir la saisie dans toutes les plages sélectionnées.

Pour que cette opération réussisse, vous devez maintenir la touche Ctrl enfoncée au moment où vous appuyez sur Entrée afin qu'Excel puisse répartir la saisie dans toutes les cellules sélectionnées. Si vous oubliez d'appuyer sur Ctrl, Excel ne place les données que dans la première cellule de la plage.

Vous pouvez aussi accélérer la saisie des données dans une liste comportant des formules en vous assurant que dans l'onglet Modification de la boîte de dialogue Options (sous le menu Outils), la case Etendre les formules et formats de liste est cochée. Dans ce cas, Excel met automatiquement en forme les nouvelles données que vous tapez dans la dernière colonne d'une liste en fonction de la mise en forme existant dans les colonnes déjà remplies, et copie les formules présentes dans ces colonnes. Notez cependant que pour utiliser cette nouvelle fonctionnalité, vous devez d'abord manuellement entrer les formules et configurer la mise en forme dans au moins trois colonnes avant la nouvelle colonne.

Améliorer les formules

Précédemment dans ce chapitre, vous avez appris (dans la section "Concocter ces fabuleuses formules !") à créer des formules qui exécutent un certain nombre d'opérations mathématiques simples telles que l'addition, la soustraction, la multiplication et la division. Au lieu de créer des formules complexes à partir de zéro et/ou d'une combinaison plus ou moins compliquée de ces opérations, vous pouvez demander à une fonction d'Excel de se charger de cette tâche.

Une *fonction* est une formule prédéfinie qui exécute un certain type de calcul. Tout ce que vous avez à faire, c'est de fournir les valeurs que cette fonction utilisera pour déterminer le résultat. En jargon de tableur, ces valeurs sont appelées *arguments de la fonction.* A l'instar des fonctions simples, vous pouvez entrer les arguments de la plupart des fonctions, soit sous une forme numérique, comme **22** ou **-4,56** ou, comme c'est souvent le cas, sous la forme d'une référence de cellule (**B10**) ou d'une plage de cellules (C3:F3).

Comme pour les formules que vous créez vous-même, chaque fonction doit commencer par le signe = (égal) afin qu'Excel sache que vous allez taper une fonction ou une formule, et non du texte. Juste après le signe égal, vous entrez le nom de la fonction (en majuscules ou en minuscules) suivi des arguments indispensables pour que les calculs puissent être effectués. Tous les arguments d'une fonction sont toujours entre parenthèses.

N'OUBLIEZ PAS

Si vous tapez la fonction directement dans une cellule, vous ne devez pas insérer d'espace après le signe égal, avant ou après le nom de la fonction, ni entre les parenthèses. Certaines fonctions exigent plusieurs arguments ; dans ce cas, chaque argument est séparé des autres par un point-virgule, en aucun cas par un espace.

Après avoir tapé le signe égal, le nom de la fonction et la parenthèse ouverte qui indique le début des arguments, vous pouvez pointer vers n'importe quelle cellule ou plage de cellules devant être utilisées comme premier argument, au lieu de taper les références au clavier. Si la fonction utilise plusieurs arguments, vous pouvez pointer la cellule ou plage à employer à condition d'avoir d'abord placé un point-virgule (;) après le premier argument.

Après avoir entré le dernier argument, tapez la parenthèse fermée pour indiquer la fin de la liste des arguments. Cliquez ensuite sur le bouton Entrer ou appuyez sur Entrée ou sur une touche fléchée pour valider la fonction et obtenir d'Excel qu'il calcule le résultat.

Placer une fonction dans une formule avec le bouton Insérer une fonction

Bien qu'il soit possible d'entrer une fonction en la tapant directement dans une cellule, Excel n'en propose pas moins, dans la barre de formule, un bouton Insérer une fonction fort utile pour choisir n'importe laquelle des fonctions intégrées d'Excel. Quand vous cliquez sur ce bouton, Excel ouvre la boîte de dialogue Insérer une fonction (voir Figure 2.9) dans laquelle vous pouvez choisir l'une des fonctions prédéfinies. Après en avoir sélectionné une, Excel ouvre la boîte de dialogue Arguments de la fonction dans laquelle vous spécifiez les différents paramètres à utiliser. Le gros intérêt de cette boîte de dialogue se révèle lorsque vous rencontrez une fonction qui ne vous est pas familière ou vraiment très complexe (certaines sont plutôt trapues). Vous obtiendrez une aide extrêmement détaillée sur les arguments requis en cliquant sur le lien hypertexte Aide sur cette fonction, dans le coin inférieur gauche de la boîte de dialogue.

Pour accéder à la boîte de dialogue Insérer une fonction, sélectionnez la cellule qui doit recevoir la formule puis cliquez sur le bouton Insérer une fonction (reconnaissable à l'icône *fx*). Une boîte de dialogue semblable à celle de la Figure 2.9 apparaît.

La boîte de dialogue Insérer une fonction contient trois fenêtres : Recherchez une fonction, Ou sélectionnez une catégorie et Sélectionnez une fonction. Lorsque vous ouvrez la boîte de dialogue, Excel sélectionne automatiquement, dans la liste déroulante des catégories de fonctions, la catégorie Les dernières utilisées. Ces fonctions communément employées sont listées dans la fenêtre Sélectionner une fonction.

Si la fonction que vous recherchez ne figure pas parmi les plus récemment utilisées, vous devrez la rechercher dans la catégorie appropriée en déroulant la liste Ou sélectionnez une catégorie. Si vous n'avez aucune idée de la catégorie où la chercher, tapez une description de ce que vous voulez en faire dans la fenêtre Recherchez une

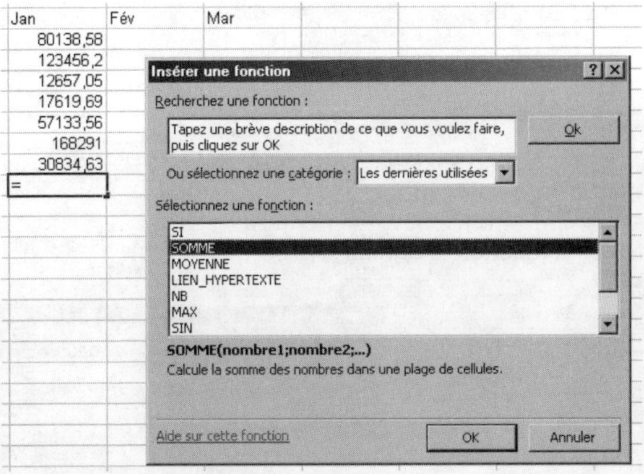

Figure 2.9 : Sélectionnez dans cette boîte de dialogue la fonction à utiliser dans une cellule.

fonction puis cliquez sur le bouton OK qui se trouve juste à droite (NdT : pas celui d'en bas qui ferme la boîte de dialogue), ou appuyez sur la touche Entrée. Par exemple, pour localiser la fonction qui totalise des valeurs, il suffit d'entrer le mot **total** dans la fenêtre Recherchez une fonction et de cliquer sur OK. Excel affiche ensuite une liste de fonctions effectuant des totaux. Vous pouvez les examiner chacune en cliquant tour à tour dessus. Quand vous sélectionnez une fonction dans cette liste, la boîte de dialogue Insérer une fonction présente en bas du panneau tous les arguments suivis d'une description de ce qu'elle fait.

Après avoir localisé et sélectionné la fonction à utiliser, cliquez sur le bouton OK (tout en bas, à gauche de Annuler) pour insérer la fonction dans la cellule courante et ouvrir la boîte de dialogue Arguments de la fonction. Elle affiche tous les arguments requis ainsi que ceux qui sont facultatifs. Supposons que vous choisissiez, dans la fenêtre Sélectionnez une fonction, la fonction SOMME (qui est sans aucun doute la plus utilisée) puis que vous cliquiez sur OK. Excel insère aussitôt dans la cellule courante :

```
SOMME()
```

Cette fonction apparaît aussi dans la barre de formule, après le signe égal. La boîte de dialogue Arguments de la fonction s'ouvre, affichant les arguments de SOMME, comme le montre la Figure 2.10.

Comme vous pouvez le lire dans la boîte de dialogue Arguments de la fonction visible dans la Figure 2.10, vous pouvez sélectionner jusqu'à 30 arguments. Ce qui n'est cependant pas évident – il y a sûrement un

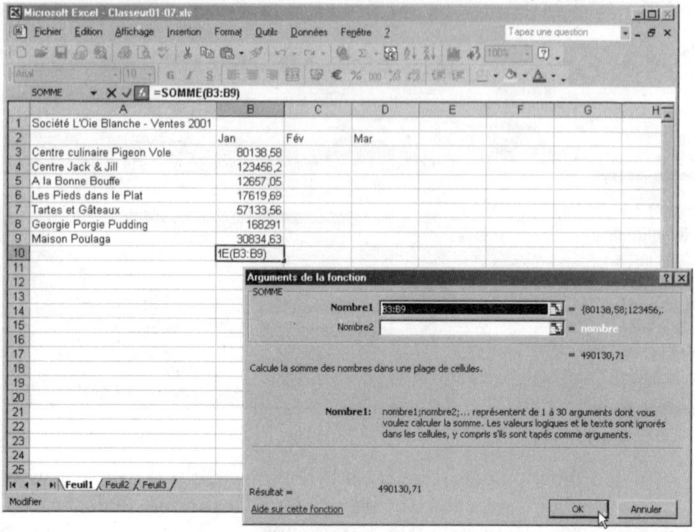

Figure 2.10 : Spécifiez les arguments à utiliser par la fonction sélectionnée dans la boîte de dialogue Insérer une fonction.

truc, non ? – c'est que chacun de ces arguments ne se trouve pas forcément dans une seule et même cellule. En fait, la plupart du temps, un seul argument recouvrira un grand nombre de chiffres (sélection multiple) que vous désirez totaliser.

Pour sélectionner le premier argument de la boîte de dialogue, cliquez dans une cellule (ou sélectionnez une plage de cellules) en laissant le point d'insertion dans la boîte de texte Nombre1 de la boîte de dialogue Arguments de la fonction. Excel affiche l'adresse de cellule (ou l'adresse de la plage) dans le champ Nombre1 tout en indiquant, en bas à droite de la zone SOMME, le total calculé. Cette même somme apparaît aussi en bas de la boîte de dialogue, en regard de la mention Résultat =.

Si vous calculez sur plus d'une cellule ou groupe de cellules d'un classeur, appuyez sur la touche Tab ou cliquez dans la boîte de texte Nombre2 pour y placer le point d'insertion (Excel réagit à cette action en ouvrant aussitôt une boîte de texte Nombre3). Indiquez dans le champ Nombre2 la deuxième cellule ou plage de cellules à ajouter au premier argument. Après avoir cliqué dans une cellule ou défini une plage, Excel affiche l'adresse de la ou des cellules ainsi que les valeurs des cellules à droite de la boîte de texte. Les différents boutons de minimisation permettent de réduire la boîte de dialogue en n'affichant que la ligne (Nombre1, Nombre2...) à utiliser.

Après avoir sélectionné les cellules à totaliser, cliquez sur OK pour quitter la boîte de dialogue Arguments de la formule et placer la fonction SOMME dans la cellule courante.

Modifier une fonction avec le bouton Insérer une fonction

Vous pouvez utiliser le bouton Insérer une fonction pour modifier une fonction directement dans la barre de formule. Sélectionnez la cellule contenant la formule en question puis cliquez sur le bouton Insérer une fonction (celui avec un *fx*, à gauche de la barre de formule).

Sitôt après avoir cliqué sur le bouton Insérer une fonction, Excel ouvre la boîte de dialogue Arguments de la fonction. Pour éditer et modifier les arguments de la fonction, sélectionnez les références de cellule dans la boîte de texte appropriée (marquée Nombre1, Nombre2, Nombre3...) puis effectuez les modifications que vous jugez utiles pour telle ou telle cellule ou plage. Rappelez-vous qu'Excel ajoute automatiquement à l'argument courant toute cellule ou plage que vous sélectionnez dans la feuille de calcul. Pour remplacer l'argument courant, vous devez le mettre en surbrillance et éliminer les adresses de cellules en appuyant sur la touche Suppr avant de sélectionner la nouvelle cellule ou plage à utiliser comme argument.

Après avoir modifié la fonction, appuyez sur la touche Entrée ou cliquez sur le bouton OK afin de fermer la boîte de dialogue Arguments de la cellule et mettre la formule à jour, dans le classeur.

La somme automatique : l'essayer c'est l'adopter

Je ne peux en finir avec cette intéressante discussion sur la saisie des fonctions sans mentionner le bouton Somme automatique présent dans la barre d'outils. Recherchez le bouton avec la lettre grecque sigma (_). Ce petit outil vaut son pesant d'or (NdT : ce qui dans le virtuel ne mange pas de pain). Outre le fait qu'il est capable de déterminer la somme, la moyenne, le compte, les valeurs maximales et minimales d'une liste, il sait également sélectionner une plage de cellules dans la colonne courante ou dans la ligne, l'utiliser comme argument et entrer automatiquement le résultat du calcul en tant qu'argument dans une fonction. Neuf fois sur dix, Excel sélectionne correctement la plage de cellules à utiliser. Et dans le dixième cas, vous pouvez facilement corriger la sélection en tirant le pointeur de cellule par-dessus la plage à calculer.

Par défaut, cliquer sur le bouton Somme automatique insère la fonction SOMME dans la cellule courante. Si vous comptez utiliser ce bouton pour insérer une autre fonction comme MOYENNE, NOMBRE, MAX ou MIN, vous devrez déployer la liste déroulante du bouton et sélectionner la fonction désirée dans le menu contextuel. Remarquez qu'en sélectionnant l'option Autres fonctions Excel ouvre la boîte de dialogue Insérer une fonction, comme si vous aviez cliqué sur le bouton *fx*, dans la barre de formule.

Observez dans la Figure 2.11 comment l'outil Somme automatique est utilisé pour calculer le total du Centre culinaire Pigeon Vole, à la Ligne 3 : placez le pointeur dans la cellule E3, où le total du premier trimestre devrait être calculé, puis cliquez sur le bouton Somme automatique. Excel insère dans la barre de formule la fonction SOMME avec le signe égal et tout le reste, entoure les cellules B3, C3 et D3 avec un rectangle de sélection (un liseré en pointillé animé) et utilise la plage de cellules B3:D3 comme argument de la fonction SOMME.

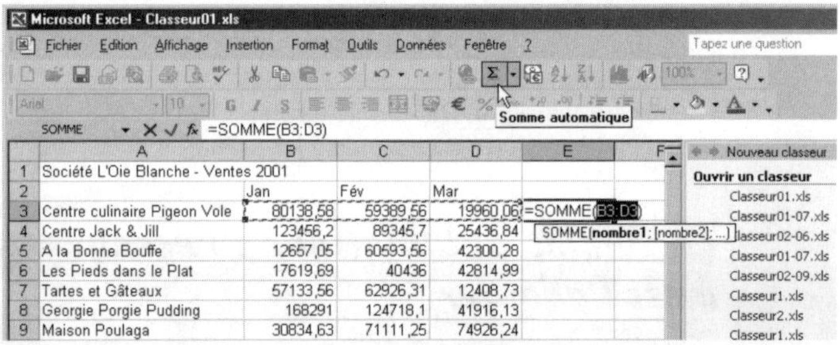

Figure 2.11 : Pour obtenir le total trimestriel du Centre culinaire Pigeon Vole, sélectionnez la cellule E3 puis cliquez sur le bouton Somme automatique.

Le total apparaît dans la cellule E3 tandis que la fonction suivante est affichée dans la barre de formule :

```
=SOMME(B3:D3)
```

Après avoir entré la fonction qui totalise les ventes du Centre culinaire Pigeon Vole, vous pouvez copier cette formule pour totaliser les ventes trimestrielles de toutes les autres sociétés en tirant la poignée de recopie vers le bas, jusqu'à ce que la plage de cellule E3:E9 soit en surbrillance.

Regardez la Figure 2.12 dans le but de voir comment utiliser la somme automatique afin de totaliser, dans la colonne B, les chiffres du mois de janvier pour toutes les entreprises partenaires de la société L'Oie Blanche. Vous devez placer le pointeur de cellule en B10, là où le total doit apparaître. Cliquez ensuite sur l'outil Somme automatique ; Excel place un rectangle de sélection autour des cellules B3 à B9 et entre correctement la plage B3:B9 comme argument de la fonction SOMME.

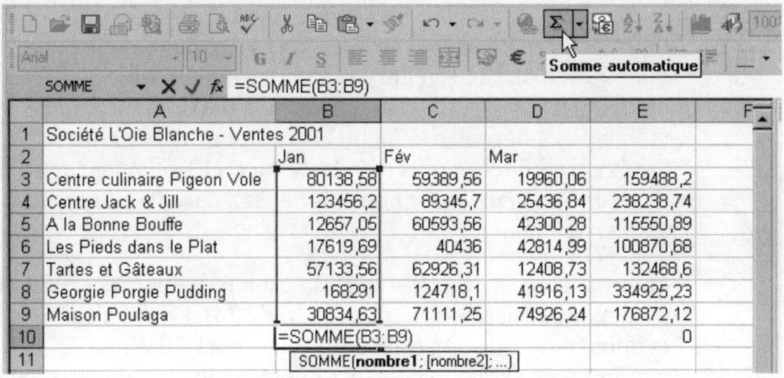

Figure 2.12 : Utilisation de la fonction Somme automatique.

La Figure 2.13 montre la feuille de calcul après avoir inséré la fonction SOMME dans la cellule B10 et utilisé la fonction Recopie automatique afin de reporter la formule vers la droite, dans les cellules C10, D10 et E10. Pour utiliser cette fonction, tirez sur la poignée située dans le coin inférieur droit de la cellule et tirez-la jusqu'à la cellule E10 ; relâchez ensuite le bouton de la souris.

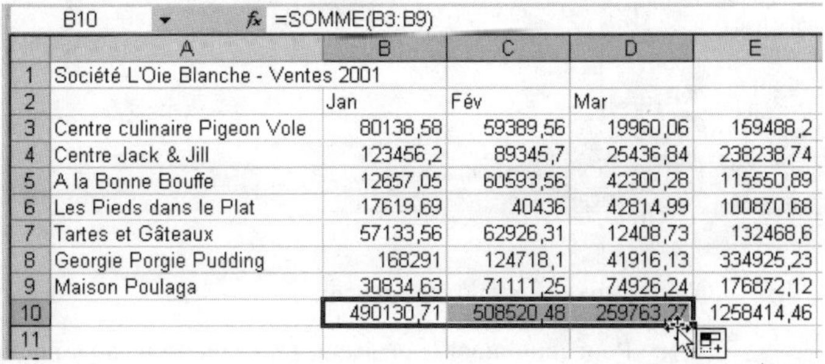

Figure 2.13 : La feuille de calcul après avoir recopié la fonction SOMME à l'aide de la poignée de recopie.

Sauvegarder les données en lieu sûr

Le travail effectué dans une feuille de calcul d'un classeur est exposé à tous les risques aussi longtemps que vous ne l'avez pas enregistré sur une disquette ou sur le disque dur. Avant l'enregistrement, la moindre coupure de courant ou un plantage de l'ordinateur peut tout compromettre. Vous auriez à refaire chacune des saisies, entrer les formules, une tâche d'autant plus fastidieuse qu'elle était évitable. Pour se prémunir contre ce genre de mésaventure, adoptez cette règle d'or : enregistrez chaque fois que vous estimez qu'il n'est pas question de perdre ce que vous venez de faire.

Pour faciliter les sauvegardes, Excel a été doté, dans la barre d'outils Standard, d'un bouton Enregistrer, reconnaissable à l'icône en forme de disquette 3"1/4. C'est le troisième à partir de la gauche. Vous n'avez même pas à dérouler le menu Fichier pour cliquer sur la commande Enregistrer. Encore plus rapide, le raccourci clavier Ctrl+S finit par devenir une deuxième nature. N'hésitez pas à l'utiliser, vous n'en abuserez jamais.

Lorsque vous enregistrez pour la première fois, Excel affiche la boîte de dialogue Enregistrer sous (Figure 2.14). Profitez-en pour remplacer le nom générique des classeurs (Classeur1, Classeur2, Classeur3...) par un nom plus explicite et sélectionnez le dossier de destination du classeur avant de cliquer sur le bouton Enregistrer.

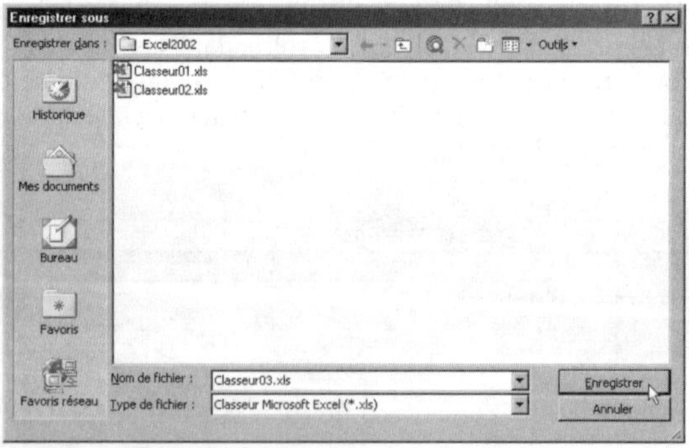

Figure 2.14 : La boîte de dialogue Enregistrer sous apparaît chaque fois que vous enregistrez un classeur pour la première fois.

Ce n'est pas plus difficile que cela :

- Pour renommer le classeur, tapez un nouveau nom dans le champ Nom de fichier. La première fois que vous ouvrez la boîte de dialogue Enregistrez sous, Excel propose comme nom

Classeur1. Vous pouvez taper directement le nouveau nom par-dessus.

- Pour choisir un nouveau lecteur, cliquez sur le bouton à droite du champ Enregistrer dans puis, dans la liste qui apparaît, cliquez sur le nom de lecteur approprié, comme Disque local (C:), ou Disquette 3_ (A:).
- Pour choisir un autre dossier, sélectionnez éventuellement le lecteur, comme nous l'avons expliqué précédemment, puis naviguez jusqu'au dossier voulu. Double-cliquez sur un dossier pour accéder à son sous-dossier. Cela fait, le nom du dossier dans lequel le classeur sera enregistré apparaît dans le champ Enregistrer dans.
- Pour enregistrer le classeur dans un dossier qui n'existe pas encore, cliquez sur le bouton Créer un dossier (référez-vous à la Figure 2.14). Une boîte de dialogue Nouveau dossier apparaît ; nommez-le puis cliquez sur OK pour le créer en aval du dossier courant.

La boîte de dialogue Enregistrer sous de Excel 2002 contient plusieurs gros boutons superposés à gauche du panneau. Ils ont pour nom Historique, Mes documents, Bureau, Favoris et Favoris réseau. Utilisez ces boutons pour sélectionner les dossiers suivants afin d'y stocker vos classeurs Excel :

- Cliquez sur le bouton Historique pour enregistrer un classeur dans le dossier Récents. Ce dossier se trouve, dans Windows 98/ Me, dans le chemin Windows\Application Data\Microsoft\Office\Recents (NdT : dans Windows 2000, il se trouve dans Windows\Documents and Settings*Nom de l'utilisateur*\Application Data\Microsoft\Recents).
- Cliquez sur le bouton Mes documents pour enregistrer vos classeurs dans ce dossier (NdT : présent sur le Bureau).
- Cliquez sur le bouton Bureau pour enregistrer le dossier directement sur le Bureau de Windows.
- Cliquez sur le bouton Favoris pour enregistrer le classeur dans le dossier Favoris, qui est un sous-dossier de Windows.
- Cliquez sur le bouton Favoris réseau pour enregistrer le dossier dans des dossiers Web du serveur de votre société. Ce bouton est particulièrement utile lorsque vous désirez publier une feuille de calcul Excel sous la forme d'une page Web sur le site Web ou l'intranet de votre société.

Sous Windows 98/Me et 2000, un nom de fichier peut contenir des espaces et comporter jusqu'à 255 caractères (vous avez vraiment l'intention de nommer un fichier par un paragraphe tout entier ?). C'est une bonne nouvelle pour les rescapés de l'époque désormais lointaine du DOS ou de Windows 3.1*x* qui n'acceptaient que des noms de huit caractères avec une extension de trois caractères (format dit "8.3") ; sachez cependant que si votre fichier doit être repris par un ordinateur qui n'utilise pas les versions 98/Me/NT ou 2000 de Windows, les noms seront considérablement abrégés (NdT : tronqués à six caractères seulement, un tilde et un numéro d'ordre). Il faut aussi que le nom de fichier soit suivi de l'extension XLS, qui est de toutes les façons ajoutée automatiquement (NdT : mais elle n'apparaît dans l'Explorateur Windows que si ce dernier a été configuré pour afficher les extensions communément utilisées).

Quand vous aurez fini de configurer la boîte de dialogue Enregistrer sous, cliquez sur le bouton Enregistrer ou appuyez sur Entrée pour enregistrer votre précieux travail. Lorsque Excel enregistre le fichier de votre classeur, il enregistre aussi toutes les informations concernant les feuilles de calcul, y compris la position du pointeur de cellule. Par la suite, vous n'aurez plus à vous coltiner la boîte de dialogue Enregistrer sous, à moins que vous ne désiriez renommer le classeur ou enregistrer un exemplaire du classeur dans un autre dossier. Dans ce cas, vous devrez choisir la commande Enregistrer sous dans le menu Fichier au lieu de cliquer sur l'outil Enregistrer ou appuyer sur les touches Ctrl+S.

A la recherche du document perdu

Excel 2002 est équipé d'une nouvelle fonction de récupération d'un document qui vous sauvera la mise lors d'une coupure de courant ou si, pour une raison ou pour une autre, l'ordinateur se bloque. La fonction Récupération automatique enregistre votre travail à intervalle régulier. En cas de plantage, Excel affiche un panneau de récupération de données similaire à celui que montre la Figure 2.15 dès que l'ordinateur a été redémarré et Excel relancé.

TRUC

Quand vous démarrez Excel 2002 pour la première fois, la fonction de récupération automatique est configurée pour sauvegarder vos données toutes les dix minutes, à condition toutefois que votre fichier ait déjà été enregistré. Cet intervalle peut être réduit ou prolongé. Pour ce faire, choisissez Outils/Options, cliquez sur l'onglet Enregistrement puis réglez la durée avec le bouton d'incrémentation Minutes, dans l'option Enregistrer les informations de récupération automatique toutes les *x* minutes. Cliquez ensuite sur OK.

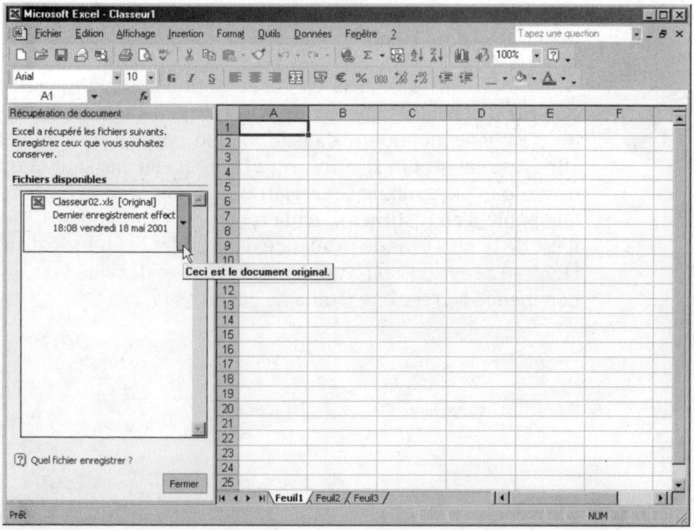

Figure 2.15 : En cas de plantage, la fonction Récupération automatique affiche la liste des fichiers qui ont été sauvegardés.

Le panneau Récupération de document montre les versions disponibles des classeurs qui étaient ouverts au moment où l'ordinateur a planté. Il identifie la version originale du fichier du classeur ainsi que le moment où il avait été enregistré et compare le tout avec la version sauvegardée automatiquement (estimation du travail non enregistré par l'utilisateur au moment de l'incident). La position du pointeur est également enregistrée. Cliquez sur le menu déroulant – sous la flèche pointée vers le bas – et choisissez Ouvrir dans le menu contextuel. Après avoir ouvert la version récupérée, vous pouvez éventuellement enregistrer les modifications en cliquant, dans la barre de menu d'Excel, sur Fichier/Enregistrer.

Pour enregistrer la version récupérée d'un classeur sans devoir l'ouvrir d'abord, placez le pointeur de la souris sur la version récupérée, déployez le menu déroulant puis choisissez l'option Enregistrer sous. Pour renoncer définitivement à la version récupérée (ce qui ne vous laisse que les données de la version originale), cliquez sur le bouton Fermer, en bas du panneau Récupération de document. Lorsque vous cliquez sur le bouton fermer, une boîte d'alerte vous laisse une dernière chance de revenir à la version récupérée afin de la visionner. Pour conserver le fichier afin de l'examiner ultérieurement, sélectionnez le bouton radio Oui (Je veux consulter ces fichiers plus tard) puis cliquez sur OK. Sinon, pour conserver les versions originales des fichiers listés dans le panneau Récupération de données, sélectionnez plutôt Non (Supprimer ces fichiers. J'ai enregistré les fichiers dont j'ai besoin).

Notez bien que la fonction de récupération automatique ne fonctionne que sur des fichiers qui ont été enregistrés au moins une fois, comme nous l'avions mentionné dans la section "Mettre les données en lieu sûr". Autrement dit, si vous créez un nouveau classeur et que vous n'avez pas pris soin de l'enregistrer, la récupération automatique sera incapable d'en restituer une miette en cas de plantage. C'est pourquoi il est de la plus grande prudence de prendre l'habitude de cliquer sur Fichier/Enregistrer ou d'appuyer sur Ctrl+S, dès que vous avez commencé à créer une feuille de calcul.

Deuxième partie

L'art et la manière de modifier un classeur

A mon avis, Monsieur Dunt, le pointeur ne bouge pas parce que vous maniez l'éponge du tableau noir et non la souris.

Dans cette partie...

La vie en entreprise serait moins stressante si, au moment même où vous finissez un travail, il n'y avait pas quelqu'un pour tout remettre en question. A l'heure de la flexibilité, changer d'avis tout le temps risque néanmoins de froisser des gens. Or, la triste vérité avec Excel 2002, c'est que vous n'avez jamais fini de modifier les données que vous avez eu tant de mal à entrer.

Dans cette partie, nous éditerons et modifierons une feuille de calcul de trois manières : en mettant les données brutes en forme, en réorganisant les données mises en forme et/ou en les supprimant dans certains cas, et enfin en imprimant les données mises en forme. Croyez-moi, quand vous saurez comment modifier vos données et les mettre en forme, vous aurez bien avancé dans la connaissance d'Excel 2002.

Chapitre 3

On enjolive tout

Dans ce chapitre :

- Sélectionner les cellules à mettre en forme.
- Mettre en forme un tableau de données avec les Formats automatiques.
- Appliquer des formats de nombres à des cellules contenant des valeurs.
- Régler la largeur des colonnes et la hauteur des lignes d'une feuille de calcul.
- Masquer des colonnes et des lignes.
- Changer de police et choisir leur taille.
- Modifier l'alignement des entrées dans une plage de cellules.
- Ajouter des bordures, des ombres et des couleurs à une plage de cellules.

Dans un tableur comme Excel, vous n'avez normalement pas à vous soucier de l'apparence des données avant de les avoir saisies et enregistrées (voir Chapitres 1 et 2). C'est après seulement que vous les mettrez en forme pour les rendre plus lisibles et plus attrayantes.

Après avoir décidé du type de mise en forme à appliquer à tout ou partie de la feuille de calcul, sélectionnez toutes les cellules à embellir puis cliquez sur l'outil approprié ou choisissez une commande dans l'un des menus. Mais, avant de découvrir les remarquables fonctions esthétiques d'Excel, vous devez d'abord savoir comment désigner les cellules qui doivent recevoir la mise en forme, c'est-à-dire les *sélectionner*, ou encore, comment *procéder à une sélection de cellules.*

Entrer des données dans une cellule et mettre ces données en forme sont deux choses très différentes. C'est pourquoi, quand vous entrez de nouvelles données dans une cellule, elles adoptent la mise en forme qui avait été définie pour cette cellule. Ce qui vous permet de mettre en forme des cellules vides dans lesquelles vous entrerez ultérieurement des données qui seront à ce moment automatiquement mises en forme.

Choisir un groupe de cellules sélectionnées

Une *sélection de cellules* (ou *plage de cellules*) est un ensemble de cellules contiguës susceptibles d'être mises en forme ou modifiées. La petite sélection de cellule, dans une feuille de calcul, se limite à une seule cellule : la cellule dite *active*. Une seule cellule entourée par le pointeur de cellule est une sélection d'une cellule. La sélection de cellules la plus vaste comprend toutes les cellules de la feuille de calcul. La plupart des sélections que vous aurez à effectuer se situe dans un moyen terme ; elles concerneront quelques cellules adjacentes disposées en colonne(s) et/ou en rangée(s).

Excel met en évidence une sélection de cellules en mettant la plage en surbrillance ; la Figure 3.1 montre diverses sélections de cellules de différentes tailles et formes.

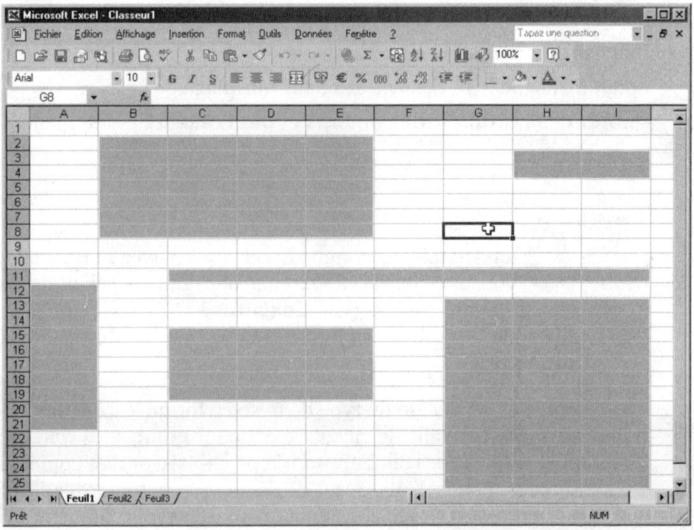

Figure 3.1 : Diverses sélections de différentes tailles et formes.

Dans Excel, vous pouvez sélectionner plusieurs cellules ou plages de cellules à la fois (c'est-à-dire des *sélections multiples*, *sélections non contiguës* ou des *sélections non adjacentes*). La Figure 3.1 contient plusieurs sélections non adjacentes. La cellule G8 contient une sélection limitée à une seule cellule active, indiquée par le pointeur de cellule.

Les sélections par pointer-cliquer

La souris est l'outil naturel pour sélectionner des plages de cellules : amenez le pointeur de la souris (l'épaisse croix blanche) au-dessus de la première cellule, cliquez puis, bouton de la souris enfoncé, tirez dans la direction où vous désirez étendre la sélection.

- Pour étendre la sélection de cellules vers les colonnes à droite, tirez la souris vers la droite, ce qui met les cellules concernées en surbrillance.
- Pour étendre la sélection vers le bas, tirez vers le bas.
- Pour étendre la sélection à la fois vers le bas et vers la droite, tirez la souris en diagonale vers la cellule située dans le coin inférieur droit de la plage que vous définissez.

Les sélections avec Maj

Pour accélérer la sélection des cellules, vous pouvez utiliser la bonne vieille méthode Maj+clic, qui s'effectue de la façon suivante :

1. **Cliquez sur la première cellule de la sélection.**

   La cellule est sélectionnée.

2. **Déplacez le pointeur de la souris vers la dernière cellule de la sélection.**

   Elle est au coin opposé de la première cellule. Ne cliquez pas encore.

3. **La touche Maj enfoncée, cliquez dans la dernière cellule.**

   Au moment de ce deuxième clic, Excel sélectionne dans les lignes et dans les colonnes toutes les cellules situées entre la première cellule et la dernière.

Avec la souris, la touche Maj agit comme *touche d'extension* entre le premier objet sélectionné et le deuxième (reportez-vous à la section "Etendre une sélection", plus loin dans ce chapitre). L'utilisation de la touche Maj permet de sélectionner la première et la dernière cellules, ainsi que toutes les cellules qui se trouvent entre elles, ou de sélectionner tous les noms de documents dans la liste d'une boîte de dialogue.

Si, lors d'une sélection à la souris, vous avez inclus des cellules dont vous ne voulez pas, avant de relâcher le bouton de la souris, vous pouvez désélectionner les cellules et redimensionner la sélection en déplaçant le pointeur dans la direction opposée. Si vous avez relâché le bouton de la souris, cliquez dans la première cellule de la plage afin de la sélectionner (ce qui désélectionne toutes les autres cellules) puis recommencez la sélection.

Les sélections de cellules non adjacentes

Pour sélectionner des cellules ou des plages non adjacentes, sélectionnez une cellule ou tirez une plage de cellules. Ensuite, la touche Ctrl enfoncée, sélectionnez la deuxième cellule ou plage de cellules. Aussi longtemps que la touche Ctrl est enfoncée, Excel ne désélectionne aucune cellule pendant que vous en sélectionnez d'autres.

La touche Ctrl fonctionne avec la souris en tant que *touche d'addition* d'objets (reportez-vous à la section "Les sélections de cellules non adjacentes au clavier", plus loin dans ce chapitre). La touche Ctrl permet d'ajouter des cellules à une sélection ou de sélectionner des noms épars dans la liste d'une boîte de dialogue sans risque de désélection intempestive.

Les sélections de grande envergure

Vous pouvez sélectionner toutes les cellules d'une ligne ou d'une colonne, voire toutes les cellules d'une feuille de calcul, en appliquant les techniques suivantes :

- Pour sélectionner toutes les cellules d'une colonne, cliquez dans la lettre qui l'identifie, en haut de la feuille de calcul.
- Pour sélectionner toutes les lignes d'une colonne, cliquez dans son numéro, à gauche de la feuille de calcul.
- Pour sélectionner plusieurs lignes ou colonnes à la fois, tirez dans les en-têtes de lignes ou de colonnes.
- Pour sélectionner des lignes et/ou des colonnes qui ne sont pas contiguës, maintenez la touche Ctrl enfoncée tout en cliquant et/ou en tirant dans les en-têtes des lignes et des colonnes à placer dans la sélection.
- TRUC : Pour sélectionner l'intégralité des cellules d'une feuille de calcul, appuyez sur Ctrl+A ou cliquez sur le bouton de sélection globale. Il se trouve au point de rencontre des en-têtes de lignes et de colonnes, dans le coin supérieur gauche de la feuille de calcul.

Sélectionner des données d'un tableau avec la sélection automatique

Excel propose une méthode de sélection extrêmement rapide, appelée "sélection automatique", pour sélectionner toutes les cellules d'un tableau d'un seul tenant. Procédez comme suit pour utiliser la sélection automatique :

1. **Cliquez dans la première cellule du tableau afin de la sélectionner.**

   Cette cellule se trouve en haut à gauche du tableau.

2. **Maintenez la touche Maj enfoncée tout en double-cliquant, avec le pointeur en forme de flèche, sur le bord droit ou inférieur de la cellule (voir Figure 3.2).**

Figure 3.2 : Placez le pointeur de la souris sur la première cellule du tableau.

Double-cliquer sur le *bas* de la cellule, touche Maj enfoncée, étend automatiquement la sélection jusqu'à la dernière cellule en bas de la première colonne, comme le montre la Figure 3.3. Si vous aviez double-cliqué sur le bord *droit* de la cellule, la sélection se serait étendue jusqu'à la dernière cellule de la ligne courante.

3a. **Si vous avez d'abord sélectionné une colonne, double-cliquez sur le bord droit de la sélection, touche Maj enfoncée (voir Figure 3.3).**

Vous sélectionnez ainsi les autres colonnes du tableau, comme l'illustre la Figure 3.4.

3b. **Si vous avez d'abord sélectionné une ligne, double-cliquez sur le bord inférieur de la sélection, touche Maj enfoncée.**

Vous sélectionnez ainsi toutes les lignes restantes du tableau.

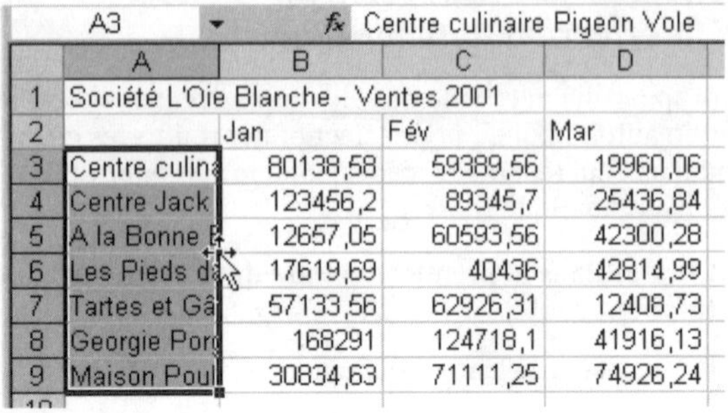

Figure 3.3 : Double-cliquer sur le bord inférieur de la première cellule, touche Maj enfoncée, a étendu la sélection vers le bas.

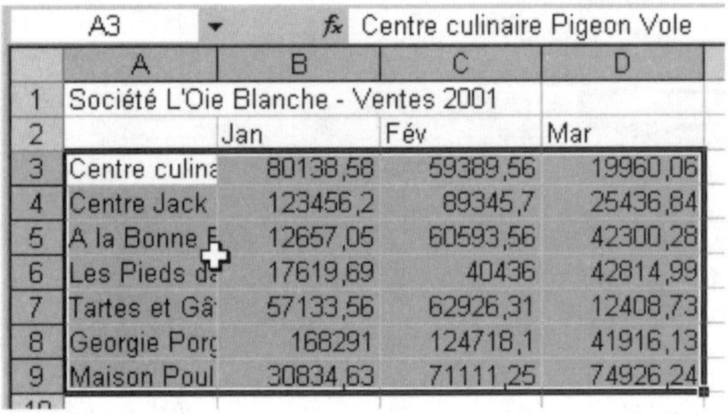

Figure 3.4 : Double-cliquer sur le bord droit de la sélection, touche Maj enfoncée, a étendu la sélection vers les colonnes de droite du tableau.

TRUC

Bien que les étapes précédentes laissent à penser que, pour utiliser la sélection automatique, vous devez d'abord sélectionner la première cellule d'un tableau, vous pouvez en réalité sélectionner la cellule de n'importe quel coin. Ensuite, la touche Maj enfoncée, vous étendrez la sélection dans la direction qui vous convient (en cliquant sur le bord approprié) pour sélectionner les lignes et les colonnes.

Les sélections au clavier

Si vous n'aimez pas travailler à la souris, vous pouvez sélectionner des cellules au clavier. A l'instar de la méthode Maj+clic, les techniques de sélection au clavier utilisent les touches fléchées conjointement avec la touche Maj. Les touches de déplacement du pointeur de cellule ont été mentionnées dans le Chapitre 1.

Commencez par placer le pointeur dans la première cellule de la sélection puis, la touche Maj enfoncée, appuyez sur les touches fléchées appropriées (haut, droite, bas ou gauche, ou PageHaut et PageBas). Ce faisant, Excel ancre la sélection à la cellule courante puis l'étend dans la direction choisie, mettant les cellules sélectionnées en surbrillance au fur et à mesure que vous appuyez sur les touches fléchées.

En sélectionnant de la sorte, vous pouvez modifier l'étendue de la plage de cellule aussi longtemps que vous n'avez pas relâché la touche Maj. Mais, dès qu'elle a été relâchée, toute action sur une touche fléchée désélectionne aussitôt la plage, réduisant la sélection à la cellule indiquée par le pointeur de cellule.

Etendre une sélection

Si maintenir la touche Maj enfoncée tout en déplaçant le pointeur vous semble peu commode, vous pouvez mettre Excel en mode Extension en appuyant brièvement sur la touche de fonction F8 avant d'appuyer sur une touche fléchée. Excel affiche alors l'indicateur EXT dans la barre d'état. Quand vous appuyez sur les touches fléchées alors que ce mode est actif, Excel sélectionne les cellules comme si la touche Maj. était enfoncée.

L'indicateur EXT apparaît en bas à droite d'Excel, près de l'indicateur NUM (Verr. Num.).

Après avoir mis les cellules désirées en surbrillance, appuyez de nouveau sur F8 pour désactiver le mode Extension. L'indicateur EXT disparaît de la barre d'état et vous pouvez de nouveau utiliser les touches fléchées pour déplacer le pointeur sans sélectionner des cellules.

La sélection automatique au clavier

La sélection automatique au clavier (et non à la souris, comme précédemment) combine l'utilisation de la touche F8 avec les touches fléchées ou les touches Origine et Fin. En fait, l'opération consiste tout bonnement à sélectionner les cellules au fur et à mesure des appuis sur ces touches.

Procédez comme suit pour sélectionner la totalité d'un tableau de données avec la sélection automatique au clavier :

1. **Placez le pointeur de cellule dans la première cellule.**

   Elle se trouve en haut à gauche du tableau.

2. **Appuyez une seule fois sur F8 (ou maintenez la touche Maj appuyée) puis sur les touches Ctrl+Flèche droite (ou Fin-Flèche droite) pour étendre la sélection aux colonnes de droite.**

3. **Ensuite, appuyez sur Ctrl+Flèche bas (ou Fin-Flèche bas) pour étendre la sélection aux lignes d'en bas.**

Les directions indiquées dans les étapes précédentes ne sont qu'indicatives. Vous pouvez choisir celles qui conviennent. Assurez-vous simplement, si vous utilisez la touche Maj plutôt que le mode Extension, que vous devez la maintenir enfoncée tout au long des manipulations. Et si vous appuyez sur la touche F8 pour enclencher le mode Extension, n'oubliez pas d'appuyer de nouveau sur cette touche après avoir sélectionné des cellules, afin que d'autres cellules ne soient pas ajoutées par inadvertance lorsque vous déplacerez le pointeur.

Les sélections de cellules non adjacentes au clavier

La sélection de plusieurs plages est un peu plus compliquée au clavier qu'avec la souris. Car, au clavier, vous devez passer de l'ancrage du pointeur de cellule au déplacement du pointeur pour sélectionner la plage, puis à la libération du pointeur afin de pouvoir le positionner au début d'une autre plage. Pour libérer le pointeur de cellule afin de le positionner ailleurs, appuyez sur la touche F8. Vous passez ainsi en mode Ajout, qui permet de passer à une autre plage sans sélectionner d'autres cellules. Quand ce mode est actif, l'indicateur AJT est affiché dans la barre d'état, montrant ainsi que le pointeur de cellule est libre.

Appliquez ces étapes générales pour sélectionner plusieurs plages de cellules au clavier :

1. **Placez le pointeur dans la première cellule de la première plage à sélectionner.**

2. **Appuyez sur F8 pour enclencher le mode Extension.**

3. **Appuyez sur Maj+F8 pour passer du mode Extension au mode Ajout.**

   L'indicateur AJT apparaît dans la barre d'état.

4. **Amenez le pointeur de cellule à la première plage non adjacente que vous désirez sélectionner.**

5. **Appuyez de nouveau sur F8 pour revenir au mode Extension puis déplacez le pointeur de cellule afin de sélectionner une nouvelle plage.**
6. **Si d'autres plages non adjacentes doivent être définies, répétez les étapes 3, 4 et 5 jusqu'à ce que vous ayez sélectionné toutes les plages à utiliser.**

La sélection de cellules avec Atteindre

Si vous devez sélectionner une très vaste plage de cellules, qu'il serait long et fastidieux de sélectionner au clavier, utilisez la fonction Atteindre :

1. **Placez le pointeur de cellule dans la première cellule de la plage.**
2. **Appuyez sur F8 pour ancrer le pointeur de cellule et enclencher le mode Extension.**
3. **Appuyez sur la touche de fonction F5 ou choisissez Edition/Atteindre, dans la barre de menu, pour ouvrir la boîte de dialogue Atteindre. Tapez l'adresse de la dernière cellule de la plage (celle du coin opposé à la première cellule) et appuyez sur Entrée.**

Du fait qu'Excel est en mode extension lorsque vous utilisez Atteindre pour aller à une autre cellule, le logiciel ne se contente pas d'envoyer le pointeur de cellule à l'adresse spécifiée, mais sélectionne aussi toutes les cellules intermédiaires. Après avoir sélectionné une plage de cellules avec Atteindre, n'oubliez pas d'appuyer de nouveau sur F8 (la touche d'extension) pour empêcher Excel de compromettre la sélection en y ajoutant intempestivement d'autres cellules dès que vous déplacerez le pointeur de cellules.

Présenter des tableaux avec la Mise en forme automatique

Voici une technique de mise en forme qui n'exige aucune sélection de cellule préalable. Elle repose sur une fonction appelée Mise en forme automatique ; elle est si bien conçue qu'il suffit de placer le pointeur de cellule quelque part dans la table de données puis de choisir la commande Format/Mise en forme automatique, dans la barre de menu, pour que la présentation des données soit notablement améliorée.

Dès que vous ouvrez la boîte de dialogue Format automatique, Excel sélectionne automatiquement toutes les cellules du tableau (vous aurez droit à un message d'alerte sans aménité si vous choisissez la Mise en forme automatique alors que le pointeur de cellule est hors d'un tableau).

La mise en forme automatique n'est pas disponible si des plages non adjacentes sont sélectionnées.

Vous gagnerez beaucoup de temps en choisissant l'une des 16 mises en forme de tableaux prédéfinies. Voici comment :

1. **Cliquez sur Format/Mise en forme automatique afin d'ouvrir la boîte de dialogue Format automatique.**

2. **Dans la boîte de dialogue Format automatique, cliquez sur le modèle de mise en forme (voir Figure 3.5) que vous désirez appliquer à un tableau de données.**

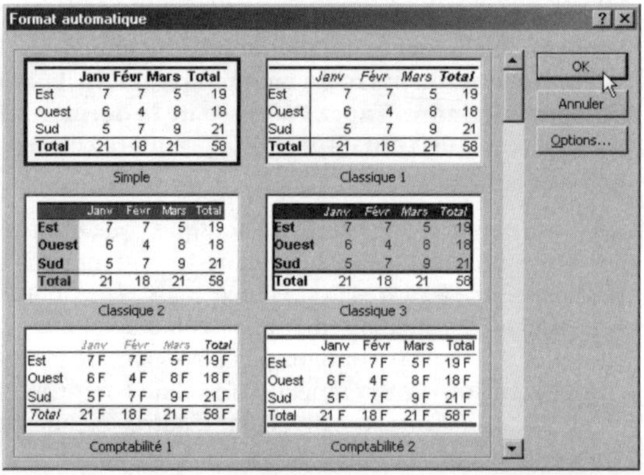

Figure 3.5 : Sélectionnez la mise en forme Simple pour le tableau de données de la société L'Oie Blanche.

Au besoin, faites défiler la liste de la boîte de dialogue Format automatique pour voir toutes les variantes possibles. Lorsque vous choisissez un modèle, Excel l'entoure d'un liseré noir pour indiquer qu'il est sélectionné.

3. **Cliquez sur le bouton OK ou appuyez sur Entrée afin de quitter la boîte de dialogue Format automatique et appliquer la mise en forme sélectionnée au tableau de la feuille de calcul.**

Lorsque vous connaîtrez suffisamment les formats de tableau pour savoir lequel utiliser, vous gagnerez du temps en double-cliquant directement sur le modèle, dans la boîte de dialogue Format automatique, qui ferme à la fois la boîte de dialogue et applique la mise en forme.

TRUC

Si vous vous êtes complètement fourvoyé et avez choisi une mise en forme que vous trouvez tout simplement hideuse, choisissez Edition/ Annuler Mise en forme automatique, dans la barre de menu (ou cliquez sur le bouton Annuler, dans la barre d'outils Standard) avant de faire quoi que ce soit d'autre. Excel rétablira le tableau comme auparavant. Nous reviendrons sur les annulations dans le prochain chapitre. Si, par la suite, vous vous rendez compte que vous ne voulez aucune mise en forme automatique, vous pourrez vous débarrasser de toutes – même s'il est trop tard pour recourir à l'annulation – en ouvrant la boîte de dialogue Format automatique et en choisissant le modèle Aucun ; il se trouve à la fin des différents modèles proposés. Cliquez ensuite sur OK ou appuyez sur Entrée.

Chacun des modèles de mise en forme de la boîte de dialogue Format automatique n'est rien de plus qu'un arrangement prédéfini de plusieurs sortes de mises en forme de cellules qu'Excel applique d'un seul coup (mais qu'est-ce que ça fait gagner comme temps !). Chacune améliore la présentation des titres et des données à sa manière.

Reportez-vous à la Figure 3.5 pour voir la mise en forme Simple sélectionnée pour améliorer la présentation du tableau des ventes du premier trimestre de la société L'Oie Blanche. La Figure 3.6 montre le résultat de l'application du modèle Simple. Remarquez que le format automatique a mis en gras les titres des lignes 1 et 2 ; il a aussi ajouté des bordures pour séparer ces titres du reste du tableau, et centré le titre de la première ligne sur les colonnes A à E, ainsi que les titres des colonnes B2 à E2. Ce modèle de mise en forme simple n'a cependant pas ajouté de symboles monétaires aux chiffres.

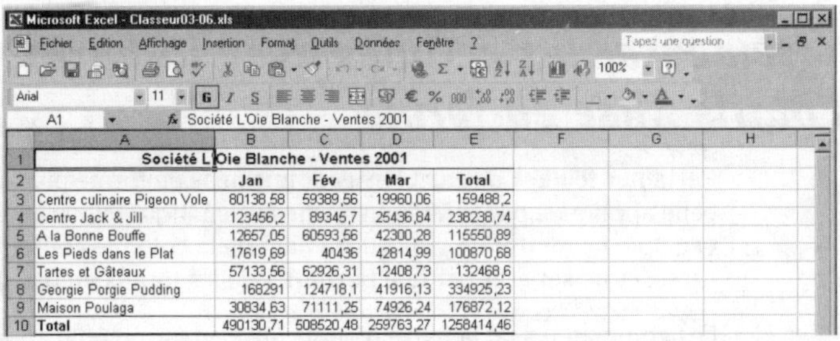

	A	B	C	D	E
1	Société L'Oie Blanche - Ventes 2001				
2		Jan	Fév	Mar	Total
3	Centre culinaire Pigeon Vole	80138,58	59389,56	19960,06	159488,2
4	Centre Jack & Jill	123456,2	89345,7	25436,84	238238,74
5	A la Bonne Bouffe	12657,05	60593,56	42300,28	115550,89
6	Les Pieds dans le Plat	17619,69	40436	42814,99	100870,68
7	Tartes et Gâteaux	57133,56	62926,31	12408,73	132468,6
8	Georgie Porgie Pudding	168291	124718,1	41916,13	334925,23
9	Maison Poulaga	30834,63	71111,25	74926,24	176872,12
10	Total	490130,71	508520,48	259763,27	1258414,46

Figure 3.6 : Présentation du premier trimestre des ventes de la société L'Oie Blanche avec une mise en forme Simple.

Vous voulez voir d'autres styles de mises en forme ? Dans la Figure 3.7, j'ai choisi un format Comptabilité 1 pour la même plage de cellules. Lorsque vous sélectionnez ce modèle, Excel applique un format monétaire à toutes les cellules contenant des chiffres (NdT : basé sur celui déclaré dans les paramètres régionaux de Windows) et affiche les chiffres avec deux décimales et en séparant les milliers. Comme dans le modèle précédent, des bordures séparent les titres des données, et les données des totaux de colonnes.

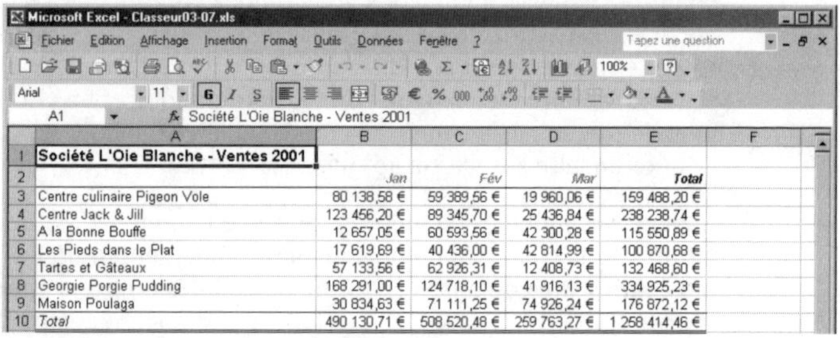

	A	B	C	D	E
1	Société L'Oie Blanche - Ventes 2001				
2		Jan	Fév	Mar	Total
3	Centre culinaire Pigeon Vole	80 138,58 €	59 389,56 €	19 960,06 €	159 488,20 €
4	Centre Jack & Jill	123 456,20 €	89 345,70 €	25 436,84 €	238 238,74 €
5	A la Bonne Bouffe	12 657,05 €	60 593,56 €	42 300,28 €	115 550,89 €
6	Les Pieds dans le Plat	17 619,69 €	40 436,00 €	42 814,99 €	100 870,68 €
7	Tartes et Gâteaux	57 133,56 €	62 926,31 €	12 408,73 €	132 468,60 €
8	Georgie Porgie Pudding	168 291,00 €	124 718,10 €	41 916,13 €	334 925,23 €
9	Maison Poulaga	30 834,63 €	71 111,25 €	74 926,24 €	176 872,12 €
10	Total	490 130,71 €	508 520,48 €	259 763,27 €	1 258 414,46 €

Figure 3.7 : Présentation du premier trimestre des ventes avec une mise en forme Comptabilité 1.

TRUC

Si vous mettez en forme un tableau comportant un titre centré dans plusieurs colonnes avec la commande Fusionner et centrer, sur la barre d'outils Mise en forme, vous devrez cliquer dans une autre cellule que celle qui a été fusionnée et centrée avant d'appliquer la Mise en forme automatique. Car, si cette cellule est sélectionnée à ce moment-là, elle seule sera mise en forme. Pour qu'Excel puisse sélectionner toutes les cellules du tableau, y compris celle qui a été fusionnée et centrée, vous devez placer le pointeur dans une autre cellule que celle-ci avant de choisir Format/Mise en forme automatique.

Agrémenter les cellules avec la barre d'outils Mise en forme

Certaines feuilles de calcul exigent une mise en forme plus légère que celle appliquée par la Mise en forme automatique. Vous désirerez par exemple ne mettre en gras que le haut de la colonne contenant des titres, et ne séparer par une bordure que les totaux en bas du tableau.

Les commandes de la barre d'outils Mise en forme (elle apparaît par défaut à droite de la barre d'outils Standard, mais il vaut mieux la placer dessous) permettent d'appliquer la plupart des mises en forme à une cellule sans même devoir dérouler des menus.

Vous utiliserez les outils de mise en forme pour affecter de nouvelles polices et formats de nombres aux cellules, modifier l'alignement de leur contenu, ou encore ajouter des bordures, des motifs ou des couleurs aux cellules.

Les barres d'outils flottantes

Normalement, les barres d'outils apparaissent l'une derrière l'autre sur la deuxième ligne de l'interface d'Excel 2002, à un emplacement fixe ; la barre est dite – assez peu joliment – *ancrée*. Bien qu'Excel ancre automatiquement les barres en haut de l'écran, vous pouvez néanmoins les déplacer où bon vous semble en les faisant glisser à l'emplacement désiré.

Lorsque vous faites glisser la barre d'outils Standard ou Mise en forme ailleurs que là où elles sont, elles apparaissent chacune dans un petit panneau qui affiche tous leurs boutons, comme le montre la Figure 3.8. De telles barres d'outils transformées en panneau sont appelées *barres d'outils flottantes* car elles apparaissent toujours au-dessus de la feuille de calcul. Il est non seulement possible de les déplacer, mais aussi de les redimensionner :

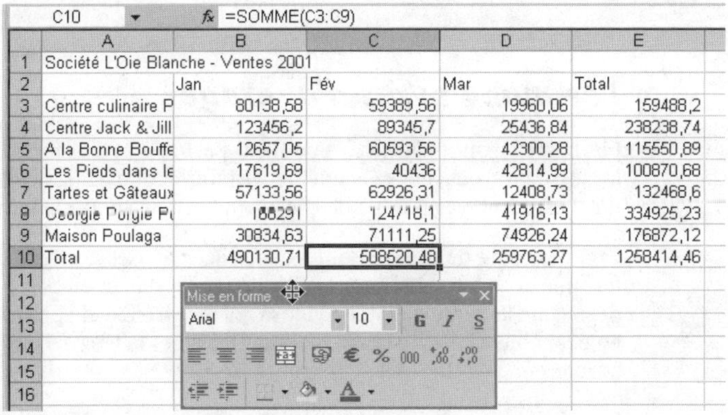

Figure 3.8 : La barre d'outils flottante Mise en forme est déplacée par-dessus les cellules de la feuille de calcul.

- Une barre d'outils flottante est déplacée au-dessus de la feuille de calcul en la tirant par sa petite barre de titre.

- Une barre d'outils flottante peut être redimensionnée en tirant l'un des côtés. Attendez que le pointeur se transforme en flèche à deux pointes avant de commencer à tirer.
- Quand vous redimensionnez une barre d'outils flottante, le nouveau contour apparaît sous la forme d'un pointillé. Dès que vous relâchez le bouton de la souris, Excel redessine la barre d'outils.
- Pour fermer une barre d'outils flottante devenue inutile, cliquez sur le bouton fermer (celui avec un "X", dans sa barre de titre).

Faire flotter la barre de menu

Les barres d'outils ne sont pas, dans Excel, les seuls éléments susceptibles de flotter. Même la barre de menu et ses menus déroulants peuvent devenir flottants. Lorsque vous sélectionnez un menu dans la barre flottante, les commandes peuvent apparaître au-dessus du nom de menu, et pas seulement en dessous, selon l'espace entre la barre flottante et le bas de l'écran. Pour faire flotter la barre de menu, placez le curseur sur les deux barrettes bosselées qui se trouvent à l'extrême gauche de la barre puis, le bouton de la souris enfoncé, faites glisser la barre où vous le voulez. Pour ramener une barre d'outils à sa position d'origine, ancrée, faites glisser sa barre de titre jusqu'à cette position.

Les manœuvres d'ancrage

Les barres d'outils flottantes peuvent parfois s'avérer fort gênantes lorsqu'il faut sans cesse les déplacer pour découvrir les cellules qu'elles occultaient. Dans ce cas, il vaut mieux ancrer la barre.

Excel est doté de quatre points d'ancrage : au-dessus de la barre de formule, à gauche de l'écran, à droite de l'écran, et en bas, juste au-dessus de la barre d'état. La Figure 3.9 montre Excel après avoir ancré en bas, côte à côte, la barre d'outils Dessin et la barre d'outils Texte en parole.

Pour ancrer une barre d'outils flottante dans l'une de ces quatre zones, faites-la glisser par sa barre de titre, bouton de la souris enfoncé, aussi loin que possible vers le côté de la fenêtre. Relâchez le bouton dès qu'apparaît un contour ayant une forme rectangulaire très allongée. Que la barre soit horizontale ou verticale, les outils qu'elle contient se présentent toujours à l'endroit, dans le bon sens.

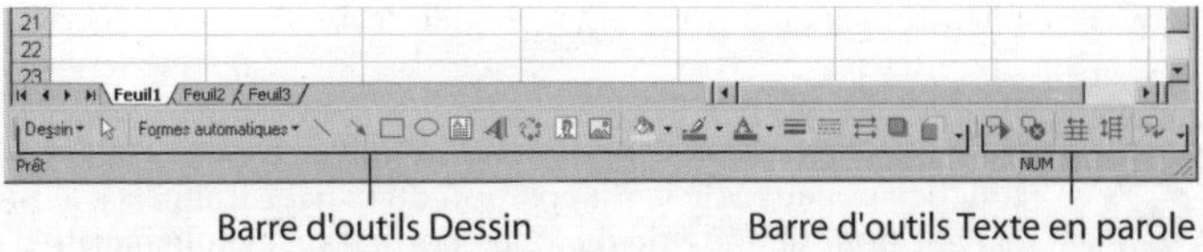

Figure 3.9 : Les barres d'outils Dessin et Texte en parole ont été ancrées côte à côte en bas de la zone de travail.

TRUC

Certaines barres d'outils, comme Standard, Mise en forme et Web, sont dotées de boutons qui déroulent des menus. Remarquez que quand vous ancrez une barre de ce type contre un côté vertical d'Excel, la barre d'outils n'affiche plus les boutons contenant un menu déroulant ; pour les conserver, vous devez ancrer la barre horizontalement, que ce soit en haut de l'écran ou en bas.

Format ou mise en forme ?

NdT : Excel utilise aussi bien l'anglicisme "Format" (comme dans la barre de menu Format ou dans les titres des boîtes de dialogue) et l'appellation "Mise en forme" (comme dans la commande Format/Mise en forme automatique).

Dans l'absolu, un format est une représentation codifiée d'une valeur (format monétaire, pourcentage, date...) alors que la mise en forme est purement esthétique (couleur de police, bordure, motif...).

Remarquez aussi qu'en ancrant plusieurs barres d'outils côte à côte Excel détermine automatiquement la meilleure taille pour la barre, les outils qui peuvent être visibles et lesquels doivent être affichés (éventuellement accessibles en cliquant sur le bouton Options de barre d'outils, celui avec le double chevron >>, à l'extrémité de la barre).

La boîte de dialogue Format de cellule

Dans la barre de menus, la commande Format/Cellule (le raccourci clavier est Ctrl+Maj+&) permet d'appliquer très rapidement tout un lot de mises en forme à une cellule ou à une plage sélectionnée. La boîte de dialogue Format de cellule contient six onglets : Nombre, Alignement, Police, Bordure, Motifs et Protection. Nous étudierons dans ce chapitre les cinq premiers ; l'onglet Protection sera décrit dans le Chapitre 6.

TRUC

Bien qu'un peu long à mettre en œuvre car il exige l'appui sur trois touches (à cause de la disposition du clavier français), le raccourci clavier pour la boîte de dialogue Format de cellule mérite d'être connu, car vous serez très souvent amené à mettre des cellules en forme.

Les formats de nombre

Ainsi que nous l'avions expliqué dans le Chapitre 1, la saisie des valeurs dans la feuille de calcul définit le type de la mise en forme. Voici quelques exemples :

- Lorsque vous saisissez au clavier un chiffre suivi d'un symbole monétaire reconnu par Windows (par défaut : le franc, l'euro et le dollar), Excel applique le format Monétaire.
- Si vous entrez une valeur représentant un pourcentage sous la forme d'un entier suivi par le signe %, Excel applique automatiquement le format Pourcentage.
- Si vous entrez une date (les dates sont aussi des valeurs) en respectant l'un des formats intégrés, comme 11/06/02 ou 11-juin-02, le logiciel affecte un format de nombre Date et lui affecte une valeur interne spéciale qui est la représentation de cette date.

Bien qu'il soit possible de mettre les valeurs en forme de cette manière au cours de la saisie, ce qui est nécessaire pour les dates, vous n'êtes pas obligé de procéder de la sorte. Vous pouvez à tout moment affecter un format de nombre à un groupe de valeurs avant ou après les avoir entrées. A vrai dire, formater les nombres après les avoir saisis est souvent le moyen le plus efficace car la procédure s'effectue en deux étapes seulement :

1. **Sélection des valeurs nécessitant une mise en forme.**
2. **Sélection du format de nombre à appliquer, soit depuis la barre d'outils Mise en forme, soit depuis la boîte de dialogue Format de nombre.**

TRUC

Même si vous êtes vraiment très doué pour la frappe et que vous préférez entrer directement les valeurs sous leur forme définitive, vous devrez néanmoins recourir aux formats de nombre pour faire en sorte que les valeurs calculées par des formules correspondent à d'autres que vous aurez entrées. Et ce parce qu'Excel applique un format de nombre Standard – celui que la boîte de dialogue Format de cellule définit comme "n'ayant pas de format de nombre spécifique" – à toutes les cellules qu'il calcule ainsi qu'à toutes les entrées qui ne correspondent pas à l'un des formats de nombre d'Excel. Le plus gros problème du format de nombre Standard, c'est qu'il a la désagréable habitude de supprimer tous les zéros qui précèdent un nombre, et aussi ceux qui suivent les décimales, d'où l'impossibilité de les aligner parfaitement dans les colonnes, selon la virgule décimale.

Ce triste comportement est visible dans la Figure 3.10, qui représente les ventes du premier trimestre de la société L'Oie Blanche sans qu'aucune valeur n'ait été mise en forme. Remarquez comment les chiffres se calent maladroitement contre le bord droit selon le nombre de décimales, sans aucun alignement sur la virgule décimale. Cette mauvaise présentation est causée par le format de nombre Standard d'Excel. Le seul moyen d'y remédier, c'est de choisir un format de nombre plus rationnel.

Figure 3.10 : Les chiffres comportant des décimales ne s'alignent pas correctement lorsque le format de nombre Standard est utilisé.

	A	B	C	D	E
1	Société L'Oie Blanche - Ventes 2001				
2		Jan	Fév	Mar	Total
3	Centre culin	80138,58	59389,56	19960,06	159488,2
4	Centre Jack	123456,2	89345,7	25436,84	238238,74
5	A la Bonne E	12657,05	60593,56	42300,28	115550,89
6	Les Pieds da	17619,69	40436	42814,99	100870,68
7	Tartes et Gâ	57133,56	62926,31	12408,73	132468,6
8	Georgie Por	168291	124718,1	41916,13	334925,23
9	Maison Poul	30834,63	71111,25	74926,24	176872,12
10	Total	490130,71	508520,48	259763,27	1258414,46
11					
12	Mois/trim	0,389482730	0,404098183	0,206421078	

Appliquer un style Monétaire

Du fait de la nature financière de la plupart des feuilles de calcul, vous serez sans doute amené à utiliser le format Monétaire plus souvent qu'un autre. C'est une mise en forme très facile à mettre en œuvre car la barre d'outils contient un bouton Monétaire qui ajoute le symbole monétaire, sépare les milliers, place une virgule et affiche deux décimales à toutes les valeurs numériques sélectionnées. Si des valeurs sélectionnées sont négatives, le format Monétaire les affiche précédées du signe moins (NdT : les nombres négatifs peuvent être affichés en rouge, sans signe -, comme il est de règle en comptabilité, mais l'affichage entre parenthèses semble avoir disparu dans Excel 2000).

Comme le montre la Figure 3.11, seules les cellules qui ont été sélectionnées (plages E3:E10 et B10:D10) ont reçu le format Monétaire. Il a été appliqué en cliquant sur le bouton Monétaire de la barre d'outils Mise en forme (son icône montre un billet de banque et des pièces, ce qui va de soi).

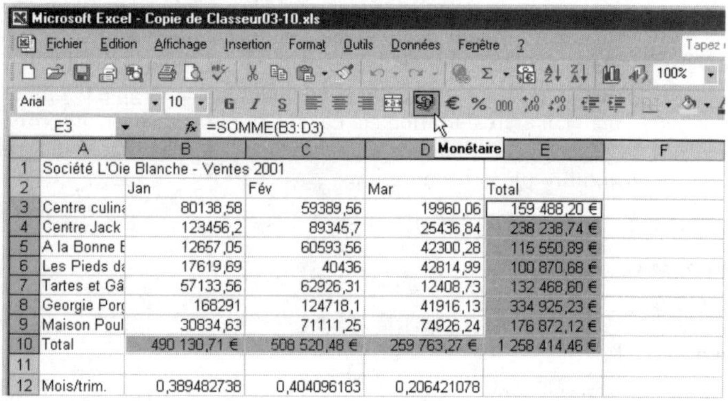

	A	B	C	D	E	F
1	Société L'Oie Blanche - Ventes 2001					
2		Jan	Fév	Mar	Total	
3	Centre culina	80138,58	59389,56	19960,06	159 488,20 €	
4	Centre Jack	123456,2	89345,7	25436,84	238 238,74 €	
5	A la Bonne E	12657,05	60593,56	42300,28	115 550,89 €	
6	Les Pieds da	17619,69	40436	42814,99	100 870,68 €	
7	Tartes et Gâ	57133,56	62926,31	12408,73	132 468,60 €	
8	Georgie Porg	168291	124718,1	41916,13	334 925,23 €	
9	Maison Poul	30834,63	71111,25	74926,24	176 872,12 €	
10	Total	490 130,71 €	508 520,48 €	259 763,27 €	1 258 414,46 €	
11						
12	Mois/trim.	0,389482738	0,404096183	0,206421078		

Figure 3.11 : Les totaux de la société L'Oie Blanche ont été mis dans un format monétaire.

Remarque : Bien qu'il soit possible de mettre tous les chiffres du tableau en format Monétaire, il en résulterait une surabondance de signes euro.

Halte aux formats encombrants

En appliquant un format Monétaire aux cellules des plages E3:E:10 et B10:D10, Excel ne s'est pas contenté de mettre les chiffres en forme comme nous venons de le décrire ; il a aussi élargi automatiquement les colonnes B, C, D et E juste assez pour y faire tenir les chiffres nouvellement mis en forme. Dans les versions précédentes d'Excel, vous deviez le faire vous-même car, au lieu d'obtenir des chiffres parfaitement alignés, vous vous seriez retrouvé avec des colonnes de cellules contenant chacune les signes #######. Ces successions de dièses sont des indicateurs de dépassement qui indiquent qu'Excel ne peut afficher l'intégralité d'un nombre dans une colonne aussi étroite.

Fort heureusement, Excel élimine les indicateurs de dépassement en élargissant automatiquement la ou les colonnes. Le seul moment où vous serez de nouveau confronté à des hideux dièses, c'est si vous réduisez vous-même, manuellement, la largeur des colonnes (reportez-vous à la section "Calibrer les colonnes", plus loin dans ce chapitre) à tel point qu'Excel ne parvient plus à afficher les chiffres.

Présenter les cellules avec le style Séparateur de milliers

Le format Séparateur de milliers est une excellente alternative au format Monétaire car, comme ce dernier, il permet de séparer les milliers, les millions, les milliards, etc.

Ce format règle aussi le nombre de décimales et la représentation des nombres négatifs. Mais il n'affiche aucun symbole monétaire. Observez dans la Figure 3.12 comment le bouton d'activation du format Séparateur de milliers, présent dans la barre d'outils Mise en forme (son icône montre un groupe de trois zéros), a affiché les nombres sélectionnés.

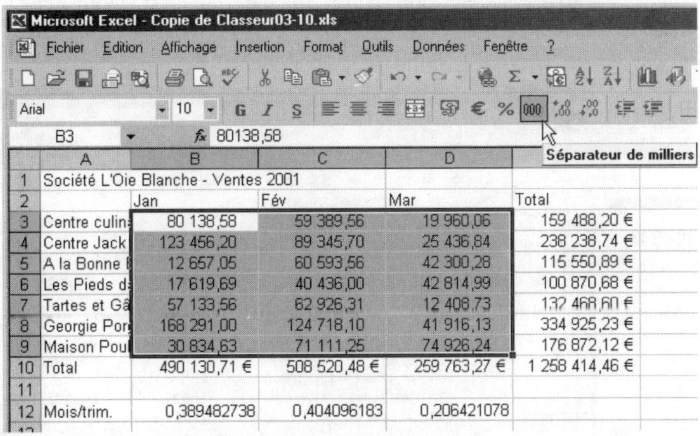

Figure 3.12 : Les chiffres des ventes viennent d'être mis en forme avec le bouton Séparateur de milliers.

Remarquez dans la Figure 3.12 comment le format Séparateur de milliers gère les décimales ; les chiffres sont désormais parfaitement alignés sur leurs virgules décimales, et surtout, par rapport à la virgule qui se trouve dans les totaux mis en forme avec le format Monétaire. Ils ont même été légèrement décalés vers la gauche pour parfaire l'alignement.

Le format Pourcentage

De nombreuses feuilles de calcul contiennent des pourcentages (taux d'intérêt, de croissance, d'inflation...). Pour insérer un pourcentage dans une cellule, placez le signe % après le chiffre. Par exemple, pour entrer un taux d'intérêt de 12 pour cent, vous taperez **12 %** dans la cellule. Ce faisant, Excel applique le format Pourcentage tout en divisant la valeur par 100 et en plaçant le résultat dans la cellule (0,12 en l'occurrence).

Remarquez que, dans une feuille de calcul, tous les pourcentages sont entrés à la main de cette manière. Certains peuvent être calculés par une formule et retournés dans leur cellule sous la forme d'une valeur décimale brute. Dans ce cas, vous devez ajouter le format Pourcentage pour convertir la valeur décimale en pourcentage (division de la valeur par 100 et ajout du signe %).

La ligne 12 de notre feuille de calcul, qui montre des ventes trimestrielles contient des formules qui indiquent le pourcentage des ventes par mois, par rapport au total (cellule E10). Dans la Figure 3.13, ces valeurs ont été converties en pourcentage. Pour ce faire, il suffit de sélectionner les cellules et cliquer sur le bouton Pourcentage, dans la barre Mise en forme (faut-il préciser que c'est l'icône avec le symbole % ?).

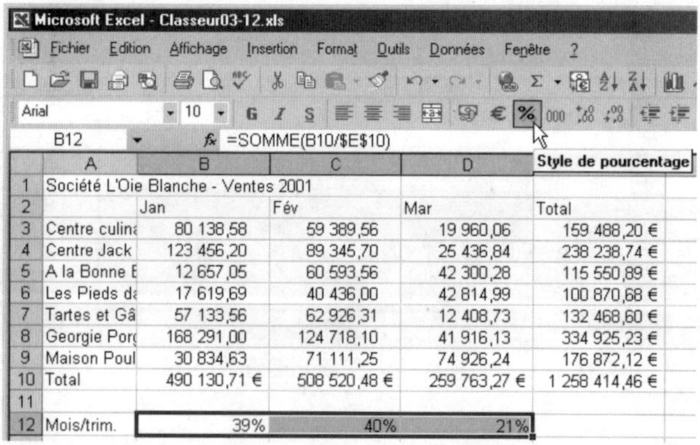

	A	B	C	D	E
1	Société L'Oie Blanche - Ventes 2001				
2		Jan	Fév	Mar	Total
3	Centre culina	80 138,58	59 389,56	19 960,06	159 488,20 €
4	Centre Jack	123 456,20	89 345,70	25 436,84	238 238,74 €
5	A la Bonne E	12 657,05	60 593,56	42 300,28	115 550,89 €
6	Les Pieds da	17 619,69	40 436,00	42 814,99	100 870,68 €
7	Tartes et Gâ	57 133,56	62 926,31	12 408,73	132 468,60 €
8	Georgie Porç	168 291,00	124 718,10	41 916,13	334 925,23 €
9	Maison Poul	30 834,63	71 111,25	74 926,24	176 872,12 €
10	Total	490 130,71 €	508 520,48 €	259 763,27 €	1 258 414,46 €
11					
12	Mois/trim.	39%	40%	21%	

Figure 3.13 : Les pourcentages mensuels ont été mis en forme avec le format Pourcentage.

Définir les décimales

Il est possible d'augmenter et de réduire le nombre des décimales d'un nombre ayant reçu un format Monétaire, Séparateur de milliers ou

Pourcentage en cliquant tout simplement sur les boutons Ajouter une décimale et Réduire les décimales. Ces deux commandes se trouvent sur la barre d'outils Mise en forme.

Chaque fois que vous cliquez sur le bouton Ajouter une décimale (celui avec une flèche pointée vers la gauche), Excel place une autre décimale après la virgule. Dans la Figure 3.14, deux décimales ont été ainsi ajoutées aux pourcentages de la plage B12:D12. Remarquez que le bouton Pourcentage ne définit jamais de décimales ; vous les obtenez avec le bouton Ajouter une décimale.

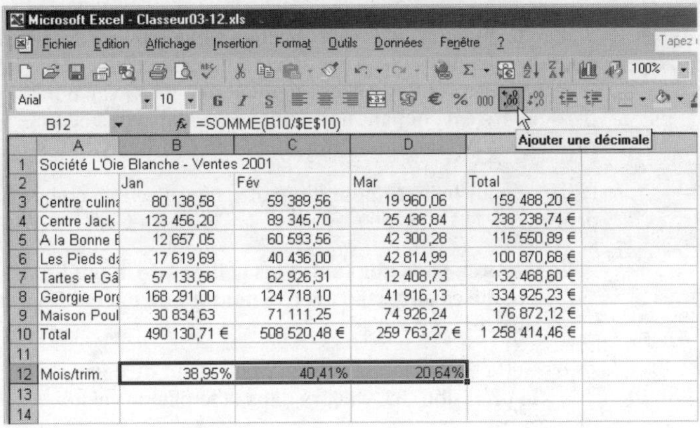

Figure 3.14 : Deux décimales ont été ajoutées aux pourcentages des ventes.

Les valeurs qui se cachent sous une mise en forme

Ne vous laissez pas induire en erreur par les formats qui enjolivent la présentation des cellules d'une feuille de calcul. Tel que le ferait tout bon illusionniste, un format peut changer l'apparence d'une valeur comme par magie, mais en réalité, le chiffre brut que vous avez entré reste immuable. Supposons par exemple qu'une formule retourne la valeur suivante :

```
25,6456
```

Supposons maintenant que vous mettiez en forme la cellule qui contient ce chiffre avec l'outil Monétaire. La valeur est affichée sous la forme :

```
25,65
```

Ce changement peut vous inciter à penser qu'Excel a arrondi la deuxième décimale à la valeur supérieure. En réalité, le logiciel n'a arrondi que *l'affichage* de la valeur ; la cellule contient toujours la valeur 25,6456. Si vous utilisez le contenu de cette cellule dans une formule, rappelez-vous qu'Excel utilise toujours la valeur véritable pour ses calculs, celle qui est stockée dans la mémoire et non celle qui apparaît à l'écran sous une forme ou sous une autre.

Comment ferez-vous pour que la valeur mise en forme soit la même que la valeur stockée en mémoire ? Excel peut satisfaire à votre demande en une seule étape. Sachez cependant qu'il s'agit d'une opération irréversible. Il est en effet possible d'afficher les valeurs telles qu'elles sont stockées en mémoire, mais avec une mise en forme particulière, en cochant une seule case. Mais vous ne pourrez pas revenir à la présentation précédente en la désactivant.

Puisque vous insistez pour connaître ce truc, voici comment il faut procéder :

1. **Assurez-vous que toutes les cellules de la feuille de calcul ont été mises en forme avec le nombre de décimales que vous désirez.**

   Cette étape doit être accomplie avant de convertir l'affichage de la précision des valeurs dans la feuille de calcul.

2. **Dans le menu, choisissez Outils/Options.**
3. **Dans la boîte de dialogue Options, cliquez sur l'onglet Calcul.**
4. **Dans la zone Options de classeur, cochez la case Calcul avec la précision au format affiché. Cliquez ensuite sur OK.**

   Excel affiche un message d'alerte indiquant que "La précision pour ces données sera définitivement perdue".

5. **Cliquez sur OK ou appuyez sur Entrée (nous vivons dangereusement) pour convertir toutes les valeurs affichées en valeurs exactes.**

Après avoir converti toutes les valeurs d'une feuille de calcul grâce à la commande Calcul avec la précision au format affiché, comme nous venons de le décrire ci-dessus, il est recommandé d'appliquer la commande Fichier/Enregistrer sous et modifier, dans la boîte de texte Nom de la boîte de dialogue, le nom du fichier courant (en ajoutant par exemple les mots **au format affiché**, avant de cliquer sur le bouton Enregistrer ou d'appuyer sur la touche Entrée. Vous conserverez ainsi une copie de sauvegarde du classeur avec les valeurs entrées et calculées par Excel, mais sans l'affichage de la précision.

Un coup d'œil sur les différents formats de nombre

Excel supporte bien d'autres formats que Monétaire, Séparateur de milliers et Pourcentage. Pour les utiliser, sélectionnez la cellule ou la plage à mettre en forme puis cliquez dedans avec le bouton droit de la souris. Dans le menu contextuel qui apparaît, sélectionnez l'option Format de cellule. Ou encore, dans la barre de menu, cliquez sur Format/Cellule. Dans les deux cas, la boîte de dialogue Format de cellule apparaît.

Dans la boîte de dialogue Format de cellule, cliquez sur l'onglet Nombre puis sélectionnez le format désiré dans la liste Catégorie. Certains, comme Date, Heure, Fraction et Spécial, proposent un choix encore plus étendu de formats. D'autres, comme Nombre et Monétaire, possèdent leur propre boîte permettant de paramétrer la mise en forme. Chaque fois que vous sélectionnez un format, Excel affiche dans la zone Aperçu la présentation de la première cellule de la plage sélectionnée. Si cet aperçu vous convient, cliquez sur OK ou appuyez sur Entrée pour appliquer la mise en forme choisie aux cellules sélectionnées.

Les formats de nombre spéciaux

La catégorie Spécial de la boîte de dialogue Format de nombre contient des mises en forme très particulières. Les formats que voici vous intéresseront certainement :

- **Sécurité sociale.** Divise automatiquement les treize chiffres du numéro INSEE mentionnant le sexe, l'année de naissance, le mois, le lieu ainsi que les deux codes à trois chiffres. Exemple : 1 68 05 75 123 456.
- **Code postal.** Conserve les zéros qui précèdent un nombre (important pour entrer des codes postaux comme 04120 ou 07000).
- **Numéro de téléphone.** Sépare les dix chiffres des numéros de téléphone français deux par deux, en plaçant un espace entre chaque groupe (exemple : 01 40 21 46 20). D'autres options mettent en forme les numéros de téléphone belges, canadiens, luxembourgeois, marocains et suisses.

Ces mises en forme spéciales sont extrêmement commodes lorsqu'il s'agit de créer des bases de données avec Excel, qui exigent souvent la saisie d'un grand nombre de codes postaux, de numéros de téléphone ou de numéros INSEE (reportez-vous au Chapitre 9 pour apprendre à créer des bases de données).

Régler les colonnes

Si Excel 2002 ne se charge pas lui-même de régler la largeur des colonnes, vous n'aurez aucune difficulté à le faire par vous-même. Le moyen le plus simple de les ajuster consiste à appliquer la largeur la plus appropriée grâce à la commande Ajustement automatique. Elle demande à Excel de réduire ou d'augmenter la largeur des colonnes selon le contenu le plus long qui s'y trouve.

Procédez comme suit pour appliquer un ajustement automatique aux colonnes :

1. **Placez le pointeur de la souris sur la bordure grise de droite de l'en-tête de la colonne, tout en haut de la feuille de calcul.**

   Le pointeur de la souris se transforme en double flèche pointant vers la gauche et vers la droite.

2. **Double-cliquez.**

   Excel ajuste automatiquement la largeur de la colonne selon la donnée la plus longue qui s'y trouve.

L'ajustement automatique peut être appliqué à plusieurs colonnes à la fois. Il suffit de sélectionner toutes les colonnes à régler (si elles sont adjacentes, cliquez et tirez dans leur en-tête sinon, la touche Ctrl enfoncée, cliquez dans les différents en-têtes). Après avoir sélectionné les colonnes, double-cliquez sur n'importe quelle bordure de droite d'un en-tête.

L'ajustement automatique ne produit pas toujours le résultat escompté : un titre très long qui déborde sur les autres cellules, à droite, est exagérément élargi.

Si l'ajustement automatique ne vous convient pas, au lieu de double-cliquer, tirez la bordure de droite de l'en-tête jusqu'à ce que vous ayez obtenu la largeur désirée. Cette méthode manuelle est parfaite pour régler plusieurs colonnes à la fois. La largeur de celle que vous ajustez sera répercutée sur toutes celles qui sont sélectionnées.

Vous pouvez aussi fixer la largeur des colonnes à partir de la boîte de dialogue Largeur de colonne. La valeur que vous entrez correspond au nombre de caractères maximal qu'elle affichera. Pour accéder à cette boîte de dialogue, cliquez dans un en-tête de colonne avec le bouton droit de la souris et choisissez l'option Largeur de colonne. Ou encore, dans la barre de menu, cliquez sur Format/Colonne/Largeur.

Le champ Largeur de colonne, dans la boîte de dialogue, indique le nombre de caractères affichés dans la colonne standard d'une feuille de calcul, ou dans la colonne que vous venez de régler. Pour modifier la largeur de toutes les colonnes que vous sélectionnez dans la feuille de calcul (hormis celles qui ont déjà été ajustées manuellement ou automatiquement), tapez une nouvelle valeur dans la boîte de dialogue Largeur de colonne puis cliquez sur OK.

Pour qu'Excel règle automatiquement la largeur des colonnes selon leur contenu, choisissez Format/Colonne/Ajustement automatique, dans la barre de menu. Remarquez que cette commande peut être appliquée pour n'ajuster la largeur que selon quelques entrées spécifiques. Supposons par exemple que vous ne vouliez utiliser l'ajustement automatique que pour une série de sous-titres, mais sans tenir compte du titre général qui déborde sur plusieurs colonnes. Tout ce que vous avez à faire, c'est de sélectionner les cellules contenant les sous-titres sur lesquels l'ajustement automatique doit se baser, puis de cliquer sur Format/Colonne/Ajustement automatique.

Pour ramener une sélection de colonne à sa largeur standard (par défaut), choisissez Format/Colonne/Largeur standard. Cette manipulation ouvre la boîte de dialogue Largeur standard, qui est par défaut de 10,71 caractères pour toutes les nouvelles feuilles de calcul d'un classeur. Pour ramener toutes les colonnes sélectionnées à cette largeur standard, cliquez sur OK ou appuyez sur Entrée.

Ajuster les lignes

Le réglage de la hauteur des lignes est comparable au réglage de la largeur des colonnes, à ce détail près que vous serez moins souvent amené à ajuster des lignes que des colonnes. Excel modifie en effet automatiquement la hauteur de ligne selon les entrées, notamment lors d'un changement de taille de police ou d'un retour à la ligne à l'intérieur d'une cellule. Ces cas seront évoqués dans la section "Modifier l'alignement". La plupart des modifications de hauteur de ligne sont effectuées pour augmenter l'espace réservé au titre d'un tableau sans ajouter des lignes vides (nous y reviendrons dans la section "De haut en bas", un peu plus loin dans ce chapitre).

Pour augmenter la hauteur d'une ligne, tirez le bas de l'en-tête de ligne jusqu'à ce que vous ayez obtenu la hauteur désirée, puis relâchez le bouton de la souris. Pour réduire la hauteur d'une ligne, inversez la manipulation en faisant remonter le bas de l'en-tête. Pour appliquer un ajustement automatique, double-cliquez sur la bordure inférieure de l'en-tête.

A l'instar des colonnes, vous pouvez aussi ajuster la hauteur des lignes sélectionnées au travers d'une boîte de dialogue. Pour ce faire, choisissez l'option Hauteur de ligne dans le menu contextuel affiché en cliquant dans un en-tête de ligne avec le bouton droit de la souris, ou choisissez Format/Ligne/Hauteur de ligne dans la barre de menu. Tapez une valeur pour définir une nouvelle hauteur pour la ou les lignes sélectionnées puis cliquez sur OK. La hauteur de ligne par défaut est de 12,75 points typographiques. Pour revenir à l'ajustement automatique appliqué à une colonne, choisissez Format/Ligne/Ajustement automatique dans la barre de menu.

Masquer et afficher des lignes et des colonnes avec le menu contextuel

Bien qu'il soit possible de masquer des lignes et des colonnes manuellement, Excel propose une méthode autrement plus rapide et efficace, au travers du menu Format ou des menus contextuels. Supposons que vous deviez masquer la colonne B d'une feuille de calcul parce qu'elle contient des informations sensibles ou sans rapport avec le sujet qui ne doivent pas être imprimées. Pour masquer cette colonne, vous pourriez procéder ainsi :

1. **Cliquer n'importe où dans la colonne B pour la sélectionner.**
2. **Choisir Format/Colonne/Masquer, dans la barre de menu.**

Ce qui se passe, c'est que la colonne *s'évanouit !* Toutes les informations de la colonne B disparaissent de la feuille de calcul. Remarquez notamment la succession des lettres des en-têtes de colonne : A, C, D, E... Il manque la lettre B.

Vous obtiendriez le même résultat en cliquant dans l'en-tête de la colonne avec le bouton droit de la souris et en choisissant, dans le menu contextuel, l'option Masquer.

Supposons maintenant que vous ayez imprimé la feuille de calcul et qu'il vous faut modifier une des entrées de la colonne B. Procédez comme suit pour réafficher la colonne :

1. **Placez le pointeur de la souris sur l'en-tête de la colonne A puis tirez-le vers la droite pour sélectionner les colonnes A et C.**

   En tirant de A à C, vous incluez la colonne B dans la sélection. Ne cliquez surtout pas sur A *et* C, touche Ctrl enfoncée, car vous omettriez la colonne B.

2. **Dans la barre de menu, choisissez Format/Colonne/Afficher**.

Excel fait réapparaître la colonne B ; les trois colonnes A, B et C sont sélectionnées. Pour les désélectionner, cliquez sur n'importe quelle cellule de la feuille de calcul.

Il est aussi possible de réafficher la colonne B en sélectionnant les colonnes A à C, en cliquant sur l'une d'elles avec le bouton droit de la souris et en choisissant la commande Afficher dans le menu contextuel.

Masquer et afficher des colonnes et des lignes avec la souris

Vous pouvez me croire : masquer et réafficher des colonnes et des lignes avec la souris peut s'avérer *très* délicat. Cette opération exige un degré de précision que vous n'avez peut-être pas si vous débutez. Mais, si vous maîtrisez parfaitement le mulot, rien ne vous empêche de procéder comme suit :

- Pour masquer une colonne avec la souris, tirez son bord droit vers la gauche jusqu'à ce qu'il ait rejoint l'autre bord puis relâchez le bouton de la souris.
- Pour masquer une ligne avec la souris, faites remonter son bord inférieur jusqu'à ce qu'il ait rejoint celui du dessus.

Pendant que vous tirez un bord, Excel affiche près du pointeur une info-bulle indiquant la largeur ou la hauteur de la colonne ou de la ligne (elle ressemble à celle qui apparaît en actionnant les barres de défilement, ou lors d'une recopie automatique). Relâchez le bouton de la souris dès que cet indicateur indique 0,00.

Réafficher une colonne ou une ligne s'effectue par le processus inverse : vous tirez le bord de la colonne ou de la ligne située entre deux colonnes ou lignes non consécutives dans la direction opposée, c'est-à-dire vers la droite pour les colonnes et vers le bas pour les lignes. Le seul truc, c'est que vous devez placer le pointeur de la souris juste à côté du bord de colonne ou de ligne afin qu'il se transforme non pas en double flèche de part et d'autre d'une barre noire, mais en double flèche de part et d'autre d'une double barre (ces deux types de barres sont visibles dans le Tableau 1.1).

TRUC

Si vous avez masqué manuellement une colonne ou une ligne et que vous n'arrivez décidément pas à faire apparaître ce satané pointeur fléché à double barre, rien ne sert de s'énerver. Tirez simplement le curseur sur les en-têtes situés de part et d'autre de l'endroit où la colonne ou la ligne se cache puis cliquez dans l'une d'elles avec le bouton droit de la souris. Dans le menu contextuel, choisissez l'option Afficher.

Du côté de la police

Quand vous ouvrez une nouvelle feuille de calcul, Excel assigne une même police à la même taille à toutes les entrées auxquelles vous procédez. Cette police varie selon l'imprimante que vous utilisez ; pour une imprimante à laser comme la HP Laserjet ou l'Apple LaserWriter, Excel utilise une police Arial de taille 10. Bien que cette police convienne parfaitement pour la saisie, vous serez tenté d'en choisir d'autres pour agrémenter les titres et les en-têtes d'un tableau.

TRUC

Si vous ne tenez pas à conserver la police standard utilisée par Excel, choisissez-en une autre en cliquant, dans la barre de menu, sur Outils/ Options et en sélectionnant l'onglet Général. Recherchez dans la zone inférieure du panneau les paramètres Police standard et Taille. Choisissez une nouvelle police dans la liste déroulante ainsi qu'une nouvelle taille de police, dans le menu déroulant Taille.

La plupart des choix concernant la police peuvent être effectués directement depuis la barre d'outils Mise en forme, ce qui évite d'avoir à afficher la boîte de dialogue Format de cellule.

- Pour appliquer une nouvelle police à une cellule ou à une plage, cliquez sur le bouton fléché de la boîte Police, dans la barre d'outils Mise en forme. Sélectionnez ensuite le nom de la police à utiliser. Remarquez qu'Excel 2002 affiche désormais le nom de chaque police avec sa typographie réelle, ce qui facilite le choix.

- Pour modifier la taille de la police, cliquez sur le bouton fléché de la boîte Taille de police, dans la barre d'outils Mise en forme, et sélectionnez une nouvelle taille dans la liste.

Vous pouvez aussi appliquer du **gras,** de l'*italique,* un soulignement ou ~~barrer~~ des données. La barre d'outils contient des boutons permettant d'appliquer ou de supprimer les trois premiers styles ; remarquez que ces boutons sont encadrés chaque fois que vous sélectionnez une cellule dont le contenu en a reçu un ou plusieurs. Lorsque vous cliquez sur un bouton encadré afin de supprimer le style, le petit cadre ne réapparaît plus lorsque la cellule en question est de nouveau sélectionnée.

Même si vous procédez probablement à la plupart des modifications de police à partir de la barre d'outils, il vous sera parfois plus commode de les faire sous l'onglet Police de la boîte de dialogue Format de cellule.

Comme le montre la Figure 3.15, l'onglet Police de la boîte de dialogue Format de cellule réunit tous les paramètres de police, y compris les styles (gras, italique...), les effets (barré, exposant et indice) et les couleurs. Si vous devez effectuer plusieurs modifications de police dans une sélection, travailler avec l'onglet Police sera beaucoup plus rapide et rationnel. La boîte de dialogue contient d'ailleurs une fenêtre d'aperçu qui montre l'effet – à l'écran du moins – des différents paramètres.

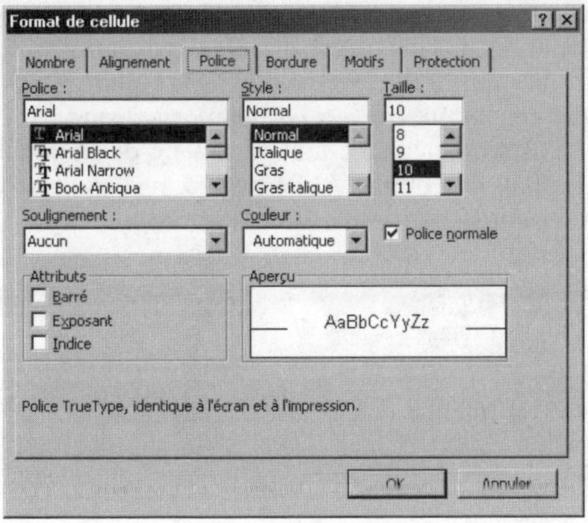

Figure 3.15 : L'onglet Police de la boîte de dialogue Format de cellule permet d'appliquer plusieurs modifications à la fois.

Si vous changez la couleur de la police mais que vous êtes équipé d'une imprimante en noir et blanc, les couleurs seront rendues en niveaux de gris. Sous l'onglet Police de la boîte de dialogue Format de cellule, dans la liste Couleur, le choix Automatique prélève dans Windows la couleur considérée comme couleur de texte. Cette couleur est du noir, à moins que vous n'en ayez choisi une autre dans l'onglet Apparence de la boîte de dialogue des Propriétés d'affichage de Windows 98/2000/Me (pour en savoir plus à ce sujet, référez-vous à l'ouvrage *Windows 98 pour les Nuls* ou *Windows Millenium pour les*

Nuls, tous deux d'Andy Rathbone, en n'oubliant pas de dire à Andy que c'est Greg qui vous envoie).

Modifier l'alignement

Lorsque vous commencez à saisir des entrées, leur alignement dans les cellules dépend tout bonnement du type des entrées. Tous les textes sont alignés à gauche et toutes les valeurs sont alignées à droite. Vous pouvez cependant modifier cette disposition à votre guise.

La barre d'outils Mise en forme contient trois outils d'alignement : Aligné à gauche, Au centre, et Aligné à droite. Ils disposent le contenu de la cellule ou d'une plage exactement comme vous le désirez. A droite de ces boutons d'alignement se trouve un outil nommé Fusionner et centrer.

Ce bouton mérite d'être connu car il sert à centrer instantanément un titre sur toute la largeur d'un tableau. Les Figures 3.16 et 3.17 montrent comment l'utiliser. Dans la Figure 3.16, remarquez que le titre "Société L'Oie Blanche – Ventes 2001" se trouve dans la cellule A1. Comme ce texte est assez long, il déborde sur les cellules à droite (B1 et C1). Pour centrer ce titre dans le tableau, qui s'étend des colonnes A à E, sélectionnez la plage de cellules A1:E1 puis, dans la barre d'outils Mise en forme, cliquez sur le bouton Fusionner et centrer.

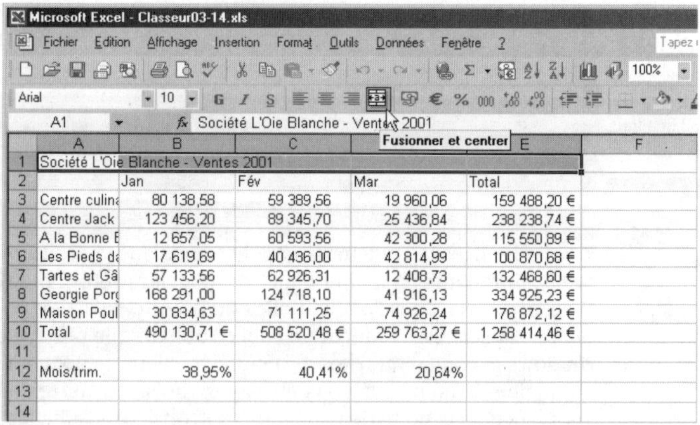

Figure 3.16 : La feuille de calcul avant Fusionner et centrer.

Observez le résultat dans la Figure 3.17 : dans la ligne 1, les cellules des colonnes A à E ont été fusionnées en une seule cellule, et le titre a été parfaitement centré dans cette "supercellule" qui s'étend d'un côté à l'autre du tableau.

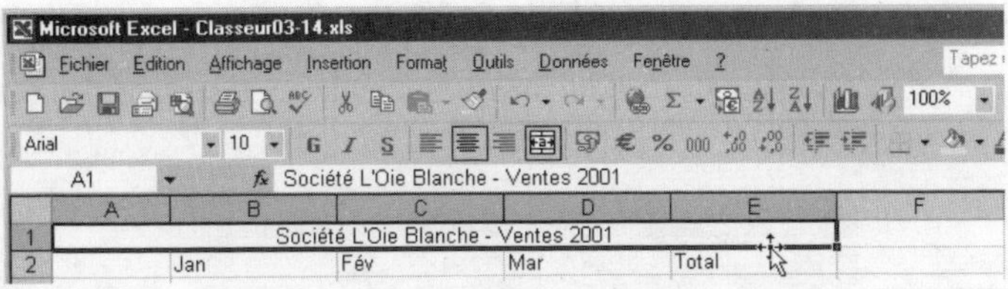

Figure 3.17 : La feuille de calcul après le centrage du titre sur les colonnes A à E.

Si vous devez de nouveau scinder une cellule fusionnée en cellules distinctes, sélectionnez-la puis ouvrez la boîte de dialogue Format de cellule. Cliquez sur l'onglet Alignement, désélectionnez la case Fusionner les cellules puis cliquez sur OK.

Les retraits

Excel 2002 permet de mettre des entrées en retrait dans les cellules. Pour ce faire, cliquez sur le bouton Augmenter le retrait, dans la barre d'outils Mise en forme. Ce bouton, situé juste à gauche du bouton Bordures, est reconnaissable à l'icône montrant une flèche repoussant quelques lignes vers la droite. Chaque fois que vous cliquez dessus, Excel met les entrées de la sélection courante en retrait d'un caractère (en police standard).

Un retrait peut être supprimé en cliquant sur le bouton Réduire le retrait ; il se trouve immédiatement à gauche du bouton Augmenter le retrait. Vous pouvez aussi modifier le nombre de caractères du décalage effectué avec le bouton Augmenter le retrait ; pour ce faire, ouvrez la boîte de dialogue Format de cellule (choisissez Format/Cellule), sélectionnez l'onglet Alignement puis entrez une valeur dans le champ Retrait, soit en la tapant, soit en actionnant le bouton d'incrémentation.

De haut en bas

L'alignement à gauche, centré ou à droite, concerne le positionnement de l'entrée par rapport aux bords gauche et droit de la cellule, c'est-à-dire horizontalement. Vous pouvez aussi aligner le texte par rapport aux bords haut et bas de la cellule, c'est-à-dire verticalement. Par défaut, toutes les entrées sont placées en bas de la cellule. Mais il est possible de les centrer verticalement ou de les placer contre le bord supérieur des cellules.

Pour modifier l'alignement vertical dans une plage de cellules sélectionnées, ouvrez la boîte de dialogue Format de cellule (Format/ Cellule) puis cliquez sur l'onglet Alignement (voir Figure 3.18), et enfin sélectionnez Haut, Centré, Bas, Justifié ou Distribué, dans la liste déroulante Vertical.

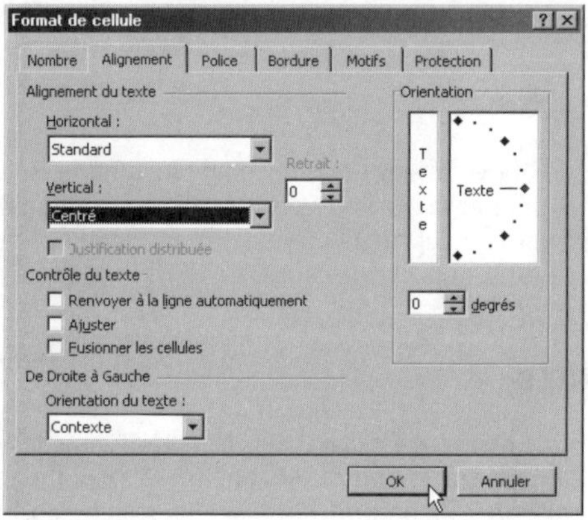

Figure 3.18 : Sélectionnez Centré dans le menu déroulant Vertical pour placer une entrée entre les bords supérieur et inférieur d'une cellule.

La Figure 3.19 montre, dans la feuille des ventes de la société L'Oie Blanche, le titre du tableau après qu'il a été centré verticalement (ce texte avait été centré horizontalement sur plusieurs colonnes avec la commande Fusionner et centrer ; la hauteur de la ligne 1, qui est par défaut de 12,75 points, a été augmentée à 33,75 points).

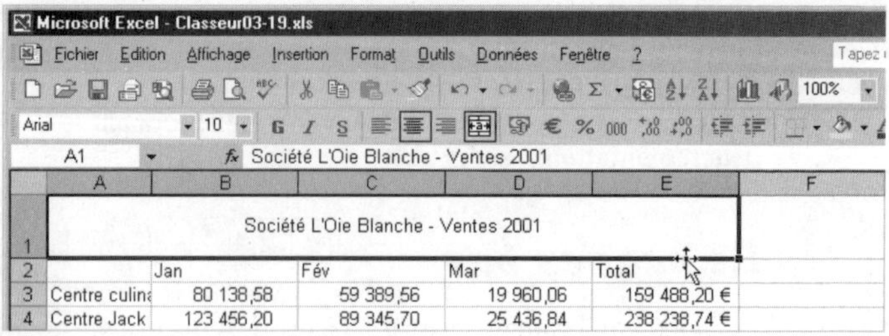

Figure 3.19 : La feuille de calcul après le centrage vertical du titre du tableau.

Le renvoi à la ligne

Dans les tableaux, le placement des titres dans les colonnes a toujours posé un problème ; il fallait souvent les abréger pour éviter d'avoir à élargir les colonnes afin de les faire tenir dedans. Dans Excel, ce problème peut être évité grâce à la fonction de renvoi à la ligne. La Figure 3.20 montre une nouvelle feuille de calcul dans laquelle les noms des diverses entreprises qui travaillent avec la société L'Oie Blanche ont été mis en forme avec l'option Renvoyer à la ligne automatiquement, afin que chacun tienne dans sa cellule.

Figure 3.20 : Une nouvelle feuille de calcul dans laquelle les titres ont été mis en forme avec l'option Renvoyer à la ligne automatiquement.

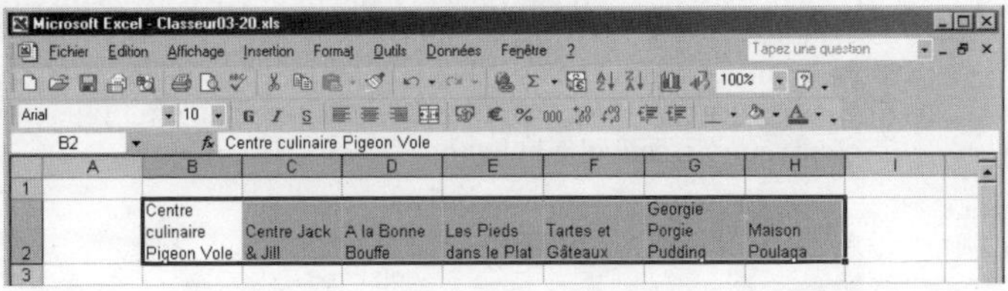

Pour obtenir la présentation de la Figure 3.20, sélectionnez les cellules contenant les titres (de B2 à H2), choisissez Format/Cellule puis, dans la boîte de dialogue Format de cellule, cochez la case Renvoyer à la ligne automatiquement (cette case est visible dans la Figure 3.18).

Le renvoi à la ligne empêche les textes longs de déborder sur les cellules voisines. Pour recevoir les lignes supplémentaires, le logiciel augmente automatiquement la hauteur de ligne.

Quand vous sélectionnez l'option Renvoyer à la ligne automatiquement, Excel continue à utiliser l'alignement vertical et horizontal que vous avez spécifié pour la cellule. Notez que vous pouvez utiliser n'importe quelle option d'alignement : Gauche (avec ou sans retrait), Centré, Droit (avec ou sans retrait), Justifié ou Centré sur plusieurs colonnes. Vous ne pouvez toutefois pas utiliser l'option Recopié. Présente dans la liste déroulante Horizontal, l'option Recopié sert à répéter une entrée sur toute la largeur de la cellule.

Pour obtenir un renvoi à la ligne justifié sur les bords gauche et droit de la cellule, sélectionnez l'option Justifié dans la liste déroulante Horizontal de la boîte de dialogue Format de cellule.

Un long texte peut être séparé en plusieurs lignes en plaçant le point d'insertion dedans, dans la cellule ou dans la barre de formule, et en appuyant sur les touches Alt+Entrée. Excel agrandit la ligne contenue dans la cellule, ainsi que la barre de formule, puis commence une nouvelle ligne. Dès que vous appuyez sur Entrée pour valider la saisie ou la modification, Excel effectue automatiquement le renvoi à la ligne selon la largeur de la colonne et l'emplacement du point d'insertion.

Incliner les entrées

Au lieu de définir un renvoi à la ligne pour les textes entrés dans les cellules, vous préférerez peut-être modifier leur orientation en les inclinant dans un sens ou dans un autre. Dans la Figure 3.21, le changement de direction des titres a donné un effet plus intéressant qu'un simple renvoi à la ligne.

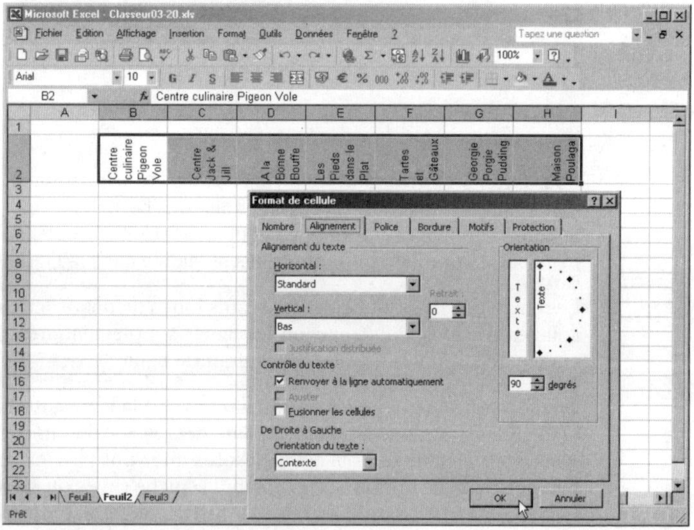

Figure 3.21 : Les titres ont été inclinés à 90°.

Cet exemple montre une rotation à 90° vers le haut (dans le sens anti-horaire). Remarquez que cette opération a entraîné un ajustement de la largeur des colonnes.

Pour faire pivoter le contenu des cellules de la Figure 3.21, sélectionnez d'abord la plage B2:H2 puis choisissez Format/Cellule. Dans la boîte de dialogue Format de cellule, cliquez sur l'onglet Alignement. Dans la zone Orientation, en haut à droite de la boîte de dialogue, cliquez sur le losange placé tout en haut (à midi, pour ainsi dire, dans le cadran) afin que le mot "Texte" soit à la verticale vers le haut. Le champ Degrés indique 90.

Vous pouvez aussi incliner une entrée en tapant le nombre de degrés directement dans le champ Degrés, ou encore utiliser les flèches du bouton d'incrémentation de cette commande. Laissez la coche dans la case Renvoyer à la ligne automatiquement pour éviter la création de colonnes de texte trop longues, peu esthétiques. Dès que les choix vous conviennent, cliquez sur OK ou appuyez sur Entrée.

Un texte peut être incliné à d'autres valeurs que 90°. Après avoir sélectionné le texte à faire pivoter, cliquez sur n'importe quel losange pour orienter le texte à votre guise et obtenir par exemple la présentation que montre la Figure 3.22, dans laquelle les titres ont été orientés à 45°. Pour ce faire, cliquez sur le losange situé, dans la fenêtre Orientation, vers le coin supérieur droit. Ou alors, tapez **45** dans le champ Degrés.

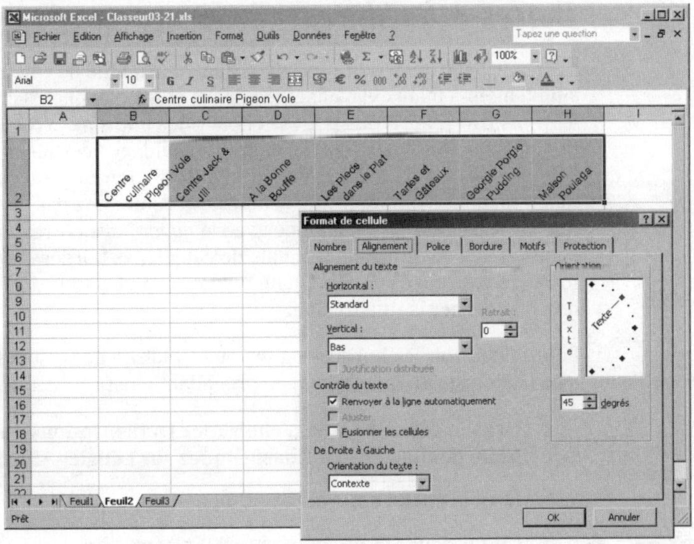

Figure 3.22 : Les titres ont été inclinés à 45° vers le haut.

Vous pouvez définir n'importe quelle inclinaison, de 90° vers le haut à 90° vers le bas, soit en tapant la valeur exacte dans le champ Degrés, soit en actionnant l'aiguille du cadran. Pour placer le texte verticalement de telle manière que les lettres soient empilées les unes sur les autres, cliquez sur le rectangle montrant le mot "Texte" ainsi disposé, à gauche du cadran.

Ajuster

Pour éviter qu'Excel élargisse les colonnes pour y faire tenir les entrées (afin d'afficher l'intégralité d'un tableau de données à l'écran ou l'imprimer sur une seule feuille), utilisez la commande Ajuster. Pour cela, choisissez Format/Cellule puis cliquez sur l'onglet Alignement de la boîte de dialogue Format de cellule. Cochez ensuite la case Ajuster. Excel réduit la taille de la police dans les cellules sélectionnées, ce qui lui évite d'avoir à modifier la largeur des colonnes. Sachez cependant que vous risquez de vous retrouver avec des textes écrits si petits qu'ils en deviennent illisibles. Notez aussi qu'il est impossible d'appliquer simultanément les options Renvoyer à la ligne automatiquement et Ajuster ; la sélection de l'une désélectionne aussitôt l'autre.

Boîtes à bordures

Le quadrillage que vous apercevez dans une feuille de calcul sert simplement à mieux visualiser les lignes et les colonnes dans lesquelles vous travaillez. Vous pouvez choisir de l'imprimer avec vos données ou non. Vous pouvez mettre en évidence certaines parties de la feuille de calcul ou d'un tableau à l'aide de bordures ou en appliquant un effet d'ombrage aux cellules. Ne confondez pas les *bordures* que vous définissez vous-même avec le *quadrillage* correspondant aux lignes et aux colonnes de la feuille de calcul. Les bordures sont toujours imprimées, indépendamment du fait que vous décidiez ou non d'imprimer le quadrillage.

Pour mieux voir les bordures que vous ajoutez à des cellules, supprimez l'affichage du quadrillage en procédant ainsi :

1. **Dans la barre de menu, choisissez Outils/Options puis, dans la boîte de dialogue Options, cliquez sur l'onglet Affichage.**
2. **Ôtez la coche dans la case Quadrillage.**
3. **Cliquez sur OK ou appuyez sur Entrée.**

La case Quadrillage détermine l'affichage ou non du quadrillage à l'écran. Pour l'imprimer ou non, choisissez Fichier/Mise en page puis cliquez sur l'onglet Feuille. Dans la zone Impression, ôter la coche dans la case Quadrillage empêche son impression.

Pour ajouter des bordures à une sélection de cellules, choisissez Format/Cellule puis, dans la boîte de dialogue Format de cellule, cliquez sur l'onglet Bordure (voir Figure 3.23). Sélectionnez le type de trait – mince, épais, pointillé, à tirets... – dans la zone Style puis, dans la zone Bordure, choisissez les bords auxquels il doit être appliqué.

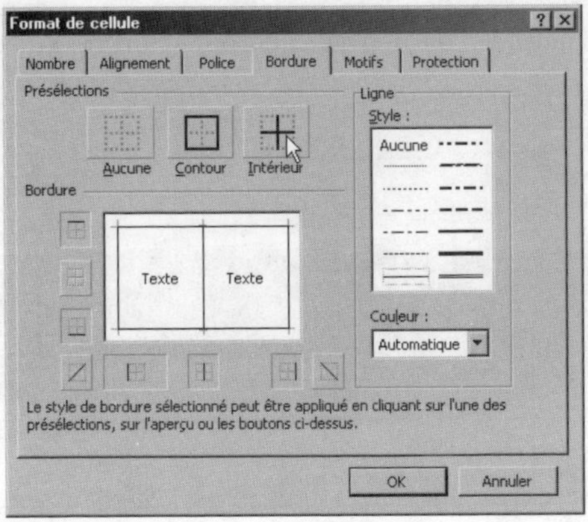

Figure 3.23 : Sous l'onglet Bordure de la boîte de dialogue Format de cellule, sélectionnez le type de trait qui doit encadrer les cellules.

Appliquez ces préceptes lorsque vous définissez des bordures :

- Pour que les bordures ne soient tracées qu'autour de la sélection, cliquez sur le bouton Contour, dans la zone Présélections de l'onglet Bordure.
- Pour que les bordures apparaissent autour de chacune des cellules de la plage sélectionnée (comme les croisillons des carreaux d'une fenêtre), cliquez sur le bouton Intérieur.

TRUC

Afin de placer une bordure autour d'une seule cellule ou autour d'une plage de cellules, vous n'avez même pas à ouvrir la boîte de dialogue Format de cellule. Après avoir sélectionné la cellule ou la plage, il suffit de cliquer sur le bouton déroulant de l'outil Bordures, dans la barre d'outils Mise en forme, et de sélectionner un type de bordure dans la palette.

Pour vous débarrasser d'une bordure, vous devez sélectionner les cellules en question, ouvrir la boîte de dialogue Format de cellule puis, dans la zone Présélections de l'onglet Bordure, cliquer sur le bouton Aucune. Notez que vous obtenez le même résultat en cliquant sur le premier bouton (celui qui est entièrement en pointillé) du menu déroulant de l'outil Boutons.

Dans Excel 2002, vous pouvez définir des bordures sans vous coltiner les options de l'onglet Bordure de la boîte de dialogue Format de cellule, ni même recourir au bouton Bordures de la barre d'outils Mise en forme. Il suffit en effet de tracer tout simplement la bordure directement sur les cellules de la feuille de calcul. Pour ce faire, cliquez sur le bouton déroulant Bordures de la barre d'outils Mise en forme et choisissez l'option Traçage des bordures, tout en bas de la palette. Excel affiche la barre d'outils flottante Bordures que montre la Figure 3.24.

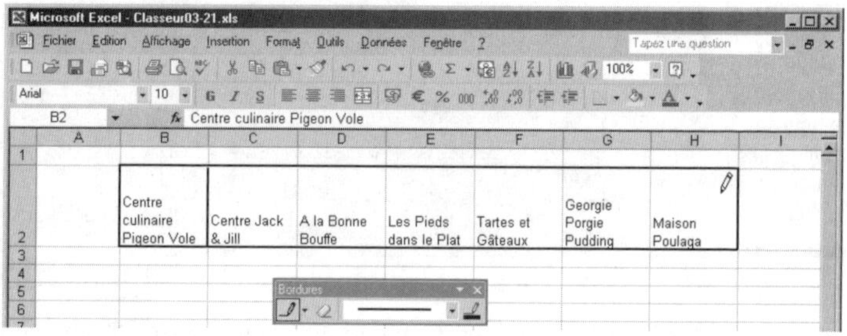

Figure 3.24 : Servez-vous du pointeur en forme de crayon (visible en haut à droite) pour tracer une bordure autour des cellules d'une feuille de calcul.

La première fois que vous ouvrez l'outil Bordures, l'outil Crayon est sélectionné. Vous pouvez utiliser le pointeur de souris Crayon pour tracer une bordure autour des cellules par-dessus lesquelles vous le tirez. Pour placer une bordure autour de chacune des cellules, cliquez sur le bouton déroulant attaché à l'outil Tracer les bordures puis, dans le menu déroulant, sélectionnez l'option Tracer les bordures de grille. Tirez ensuite le pointeur par-dessus les cellules.

Pour choisir un autre type de trait ou un trait plus ou moins épais, déroulez le menu de l'outil Style de trait et sélectionnez celui qui vous convient. Afin de lui donner une autre couleur, cliquez sur le menu Couleur de trait puis choisissez une couleur dans la palette chromatique qui apparaît.

Pour effacer des bordures que vous venez de tracer, cliquez sur le bouton Effacer les bordures puis repassez sur les cellules en question. Remarquez qu'il est aussi possible d'effacer les bordures autour d'une cellule en passant dessus avec le pointeur Crayon après avoir sélectionné l'option Pas de bordure, dans le menu déroulant Style de trait (cette option fonctionne en mode Tracer les bordures et Tracer les bordures de grille).

Couleurs et motifs

Vous pouvez aussi mettre des parties d'une feuille de calcul ou d'un tableau en valeur en modifiant leur couleur et/ou le motif de leurs cellules. Si vous êtes équipé d'une imprimante en noir et blanc (eh oui, il en subsiste encore...), vous devrez restreindre vos choix aux teintes les plus claires de la palette de couleurs. Et vous devrez aussi restreindre le choix des motifs à ceux qui sont vraiment très aérés, peu denses, car autrement il serait quasiment impossible de distinguer quoi que ce soit après l'impression.

Pour appliquer une nouvelle couleur et/ou un motif à une partie d'une feuille de calcul, sélectionnez les cellules à enjoliver, ouvrez la boîte de dialogue Format de cellule (Format/Cellule) puis cliquez sur l'onglet Motifs (voir Figure 3.25). Pour changer la couleur des cellules, cliquez sur la couleur désirée dans la palette chromatique. Pour choisir un autre motif, qui s'ajoutera au choix de la couleur, cliquez sur le bouton déroulant Motif ; il contient une série de motifs en noir et blanc. Cliquez sur l'un d'eux. Excel affiche dans la boîte de dialogue Format de cellule un aperçu du fond de couleur associé au motif sélectionné.

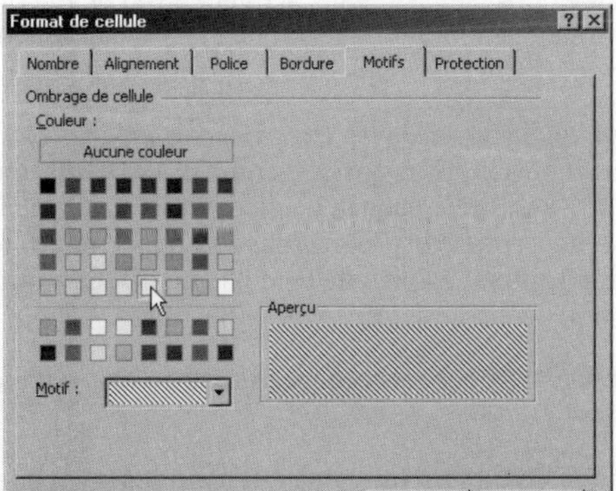

Figure 3.25 : Choisissez une nouvelle couleur de cellule ainsi qu'un motif.

Pour supprimer une couleur ou un motif, sélectionnez la cellule ou la plage, ouvrez la boîte de dialogue Format de cellule (Format/Cellule) puis cliquez sur l'onglet Motifs. Cliquez ensuite sur l'option Aucune couleur, en haut de la palette de couleurs.

Vous pouvez attribuer une nouvelle couleur (mais pas un motif) aux cellules à partir de la palette Couleur de remplissage, ouverte en cliquant sur le bouton du même nom, dans la barre d'outils Mise en forme (ce bouton est reconnaissable à son icône montrant un pot de peinture). Sélectionnez les cellules à colorier, cliquez sur le bouton déroulant de l'outil Couleur de remplissage puis choisissez la teinte désirée dans la palette qui apparaît (la palette Couleur de remplissage est l'une de celles que vous pouvez détacher pour la rendre flottante).

Bien que l'outil Couleur de remplissage ne permette pas de sélectionner un motif, vous pouvez supprimer la couleur *et* le motif d'une sélection de cellules en activant cet outil et en choisissant Aucun remplissage, en haut de la palette.

Si le contenu d'une plage de cellule doit être d'une autre couleur, vous pourrez la modifier à partir de la palette chromatique de l'outil Couleur de police, le dernier de la barre d'outils Mise en forme. Pour rétablir la couleur de police par défaut, choisissez l'option Automatique, en haut de la palette.

La reproduction de la mise en forme

Utiliser les styles variés pour agrémenter des cellules est sans aucun doute une bonne chose, mais il vous arrivera aussi de devoir réutiliser une mise en forme particulière. A ce moment, vous apprécierez certainement de n'avoir pas à la recréer, surtout si elle est complexe.

C'est pourquoi, quand vous devez effectuer des mises en forme à la volée (pour ainsi dire...), vous aurez recours à l'outil Reproduire la mise en forme ; il se trouve dans la barre d'outils Standard. Ce remarquable outil permet de prélever la mise en forme d'une cellule et de l'appliquer à d'autres cellules de la feuille de calcul, simplement en les sélectionnant.

Procédez comme suit pour reproduire la mise en forme d'une cellule dans d'autres :

1. **Mettez une cellule ou une plage de cellules en forme (police, alignement, bordures, couleur, motif... choisissez ce que bon vous semble).**

2. **Après avoir sélectionné l'une des cellules mise en forme, cliquez, dans la barre d'outils Standard, sur le bouton Reproduire la mise en forme.**

   L'icône en forme de pinceau de l'outil Reproduire la mise en forme vient s'ajouter au pointeur de souris en forme d'épaisse croix blanche ; un rectangle de sélection entoure la cellule sélectionnée.

3. **Tirez le pointeur par-dessus toutes les cellules qui doivent recevoir la mise en forme.**

   Dès que vous relâchez le bouton de la souris, Excel applique la mise en forme à toutes les cellules que vous venez de sélectionner.

Pour laisser l'outil Reproduire la mise en forme actif, afin de pouvoir formater d'autres plages de cellules par la suite, double-cliquez sur le bouton de cet outil après avoir sélectionné la cellule contenant la mise en forme à prélever. Il est alors activé en permanence. Pour cesser la reproduction des mises en forme, cliquez simplement sur l'outil. Le petit cadre qui l'entoure disparaît et le pointeur reprend sa forme habituelle, celle d'une épaisse croix blanche sans rien d'autre.

Notez qu'il est possible d'utiliser l'outil Reproduire la mise en forme pour restaurer toutes les cellules que vous aviez habillées avec goût à leur triste et ennuyeux état (Général) par défaut. Pour ce faire, sélectionnez une cellule vide n'ayant pas été mise en forme, activez l'outil Reproduire la mise en forme puis tirez par-dessus les cellules à ramener à leur présentation par défaut.

Chapitre 4

Procéder à des modifications

Dans ce chapitre :

- Ouvrir un classeur en vue de le modifier.
- Annuler vos bourdes.
- Déplacer et copier par glisser-déposer.
- Copier des formules.
- Déplacer et copier par Couper, Copier et Coller.
- Supprimer des entrées dans des cellules.
- Supprimer et insérer des lignes et des colonnes.
- La correction orthographique d'une feuille de calcul.

La copie et le déplacement des données ainsi que l'insertion et la suppression des lignes et des colonnes sont des tâches faciles à maîtriser. Ce qui est un peu plus ardu à comprendre, c'est l'effet de ces actions sur la feuille de calcul. Mais si l'un de ces changements compromet votre travail, vous pourrez toujours recourir à la fonction d'annulation pour revenir en arrière et vous retrouver en terrain plus familier.

S'ouvrir aux changements

Avant de commettre l'irréparable – oups... je veux dire effectuer des modifications... –, vous devez bien sûr ouvrir Excel en cliquant sur le bouton Ouvrir, dans la barre d'outils Standard, ou en choisissant Fichier/Ouvrir, dans la barre de menu, ou encore en recourant au raccourci clavier Ctrl+O ou Ctrl+F12.

Excel affiche la boîte de dialogue Ouvrir dans laquelle vous sélectionnez le classeur dans la liste des fichiers. Après avoir cliqué sur un nom pour le mettre en surbrillance, ouvrez-le en cliquant sur le bouton Ouvrir. Ou, ce qui est plus rapide, double-cliquez sur le nom, ce qui charge aussitôt le classeur.

Ouvrir plusieurs classeurs à la fois

Si vous devez modifier des feuilles dans plusieurs classeurs visibles dans la boîte de dialogue Ouvrir, vous pouvez utiliser les commandes de sélection multiple pour les ouvrir tous à la fois, dans l'ordre où ils sont listés.

Ouvrir les classeurs récemment modifiés

Si le classeur que vous désirez ouvrir a été récemment créé ou modifié, vous pouvez vous dispenser d'accéder à la boîte de dialogue Ouvrir. Affichez le volet Office (choisissez Affichage/Volet Office) puis cliquez sur le nom du fichier du classeur à utiliser dans la zone Ouvrir un classeur, ou choisissez le menu déroulant Fichier et sélectionnez le fichier dans la liste qui se trouve tout en bas ; Excel tient en effet à jour une liste des quatre derniers fichiers ouverts. Si le classeur à ouvrir figure dans la liste, cliquez sur son nom ou tapez son numéro d'ordre.

Si vous le désirez, vous pouvez configurer Excel pour qu'il affiche plus ou moins de fichiers dans le volet Office ou en bas du menu Fichier. Appliquez ces quelques étapes pour régler le nombre de fichiers devant apparaître dans Excel :

1. **Dans la barre de menu, choisissez Outils/Options.**
2. **Cliquez sur l'onglet Général.**
3. **Entrez le nombre de fichiers dans l'option Fichier(s), à droite de l'option Liste des derniers fichiers utilisés. Vous pouvez taper ce chiffre ou le régler avec le bouton d'incrémentation.**
4. **Cliquez sur OK ou appuyez sur la touche Entrée pour fermer la boîte de dialogue Options.**

Si vous ne voulez voir apparaître aucun fichier dans le volet Office ou en bas du menu Fichier, ôtez la coche de l'option Liste des derniers fichiers utilisés, dans la boîte de dialogue Options.

Mieux identifier les fichiers

Normalement, Excel affiche les dossiers et les fichiers dans la boîte de dialogue Ouvrir sous la forme d'une simple liste montrant les dossiers ou les fichiers nomades avec leurs icônes respectives.

Pour modifier l'affichage des fichiers dans la boîte de dialogue Ouvrir, sélectionnez l'une des options suivantes en cliquant sur le bouton Affichages, dans la boîte de dialogue Ouvrir :

- **Détails.** Affichage de l'icône des fichiers, des noms de fichiers, de leur taille en kilo-octets, de leur type et de leur date de modification, comme le montre la Figure 4.1.

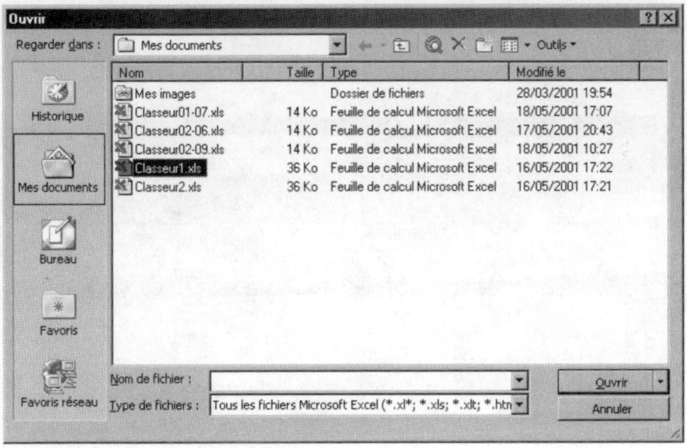

Figure 4.1 : La boîte de dialogue Ouvrir en mode Détails.

- **Propriétés.** Affiche un résumé contenant des informations sur les différents fichiers, comme le montre la Figure 4.2. Pour voir le résumé d'un fichier, sélectionnez le fichier dans la boîte de dialogue Ouvrir, choisissez Outils/Propriétés puis, dans la boîte de dialogue qui apparaît, cliquez sur l'onglet Résumé.
- **Aperçu.** Affiche une vignette montrant le contenu du coin supérieur gauche de la première feuille de calcul du premier fichier de la liste, ainsi que l'icône et le nom de ce fichier, comme le montre la Figure 4.3. Les icônes et les noms des autres fichiers sont également affichés.

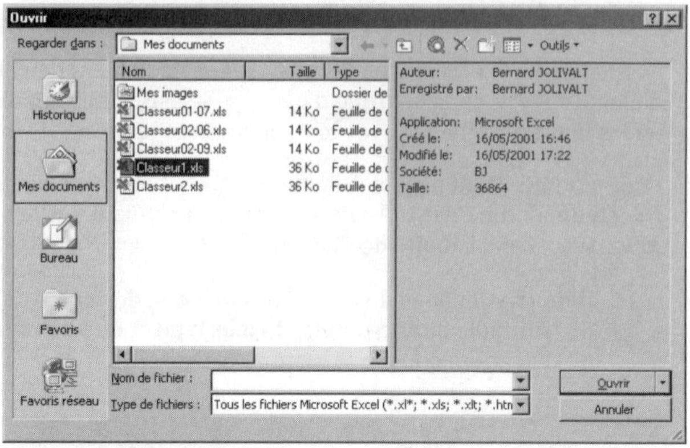

Figure 4.2 : La boîte de dialogue Ouvrir en mode Propriétés.

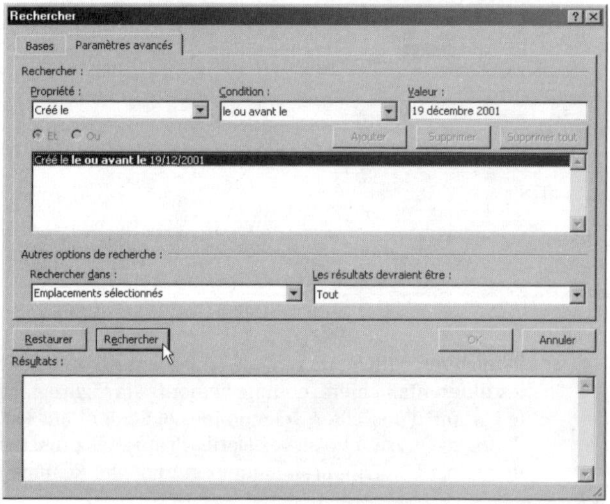

Figure 4.3 : La boîte de dialogue Ouvrir en mode Aperçu.

Le bon vieux glisser-déposer

L'une des premières techniques de modification que vous vous devez de connaître a pour nom le *glisser-déposer*. Comme le suggère son nom, il s'agit d'une manipulation effectuée à la souris qui consiste à choisir une cellule ou une plage sélectionnée et à faire glisser cette sélection ailleurs dans la feuille de calcul. Bien que le glisser-déposer serve essentiellement à déplacer des entrées simples, vous pouvez l'utiliser pour déplacer des plages entières.

Procédez comme suit pour déplacer une cellule ou une plage de cellules :

1. **Sélectionnez une cellule ou une plage de cellules.**
2. **Placez le pointeur de souris sur le bord de la ou des cellules sélectionnées.**

   La transformation du pointeur en flèche à quatre pointes indique que vous pouvez commencer à faire glisser la cellule ou la plage.

3. **Tirez la cellule ou la plage sélectionnée jusqu'à sa destination.**

   Faites glisser la sélection en déplaçant la souris, bouton de gauche enfoncé.

   Pendant le déplacement, vous faites en réalité glisser le contour des cellules, ce qui vous permet d'avoir une idée de l'emplacement qu'elles occuperont. C'est uniquement au moment où vous relâchez le bouton de la souris que le déplacement du contenu des cellules se produit effectivement.

   Faites glisser le contour jusqu'à sa destination exacte (cette dernière est signalée dans l'info-bulle qui accompagne le pointeur).

4. **Relâchez le bouton de la souris.**

   Les données figurant dans la ou les cellules apparaissent aussitôt à leur nouvel emplacement.

Les Figures 4.4 et 4.5 montrent un déplacement de cellules. Dans la première, la plage A10:E10 (elle contient les totaux du trimestre) a été sélectionnée afin d'être déplacée vers la ligne 12 et de libérer ainsi de la place pour les chiffres des ventes de deux autres sociétés, Tartalapom et Bretzel Liquide, qui n'avaient pas encore été acquises lorsque ce classeur avait été créé. Dans la Figure 4.5, le chiffre des ventes a été déplacé.

N'OUBLIEZ PAS

Notez que dans la Figure 4.5 l'argument de la fonction SOMME, dans la cellule B12, ne tient pas compte de la modification : il couvre toujours la plage B3:B9. Il faudra l'étendre manuellement afin qu'il couvre aussi les cellules B10 et B11. Vous apprendrez à le faire rapidement et efficacement dans une prochaine section intitulée "La recopie automatique des formules".

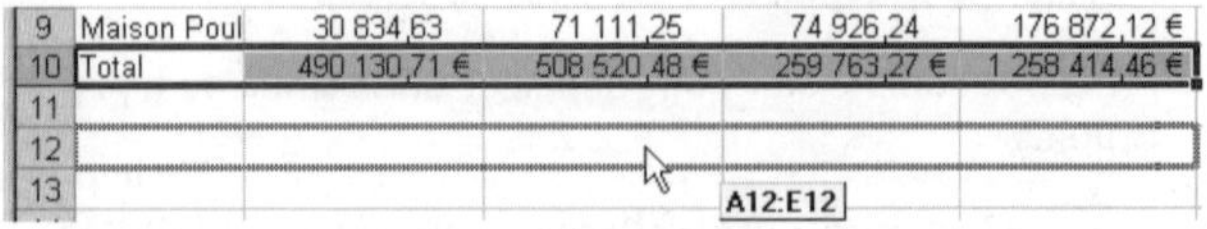

Figure 4.4 : Une plage sélectionnée est en cours de déplacement.

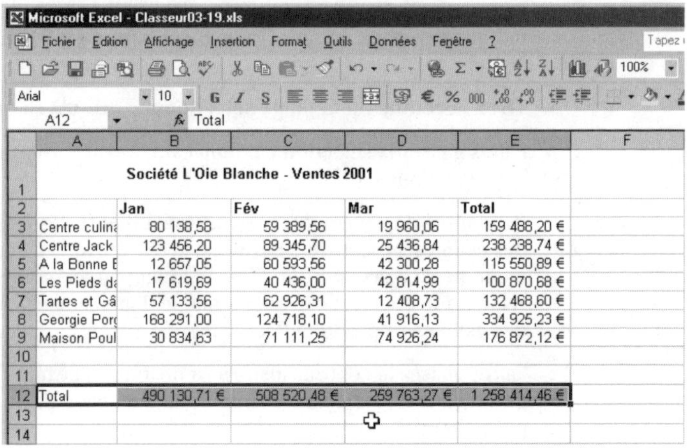

Figure 4.5 : La plage sélectionnée vient d'être déposée à son nouvel emplacement.

La copie par glisser-déposer

Comment ferez-vous pour copier une ligne de cellules au lieu de simplement les déplacer ? Supposons que vous deviez commencer, dans la feuille de calcul, un nouveau tableau dans les lignes situées plus bas. Il vous faudra copier la ligne de cellule contenant les titres mis en forme en procédant ainsi :

1. **Sélectionnez la ligne de cellules.**

   Dans les Figures 4.4 et 4.5, c'est la plage de cellules B2:E2.

2. **La touche Ctrl enfoncée, amenez le pointeur de la souris au bord de la sélection.**

   Le pointeur se transforme en flèche blanche accompagnée, en haut à droite, d'un petit signe + (plus). Il indique que le glisser-déposer effectuera une *copie*, et non un déplacement.

3. **Faites glisser le contour de la sélection jusqu'à l'emplacement où son contenu doit être copié, puis relâchez le bouton de la souris.**

   Pendant que vous faites glisser la sélection, une info-bulle indique les références de la plage que survole le pointeur.

Si, lors d'un glisser-déposer pour déplacer ou copier des cellules, vous positionnez le contour de la sélection de telle manière qu'il chevauche des cellules contenant des données, Excel affiche une boîte d'alerte avec la question suivante : "Voulez-vous remplacer le contenu des cellules de destination ?"

Pour éviter le remplacement des données existantes et renoncer au glisser-déposer, cliquez sur le bouton Annuler. Mais si vous aviez l'intention de remplacer les données existantes par les nouvelles, cliquez sur OK.

Insérer par glisser-déposer

Dès que vous amenez une entrée sur une cellule occupée, cette entrée supplante sans vergogne celle qui s'y trouvait.

Pour insérer la ligne en cours de déplacement parmi d'autres lignes bien remplies, sans supprimer des données existantes, maintenez la touche Maj enfoncée pendant le glisser-déposer. Si vous copiez, vous devrez faire preuve de dextérité en maintenant à la fois les touches Ctrl et Maj enfoncées. Lorsque la touche Maj est enfoncée, le contour de la sélection que vous aviez manipulé jusqu'à présent est remplacé par une barre d'insertion qui se déplace entre les lignes et/ou les colonnes. Elle matérialise l'emplacement où se fera l'insertion si, à ce moment, vous relâchez le bouton de la souris. Dans ce cas, Excel insère une ligne ou une colonne et déplace les cellules existantes vers des cellules vides.

Quand vous insérez des cellules par un glisser-déposer, il peut être utile d'imaginer la barre d'insertion comme un levier ou un coin qui écarte les cellules pour faire de la place. Parfois, au lieu de voir apparaître les données, vous n'apercevez que des dièses (#######) dans les cellules ; Excel n'élargit en effet pas automatiquement les nouvelles colonnes pour une insertion de données, comme il l'eut fait pour une mise en forme. Pour éliminer les dièses, vous devrez élargir manuellement les colonnes qui posent problème. Le moyen le plus rapide, c'est de double-cliquer sur le bord droit de la colonne.

La recopie automatique des formules

La copie par glisser-déposer, en maintenant la touche Ctrl enfoncée, est utile lorsqu'il faut recopier une série de cellules adjacentes ailleurs dans la feuille de calcul. Mais très souvent, vous aurez à ne recopier qu'une seule formule dans plusieurs cellules voisines qui doivent exécuter le même type de calcul, comme totaliser des chiffres dans des colonnes. Ce type de copie de formule, très courant, ne peut pas être fait par un glisser-déposer. Il faut recourir à la Recopie automatique, décrite dans le Chapitre 2, ou aux commandes Copier et Coller (reportez-vous à la section "Le couper-coller numérique", plus loin dans ce chapitre).

Nous verrons ici comment utiliser la Recopie automatique pour copier une formule dans une plage de cellules. La Figure 4.6 montre la feuille de calcul de la société L'Oie Blanche après que les sociétés Tarlapom et Bretzel Liquide ont été ajoutées à la liste.

B12 =SOMME(B3:B11)

	A	B	C	D	E
1		Société L'Oie Blanche - Ventes 2001			
2		Jan	Fév	Mar	Total
3	Centre culinaire Pigeon Vole	80 138,58	59 389,56	19 960,06	159 488,20 €
4	Centre Jack & Jill	123 456,20	89 345,70	25 436,84	238 238,74 €
5	A la Bonne Bouffe	12 657,05	60 593,56	42 300,28	115 550,89 €
6	Les Pieds dans le Plat	17 619,69	40 436,00	42 814,99	100 870,68 €
7	Tartes et Gâteaux	57 133,56	62 926,31	12 408,73	132 468,60 €
8	Georgie Porgie Pudding	168 291,00	124 718,10	41 916,13	334 925,23 €
9	Maison Poulaga	30 834,63	71 111,25	74 926,24	176 872,12 €
10	Tartalapom	104 937,77	75 943,85	21 621,31	202 502,93 €
11	Bretzel Liquide	128 237,32	95 035,19	31 940,09	255 212,60 €
12	Total	723 305,80 €			
13					

Figure 4.6 : Copie d'une formule dans une même ligne grâce à la Recopie automatique.

Dans la Figure 4.7, examinez la plage de cellules C12:E12. Les totaux des ventes de février et de mars ont été calculés de même que le total trimestriel, en bas à droite du tableau.

Malheureusement, Excel n'effectue pas la mise à jour de la formule de la somme en incluant les nouvelles rangées ; la fonction SOMME couvre toujours la plage B3:B9 alors qu'elle aurait dû être étendue aux lignes 10 et 11. Pour que toutes les lignes soient prises en compte par la formule, placez le pointeur de cellule en B12 puis cliquez sur le bouton Somme automatique, dans la barre d'outils Standard. Excel suggère maintenant la plage B3:B11 pour la fonction SOMME.

Revenez à la Figure 4.6 : elle montre la feuille de calcul après correction de la formule SOMME, avec le bouton Somme automatique, pour que dans la cellule B12 le total automatique prenne en compte les

C12 =SOMME(C3:C11)

	A	B	C	D	E
1	Société L'Oie Blanche - Ventes 2001				
2		Jan	Fév	Mar	Total
3	Centre culinaire Pigeon Vole	80 138,58	59 389,56	19 960,06	159 488,20 €
4	Centre Jack & Jill	123 456,20	89 345,70	25 436,84	238 238,74 €
5	A la Bonne Bouffe	12 657,05	60 593,56	42 300,28	115 550,89 €
6	Les Pieds dans le Plat	17 619,69	40 436,00	42 814,99	100 870,68 €
7	Tartes et Gâteaux	57 133,56	62 926,31	12 408,73	132 468,60 €
8	Georgie Porgie Pudding	168 291,00	124 718,10	41 916,13	334 925,23 €
9	Maison Poulaga	30 834,63	71 111,25	74 926,24	176 872,12 €
10	Tartalapom	104 937,77	75 943,85	21 621,31	202 502,93 €
11	Bretzel Liquide	128 237,32	95 035,19	31 940,09	255 212,60 €
12	Total	723 305,80 €	679 499,52 €	313 324,67 €	1 716 129,99 €

Figure 4.7 : La feuille de calcul après la recopie de la formule totalisant les mois.

lignes qui ont été ajoutées. La poignée de recopie a ensuite été tirée par-dessus les cellules C12 à E12 afin d'y recopier la formule. Remarquez que le contenu de ces cellules avait été préalablement effacé afin de mieux mettre en évidence ce qui se passe. Normalement, il vous suffirait de copier par-dessus les formules obsolètes pour les remplacer par les nouvelles formules à jour.

Absolument relatif et inversement

Référez-vous à la Figure 4.7 pour voir la feuille de calcul après la recopie de la formule d'une cellule dans la plage C12:E12. La cellule C12 est active. Remarquez comment Excel gère la recopie des formules. La formule d'origine, dans la cellule B12, est :

```
=SOMME(B3:B11)
```

Lorsque cette formule est recopiée dans la cellule voisine C12, Excel modifie légèrement la formule, qui devient :

```
=SOMME(C3:C11)
```

Excel a en effet rectifié la référence de colonne, qui est passée de B à C car la recopie s'est faite de la gauche vers la droite.

Quand vous copiez une formule dans une plage qui s'étend vers le bas sur plusieurs lignes, Excel modifie les numéros de ligne en conséquence, au lieu des lettres de colonnes, selon l'emplacement de chaque recopie. La cellule E3 de la feuille de calcul des ventes de la société L'Oie Blanche contient la formule suivante :

```
=SOMME(B3:D3)
```

Quand vous recopiez cette formule vers le bas, dans la cellule E4, Excel modifie la formule de la manière suivante :

```
=SOMME(B4:D4)
```

Excel ajuste la référence de ligne afin qu'elle corresponde à la nouvelle position dans la ligne 4. Puisque cette modification de la formule a été effectuée selon la direction de la recopie, les références de cellule sont appelées *références de cellules relatives.*

Dans l'absolu

Toutes les formules que vous créez contiennent naturellement des références de cellule absolues à moins que vous n'en décidiez autrement. Du fait que la plupart des recopies de cellule nécessitent une correction de leurs références, vous aurez rarement à revenir sur cet arrangement. Mais de temps en temps, vous serez confronté à une exception.

L'une des exceptions les plus communes se produit lorsque vous désirez comparer une plage de valeurs différentes avec une seule valeur. Ce cas de figure se présente classiquement quand vous voulez calculer le pourcentage de plusieurs parties par rapport au total. Par exemple, dans la feuille de calcul de la société L'Oie Blanche, vous rencontrez cette situation en créant et recopiant une formule qui détermine chaque pourcentage mensuel, dans la plage B14:D14, par rapport au total trimestriel de la cellule E12.

Supposons que vous vouliez entrer ces formules dans la rangée 14 de la feuille de calcul, en commençant par la cellule B14. La formule qui, dans cette cellule, calcule le pourcentage des ventes de janvier par rapport au trimestre est sans détour :

```
=B12/E12
```

Cette formule divise le total des ventes de janvier, dans la cellule B12, par le total trimestriel de la cellule E12 (on ne saurait faire plus simple...). Mais regardez ce qui se passerait si vous tiriez la poignée de recopie d'une cellule vers la droite pour recopier la formule dans la cellule C14 :

```
=C12/F12
```

L'ajustement de la première référence de cellule, qui passe de B12 à C12, est bien celui que nous attendions. Mais l'ajustement de la deuxième partie des références de cellule, qui passe de E12 à F12, est désastreux. Non seulement vous n'obtenez pas, dans la cellule C12, le calcul du pourcentage des ventes de février, mais vous vous retrouvez en prime avec l'horrible erreur #DIV/0! dans la cellule C14.

Pour éviter qu'Excel ajuste inconsidérément une référence de cellule lors d'une recopie, vous devez convertir la référence. De relative, elle doit devenir absolue. Vous effectuez cette opération en appuyant sur la touche de fonction F4. Excel signale qu'une référence de cellule est absolue en plaçant, devant la lettre de la colonne et le numéro de la ligne, le signe dollar ($). Regardez par exemple la Figure 4.8 : la cellule B4 contient la formule correcte pour effectuer la recopie dans la plage C14:D14, soit :

```
=B12/$E$12
```

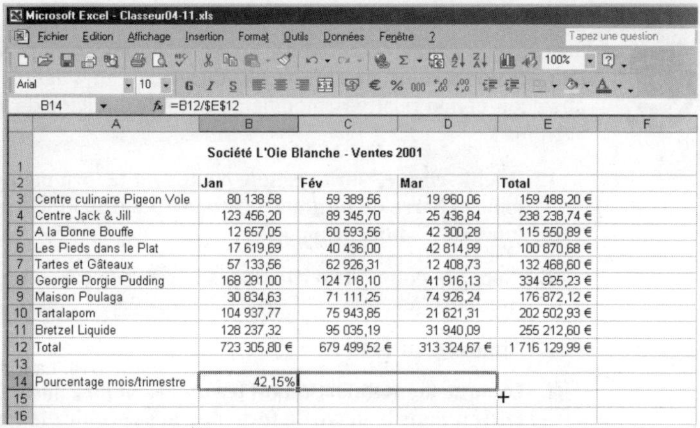

Figure 4.8 : Recopie de la formule pour calculer le pourcentage des ventes mensuelles par rapport aux ventes trimestrielles grâce à une référence de cellule absolue.

Examinez la feuille de calcul après que cette formule a été répétée dans la plage C14:D14 avec la poignée de recopie et la cellule C14 sélectionnée (Figure 4.9). Remarquez la formule suivante dans la barre de formule :

```
=C12/$E$12
```

Du fait que E12 a été modifié en $E$12 dans la formule originale, toutes les recopies conservent cette même référence de cellule, qui est immuable.

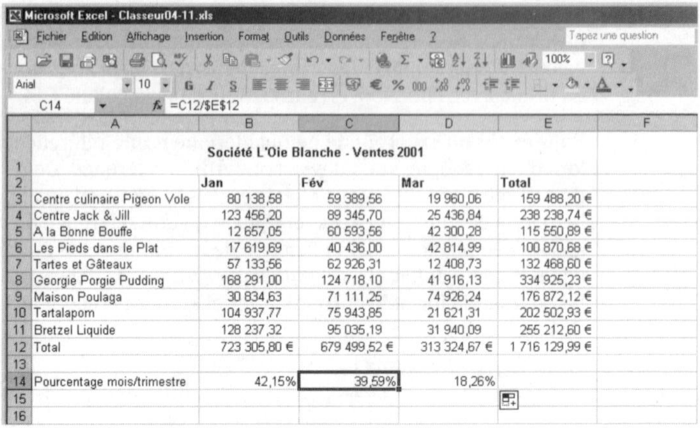

	A	B	C	D	E	F
1		Société L'Oie Blanche - Ventes 2001				
2		Jan	Fév	Mar	Total	
3	Centre culinaire Pigeon Vole	80 138,58	59 389,56	19 960,06	159 488,20 €	
4	Centre Jack & Jill	123 456,20	89 345,70	25 436,84	238 238,74 €	
5	A la Bonne Bouffe	12 657,05	60 593,56	42 300,28	115 550,89 €	
6	Les Pieds dans le Plat	17 619,69	40 436,00	42 814,99	100 870,68 €	
7	Tartes et Gâteaux	57 133,56	62 926,31	12 408,73	132 468,60 €	
8	Georgie Porgie Pudding	168 291,00	124 718,10	41 916,13	334 925,23 €	
9	Maison Poulaga	30 834,63	71 111,25	74 926,24	176 872,12 €	
10	Tartalapom	104 937,77	75 943,85	21 621,31	202 502,93 €	
11	Bretzel Liquide	128 237,32	95 035,19	31 940,09	255 212,60 €	
12	Total	723 305,80 €	679 499,52 €	313 324,67 €	1 716 129,99 €	
13						
14	Pourcentage mois/trimestre	42,15%	39,59%	18,26%		
15						
16						

Figure 4.9 : La feuille de calcul après la recopie d'une formule contenant une référence de cellule absolue.

TRUC

Si vous avez commis une bourde en recopiant une formule dans laquelle une ou plusieurs références de cellules auraient dû être absolues, et non relatives, modifiez la formule d'origine de la manière suivante :

1. **Double-cliquez sur la cellule contenant la formule puis cliquez dans la barre de formule, ou appuyez sur la touche de fonction F2 pour la modifier.**

2. **Placez le point d'insertion dans la référence à convertir en référence absolue.**

3. **Appuyez sur la touche F4.**

4. **Lorsque la modification est terminée, cliquez sur le bouton Entrer, dans la barre de formule, puis recopiez la formule corrigée dans les cellules erronées grâce à la poignée de recopie.**

ATTENTION !

N'appuyez sur la touche F4 qu'une seule fois, pour faire d'une référence de cellule une référence absolue, comme nous venons de le décrire. Si vous veniez à appuyer une deuxième fois dessus, vous vous retrouveriez avec ce qu'il est convenu d'appeler une référence mixte dans laquelle seule la référence à la ligne serait absolue, la référence à la colonne restant relative ; par exemple : E$12. Si vous appuyez sur la touche F4, Excel propose un autre type de référence mixte dans laquelle la partie "colonne" est absolue tandis que la partie "ligne" est relative, comme dans $E12. Et si vous appuyez une fois encore sur F4, Excel revient à des références entièrement relatives (E12). Revenu au point de départ, vous pouvez continuer à appuyer sur F4 pour passer de nouveau d'un type de référence à un autre.

Le couper-coller numérique

Au lieu d'utiliser le glisser-déposer ou la recopie automatique, vous pouvez recourir aux bonnes vieilles commandes Couper, Copier et Coller pour déplacer ou recopier des informations dans une feuille de calcul. Ces commandes utilisent le Presse-papiers comme relais pour les informations que vous avez coupées ou collées ; elles y restent en attendant d'être collées quelque part. Ce procédé permet non seulement de déplacer ou copier des données dans n'importe quelle feuille de calcul ouverte dans Excel, mais aussi dans d'autres logiciels tournant sous Windows, tels que Word.

Procédez comme suit pour déplacer une cellule ou une plage avec les commandes Couper et Coller :

1. **Sélectionnez les cellules à déplacer.**
2. **Dans la barre d'outils Standard, cliquez sur le bouton Couper (celui avec des ciseaux).**

   Ou, si vous préférez, vous pouvez choisir Couper dans le menu contextuel ou, dans la barre de menu, Edition/Couper.

   Sinon, si ces manipulations ne vous inspirent guère, vous pouvez appuyer sur les touches Ctrl+X. Quel que soit votre choix, Excel entoure la ou les cellules avec un *rectangle de sélection* qui se présente sous la forme d'une ligne dont le pointillé est animé. Le message suivant apparaît dans la barre d'état :

```
Sélectionnez une destination et appuyez sur ENTRÉE ou cliquez
sur Coller.
```

3. **Déplacez le pointeur de cellule vers, ou sélectionnez la cellule en haut à gauche de la nouvelle plage dans laquelle vous désirez déplacer les données.**
4. **Appuyez sur Entrée pour terminer le déplacement.**

   Si vous préférez, cliquez sur le bouton Coller de la barre d'outils Standard ou choisissez l'option Coller dans le menu contextuel, ou encore Edition/Coller dans la barre de menu ; enfin, vous pouvez aussi appuyer sur Ctrl+V (ça vous va, comme possibilités de collages ?).

Remarquez qu'en indiquant la plage de destination vous n'avez pas à sélectionner un agencement de cellules vides correspondant, dans sa forme, à la sélection que vous déplacez. Du moment que vous indiquez à Excel où se trouve la cellule située en haut à gauche de la plage de destination, il saura se débrouiller pour le reste.

La copie d'une sélection de cellule(s) avec les commandes Copier et Coller s'effectue de la même manière qu'avec les commandes Couper et Coller. Après avoir sélectionné la plage à copier, vous bénéficiez même d'un plus grand choix pour le stockage des données dans le Presse-papiers. Au lieu de cliquer sur le bouton Copier, dans la barre d'outils Standard, ou de choisir Copier dans le menu contextuel, vous pouvez appuyer sur les touches Ctrl+C.

Ça colle pour vous

L'avantage de la copie des données dans le Presse-papiers avec les commandes Copier et Coller, c'est que les informations ainsi mises de côté peuvent être collées à plusieurs reprises. Assurez-vous simplement qu'après avoir appuyé sur Entrée pour terminer la première opération de copie, vous cliquez sur le bouton Coller de la barre d'outils ou choisissez la commande Coller (dans le menu contextuel ou sous Edition) ou encore appuyez sur Ctrl+V.

Quand vous utilisez la commande Coller, Excel copie la sélection dans la plage que vous lui avez indiquée sans supprimer le rectangle de sélection qui court autour de la sélection originale. Il signale ainsi que vous pouvez continuer à choisir d'autres plages de destination, que ce soit dans le même document ou dans un autre.

Après avoir sélectionné la première cellule de l'autre plage dans laquelle vous désirez coller la sélection, choisissez de nouveau la commande Coller. Vous pouvez continuer de la sorte en collant la sélection à volonté. Après avoir effectué la dernière copie, appuyez sur la touche Entrée au lieu de choisir la commande Coller. Si vous avez oublié d'appuyer sur Entrée et choisi Coller, éliminez le rectangle de sélection en appuyant sur la touche Echap.

Les options de collage

Juste après avoir cliqué sur le bouton Coller, dans la barre d'outils Standard, ou choisi les commandes Edition/Coller, dans la barre de menu, pour coller des données que vous avez copiées – et non coupées – dans le Presse-papiers, Excel affiche à l'extrémité de la plage collée un bouton Options de collage doté de son propre menu déroulant. Ces options qui apparaissent en cliquant sur le bouton servent à modifier les opérations de collage de la manière suivante :

- **Conserver la mise en forme source :** Excel copie la mise en forme des cellules d'origine et la colle avec les données dans les cellules de destination.
- **Respecter la mise en forme de destination :** Excel met les entrées en forme selon le format défini dans la plage de cellules de destination.
- **Valeurs uniquement :** Excel ne copie dans la plage de destination que les résultats calculés dans la plage source. Autrement dit, les cellules de destination ne contiendront que des chiffres et des intitulés, et non des formules.
- **Valeurs et formats de nombre :** Excel copie dans la plage de destination les résultats fournis par les formules ainsi que le format de nombre des formules et des valeurs de la plage source. Cela signifie que les intitulés copiés dans la plage source adoptent la mise en forme des cellules de la plage de destination tandis que les valeurs conservent le format de nombre qui leur avait été appliqué dans la plage source.
- **Valeurs et format source :** Excel copie dans la plage de destination les résultats calculés par les formules ainsi que les mises en forme affectées aux intitulés, valeurs et formules définis dans la plage source. Autrement dit, dans la plage de destination, toutes les valeurs et les intitulés apparaissent avec la même mise en forme que dans la plage source, même si les formules originales n'ont pas été conservées et que seuls les résultats qu'elles calculent ont été recopiés.
- **Conserver les largeurs de colonnes sources :** Excel règle les colonnes de la plage de destination à la même largeur que celle des colonnes sources.
- **Format uniquement :** Seule la mise en forme (et non les données) de la plage source est recopiée dans la plage de destination.
- **Lier les cellules** : Excel crée des formules de liaison dans la plage de destination afin que tout changement effectué dans des cellules de la plage source soit aussitôt répercuté dans les cellules correspondantes de la plage de destination.

Coller à partir du volet Office Presse-papiers

Excel 2002 est capable de stocker dans son Presse-papiers jusqu'à 24 éléments coupés ou copiés. Cela signifie que vous pouvez continuer à coller des cellules du Presse-papiers vers un classeur même si vous en avez fini avec un déplacement ou une copie, et ce si vous avez appuyé sur la touche Entrée au lieu d'utiliser la commande Coller. Dès lors que vous avez placé plus d'une sélection dans le Presse-papiers, Excel 2002 affiche automatiquement le volet Office Presse-Papiers et les éléments qu'il contient, comme le montre la Figure 4.10.

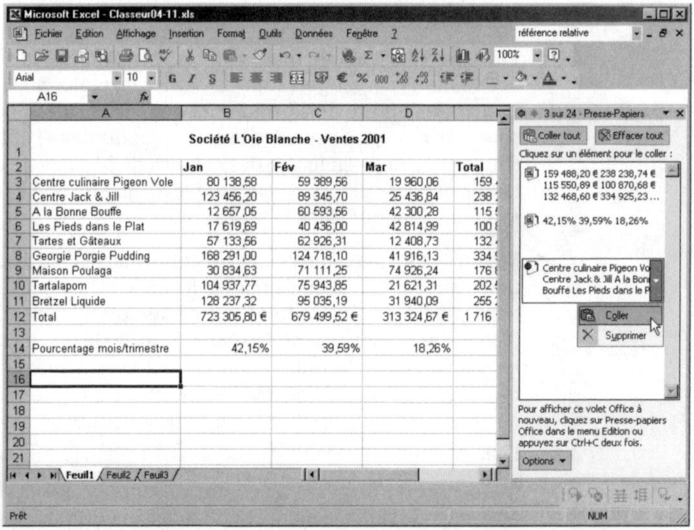

Figure 4.10 : Le volet Office Presse-papiers apparaît dès que vous coupez ou copiez plus d'un élément.

Pour coller un élément du Presse-papiers dans une autre feuille de calcul que celle d'où provenaient les données, cliquez sur l'élément présent dans le volet afin de le coller à l'emplacement du pointeur de cellule.

Remarquez qu'il est possible de coller tous les éléments stockés dans le Presse-papiers dans la feuille de calcul courante en cliquant sur le bouton Coller tout, en haut du volet Office. Pour vider le volet de tous les éléments qui s'y trouvent, cliquez sur le bouton Effacer tout. Pour ne supprimer qu'un élément en particulier du Presse-papiers, placez le pointeur de la souris sur cet élément dans le volet Office jusqu'à ce qu'un bouton de menu contextuel apparaisse. Cliquez ensuite sur ce bouton et, dans le menu, choisissez l'option Supprimer.

Qu'est-ce qu'il a de spécial, ce coller ?

Normalement, à moins que vous n'alliez farfouiller dans les options de collage décrites précédemment dans ce chapitre, Excel copie toutes les informations dans la plage de cellules sélectionnées, c'est-à-dire les valeurs, textes, formules et mises en forme. Si vous le désirez, utilisez la commande Collage spécial pour spécifier que seules les entrées doivent être copiées (sans mise en forme) ou que seule la mise en forme doit être copiée (sans les entrées). Vous pouvez aussi recourir à cette commande afin qu'Excel ne copie que les valeurs dans une sélection de cellules, ce qui signifie que seules les valeurs et les textes figurant dans les cellules seront recopiés, *mais pas* les formules ou la mise en forme (ce qui est l'équivalent de l'option de collage Valeurs uniquement, décrite dans la section précédente). Quand vous collez des valeurs, Excel ignore toutes les formules qu'il trouve dans la sélection et ne conserve que les valeurs qu'elles calculent ; elles apparaissent dans les cellules de destination comme si elles avaient été entrées manuellement.

Pour coller des éléments particuliers d'une sélection de cellules tout en ne tenant pas compte d'autres éléments, choisissez Edition/Collage spécial, dans la barre de menu. En procédant ainsi, Excel affiche la boîte de dialogue Collage spécial ; c'est là que vous spécifiez les éléments de la sélection courante à coller, en activant ou non les boutons radio suivants :

- **Tout.** Normalement, Excel choisit cette option pour coller toutes les informations (notamment les formules, mises en forme...) dans la sélection de cellules.
- **Formules.** Tous les textes, nombres et formules de la sélection courante sont collés, mais sans leur mise en forme.
- **Valeurs.** Convertit toutes les formules de la sélection courante aux valeurs qu'elles ont calculées.
- **Formats.** Ne colle que les mises en forme de la sélection de cellules courante, sans se préoccuper des entrées.
- **Commentaires.** Ne colle que les notes que vous avez attachées aux cellules (des sortes de Post-it électroniques que nous étudierons dans le Chapitre 6).

- **Validation.** Ne colle que les règles de validation de données dans la plage de cellules que vous avez configurée avec la commande Données/Validation. Laquelle permet de définir une valeur ou une plage de valeurs autorisée pour une cellule ou un ensemble de cellules.
- **Tout sauf la bordure.** Colle toutes les informations de la sélection hormis les éventuelles bordures.
- **Largeurs de colonnes.** Applique la largeur des colonnes des cellules copiées aux cellules de la plage de destination.
- **Formules et formats des nombres.** Reproduit les formats de nombre appliqués aux nombres et aux formules.
- **Valeurs et formats de nombres.** Convertit les formats aux valeurs qu'ils ont produites et recopie les formats de nombre affectés aux valeurs copiées.
- **Aucune.** Normalement, Excel active ce bouton, indiquant qu'aucune opération ne sera appliquée entre les données que vous avez coupées ou copiées dans le Presse-papiers et celles qui seront collées dans la plage de cellules.
- **Addition :** Ajoute les données copiées dans le Presse-papiers aux entrées figurant dans les cellules de destination.
- **Soustraction :** Retranche les données copiées dans le Presse-papiers à celles des cellules de destination.
- **Multiplication :** Multiplie les données copiées dans le Presse-papiers avec les entrées des cellules de destination.
- **Division :** Divise les données copiées dans le Presse-papiers par les entrées des cellules de destination.
- **Blancs non compris :** Cochez cette case afin qu'Excel ne copie aucune cellule vide. De cette manière, une cellule vide ne pourra pas se substituer à une cellule contenant des données.
- **Transposé :** Lorsque cette case est cochée, Excel change l'orientation des cellules collées. Cette option est précieuse lorsque les données d'origine sont, par exemple, disposées sur une seule ligne et que vous préférez les disposer sur une colonne.
- **Coller avec liaison :** Cliquez sur ce bouton lorsque vous copiez des entrées dans des cellules et que vous désirez établir une liaison entre les copies collées et les données originales. En procédant ainsi, toute modification dans les cellules d'origine mettent automatiquement les copies collées à jour.

TRUC

Vous pouvez tour à tour sélectionner les options de collage Formules, Valeurs et Coller avec liaison directement à partir du bouton Coller de la barre d'outils Standard sans recourir à la boîte de dialogue Collage spécial. **Remarque :** L'option Aucune bordure, dans le menu déroulant Coller de la barre d'outils, est identique à l'option Tout sauf la bordure, dans la boîte de dialogue Collage spécial. La boîte de dialogue Collage spécial peut aussi être ouverte à partir du menu déroulant du bouton Coller de la barre d'outils en choisissant l'option Collage spécial, tout en bas.

A propos des suppressions

Une étude d'Excel ne saurait être complète sans que vous appreniez comment vous débarrasser des données que contiennent les cellules. Il existe deux sortes de suppressions dans une feuille de calcul :

- **Vider une cellule :** La cellule est simplement vidée de son contenu sans véritablement supprimer la cellule, ce qui peut affecter la mise en place des cellules environnantes.
- **Supprimer une cellule :** La suppression élimine tout ce qui constitue une cellule, y compris son contenu et sa mise en forme. Lorsque vous supprimez une cellule, Excel doit déplacer les cellules environnantes afin de combler le vide provoqué par la disparition.

Vider une cellule

Pour se débarrasser uniquement du contenu d'une sélection de cellules sans supprimer les cellules elles-mêmes, sélectionnez une plage et appuyez sur la touche Suppr ou choisissez Edition/Effacer/Contenu, dans la barre de menu.

Pour vous débarrasser d'un peu plus que le contenu, choisissez Edition/Effacer puis sélectionnez l'une des commandes suivantes :

- **Tout :** Toutes les entrées de la sélection sont supprimées, ainsi que toutes les mises en forme et les commentaires.
- **Formats :** Seules les mises en forme sont supprimées dans la sélection.
- **Commentaires :** Seuls les commentaires sont supprimés dans la sélection.

Virez-moi toutes ces cellules

Pour supprimer une sélection de cellules au lieu de seulement les vider de leur contenu, choisissez Supprimer dans le menu contextuel ou choisissez Edition/Supprimer, dans le menu contextuel. Excel affiche la boîte de dialogue Supprimer ; elle contient différents boutons radio que vous utiliserez pour indiquer à Excel ce qu'il doit faire pour combler le vide laissé par les cellules :

- **Décaler les cellules vers la gauche :** C'est l'option par défaut. Les cellules situées à droite de celles qui ont été supprimées sont déplacées vers la gauche pour combler le vide produit quand vous avez appuyé sur la touche Entrée ou cliqué sur OK.
- **Décaler les cellules vers le haut :** Les cellules situées sous celles qui ont été supprimées sont déplacées vers le haut.
- **Ligne entière :** Toutes les lignes de la sélection courante sont supprimées.
- **Colonne entière :** Toutes les colonnes de la sélection courante sont supprimées.

Si vous savez à l'avance que vous voudrez supprimer des lignes ou des colonnes entières de la feuille de calcul, vous pouvez les sélectionner en cliquant dans les en-têtes puis choisir Supprimer dans le menu contextuel ou choisir Edition/Supprimer. Il est évidemment possible de supprimer plusieurs lignes ou colonnes à la fois.

La suppression de lignes ou de colonnes entières est risquée, à moins que vous ne soyez certain qu'elles ne contiennent pas de valeurs. Rappelez-vous qu'en supprimant par exemple toute la ligne A, vous supprimez en réalité *toutes les informations des colonnes A à IV,* alors que vous ne voyez que quelques-unes de ces colonnes. De même, si vous supprimez une colonne entière, vous supprimez *toutes les informations de cette colonne contenues entre les lignes 1 à 65 535.*

Veuillez vous pousser un peu...

Pour ces cas inévitables où vous devrez glisser de nouvelles entrées dans une région déjà bien remplie de la feuille de calcul, vous aurez intérêt à insérer les nouvelles cellules plutôt que de vous lancer dans les délicats déplacements et réorganisations de plusieurs plages de cellules. Pour insérer une nouvelle ligne, sélectionnez les cellules – dont beaucoup sont d'ores et déjà occupées – près desquelles où les nouvelles cellules doivent être placées puis, dans le menu contextuel, choisissez Insérer, ou cliquez sur Insertion/Cellules, dans la barre de menu. Dans les deux cas, la boîte de dialogue Insertion de cellule apparaît ; elle contient les boutons radio suivants :

- **Décaler les cellules vers la droite :** Quand vous cliquez sur le bouton OK ou appuyez sur la touche Entrée, les cellules existantes sont décalées vers la droite afin de libérer de la place pour les cellules qui seront créées.
- **Décaler les cellules vers le bas :** C'est l'option par défaut. Elle demande à Excel de décaler les cellules vers le bas au moment où vous cliquez sur le bouton OK ou appuyez sur la touche Entrée.
- **Ligne entière** et **Colonne entière :** Insertion de lignes ou de colonnes entières. Il est inséré autant de lignes ou de colonnes qu'il y a de lignes ou de colonnes sélectionnées au moment de cliquer sur le bouton OK ou d'appuyer sur la touche Entrée.

Remarquez qu'il est aussi possible d'insérer des lignes et des colonnes entières en choisissant les commandes Lignes et Colonnes dans le menu Insertion, sans devoir passer par la boîte de dialogue Insertion de cellule.

Eradiquer les fautes d'orthographe

Si l'orthographe n'est pas votre fort, vous serez sans doute content d'apprendre qu'Excel 2002 est doté d'un correcteur orthographique capable de repérer et d'éliminer ces embarrassantes petites fautes de frappe. Vos titres, en-têtes et textes de tous acabits ne s'en porteront que mieux...

Pour vérifier l'orthographe dans une feuille de calcul, choisissez Outils/Orthographe dans la barre de menu, ou cliquez sur le bouton Orthographe dans la barre d'outils Standard (celui avec les trois lettres ABC surmontant une coche) ou encore, appuyez sur la touche F7.

Quelle que soit votre façon de faire, Excel démarre la correction orthographique de toutes les entrées textuelles. Lorsque le logiciel rencontre un mot inconnu, il affiche la boîte de dialogue de la Figure 4.11.

Excel suggère un terme de remplacement chaque fois qu'il s'arrête sur un mot absent de son dictionnaire. Si ce terme ne vous convient pas, vous pourrez en choisir un autre dans la liste Suggestions. Voici les options de la boîte de dialogue Orthographe :

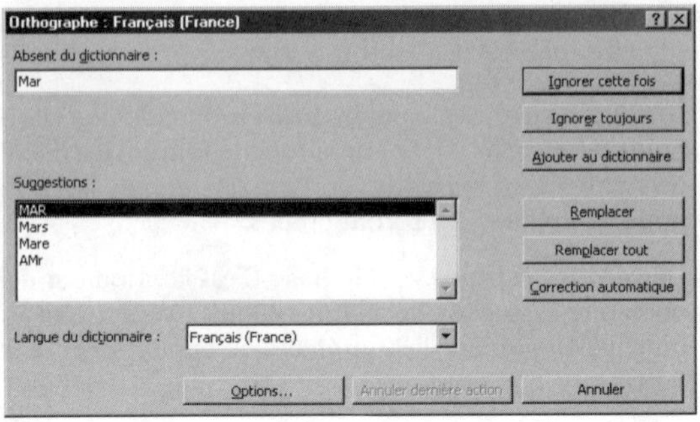

Figure 4.11 : Le correcteur orthographique traque les fautes.

- **Ignorer cette fois** et **Ignorer toujours :** Quand Excel rencontre un mot qui lui semble erroné, mais que vous savez correct, cliquez sur le bouton Ignorer cette fois. Si vous ne voulez pas que le correcteur vous ennuie avec ce mot chaque fois qu'il le rencontre, cliquez sur le bouton Ignorer toujours.
- **Ajouter au dictionnaire :** Cliquez sur ce bouton pour ajouter un mot inconnu d'Excel – comme un nom propre, par exemple, ou un terme très technique – dans un dictionnaire personnel. Par la suite, Excel le reconnaîtra automatiquement.
- **Remplacer :** Cliquez sur ce bouton pour remplacer le mot présent dans la boîte de texte Absent du dictionnaire par celui proposé dans la fenêtre Suggestions.
- **Remplacer tout :** Cliquer sur ce bouton entraîne le remplacement de toutes les occurrences de ce mot erroné dans la feuille de calcul.
- **Correction automatique :** Cliquer sur ce bouton autorise Excel à remplacer automatiquement un terme erroné par celui proposé dans la fenêtre Suggestions.
- **Langue du dictionnaire :** Pour activer un autre dictionnaire, comme le dictionnaire d'anglais des Etats-Unis ou celui du Royaume-Uni, déroulez la liste des langues disponibles en cliquant sur le bouton fléché situé à droite de la langue courante, et choisissez-en une.

Remarquez qu'Excel ne se contente pas de repérer les termes qui ne figurent pas dans son dictionnaire intégré ni dans le dictionnaire personnel, mais qu'il détecte aussi les doublons (comme *total total*) ou les majuscules bizarroïdes, comme *NEw York* au lieu de *New York*. Par défaut, le correcteur orthographique ignore tous les mots comportant des chiffres ainsi que les adresses Internet. Si vous voulez qu'il ignore aussi tous les mots entièrement en majuscules, cliquez sur le bouton Options en bas de la boîte de dialogue puis cochez l'option Ignorer les mots en MAJUSCULES et cliquez sur OK.

Il est possible de vérifier l'orthographe d'un groupe particulier d'entrées en sélectionnant les cellules avant de choisir Outils/ Orthographe dans la barre de menus, de cliquer sur le bouton Orthographe de la barre d'outils Standard ou d'appuyer sur la touche F7.

Chapitre 5

Imprimer le chef-d'œuvre

Dans ce chapitre :

- Prévisualiser les pages avant l'impression.
- Imprimer à partir de la barre d'outils Standard.
- Imprimer toutes les feuilles de calcul d'un classeur.
- N'imprimer que quelques cellules d'une feuille de calcul.
- Modifier l'orientation des pages.
- Imprimer la totalité d'une feuille de calcul sur une seule page.
- Modifier les marges d'un rapport.
- Ajouter un en-tête et un pied de page à un rapport.
- Imprimer les en-têtes de ligne et de colonne sur chacune des pages d'un rapport.
- Insérer des sauts de page dans un rapport.
- Imprimer les formules de vos feuilles de calcul.

Il est très facile d'imprimer des rapports avec Excel 2002. Quelques règles simples vous permettront d'obtenir une présentation irréprochable des documents, et cela du premier coup. Vous les enverrez ensuite vers l'imprimante.

Le seul point délicat, lorsqu'une feuille de calcul doit être imprimée, est la mise en page et la disposition des données. Vous devrez souvent gérer des sauts de page verticaux et horizontaux.

Quand vous divisez une feuille de calcul en pages, Excel place la première en verticale à partir de la première colonne de la zone à imprimer (comme le ferait un traitement un texte). Cela fait, il place la deuxième page sous la première page et ainsi de suite jusqu'à ce qu'il arrive en bas de la zone d'impression. Il place ensuite la prochaine page en haut de la zone, à droite de la première page, et continue ainsi vers le bas, répétant ces opérations jusqu'à ce que toute la zone à imprimer ait été couverte.

Lorsque vous définissez des pages dans une feuille de calcul, Excel ne rompt ni ne tronque les informations contenues dans les lignes et les colonnes. Si le contenu d'une ligne ne tient pas entièrement dans la page, Excel la déplace vers le bas, dans la page suivante. S'il s'agit d'une colonne, cette colonne est déplacée vers la droite, dans la page voisine.

Un coup d'œil sur l'aperçu avant impression

Economisez du papier et préservez votre sérénité en recourant systématiquement à l'Aperçu avant impression avant d'imprimer une feuille de calcul, que ce soit en totalité, en partie, voire un classeur tout entier.

Pour activer l'aperçu avant impression, cliquez sur le bouton du même nom dans la barre d'outils Standard (c'est celui avec une loupe sur une page, à droite du bouton Imprimer), choisissez Fichier/Aperçu avant impression, dans la barre de menu. Excel affiche toutes les informations dans une fenêtre séparée comportant sa propre barre d'outils. Lorsqu'il est placé sur la feuille, le pointeur de souris se transforme en loupe.

Quand Excel affiche un aperçu avant impression en pleine page, le contenu est à peine lisible. Pour vérifier certaines informations, vous devrez mettre la vue en taille réelle. Zoomez à 100 % en cliquant dans la page avec le pointeur de souris en forme de loupe ou en cliquant sur le bouton Zoom, en haut de la fenêtre, ou encore en appuyant sur la touche Entrée.

Après avoir agrandi une page à sa taille réelle, utilisez les barres de défilement pour atteindre les différentes parties. Si vous préférez travailler au clavier, utilisez les touches fléchées haut et bas ou les touches PageHaut et PageBas pour monter et descendre, ainsi que les touches fléchées gauche et droite ou Ctrl+PageHaut et Ctrl+PageBas pour déplacer la feuille latéralement.

Afin de revenir à l'affichage de la page entière, cliquez n'importe où dans la page ou de nouveau sur le bouton Zoom, ou appuyez sur la touche Entrée.

Excel indique le nombre de pages du rapport dans la barre d'état de la fenêtre de l'aperçu avant impression, en bas à gauche. Si le rapport que vous examinez comporte plusieurs pages, accédez aux autres pages en cliquant sur le bouton Suiv., en haut à gauche de la fenêtre. Pour revenir en arrière, cliquez sur le bouton Préc. ; il est en grisé si vous êtes à la première page. Vous pouvez aussi passer d'une page à une autre en appuyant sur les touches fléchées gauche et droite ou PageHaut et PageBas, à condition que les pages soient affichées en mode page entière.

La page s'arrête ici

Excel affiche automatiquement les sauts de page dans la fenêtre normale du document après que vous l'avez prévisualisé dans l'Aperçu avant impression. Ils apparaissent sous la forme de traits en pointillé entre les colonnes et les lignes.

Pour ne pas afficher les sauts de page, choisissez Outils/Options, dans la barre de menu, puis cliquez sur l'onglet Affichage et ôtez la coche de la case Sauts de page. Cliquez ensuite sur OK ou appuyez sur Entrée.

Personnaliser l'impression

L'impression en cliquant sur l'outil Imprimer, dans la barre d'outils Standard, est parfaite si vous désirez simplement obtenir un seul exemplaire des informations contenues dans la feuille de calcul. Mais si vous voulez d'autres exemplaires, imprimer sélectivement les données (par exemple toutes les feuilles d'un classeur ou seulement une plage de cellules), ou si vous désirez modifier la mise en page, choisir une taille de papier ou changer son orientation, vous devrez configurer la boîte de dialogue Imprimer que montre la Figure 5.1.

Il existe plusieurs manières d'accéder à cette boîte de dialogue :

- Appuyer sur Ctrl+P.
- Choisir Fichier/Imprimer, dans la barre de menu.
- Appuyer sur Ctrl+Maj+F12.

L'impression sélective

La boîte de dialogue Imprimer contient des zones intitulées Etendue et Impression ; elles permettent de définir la quantité d'informations à

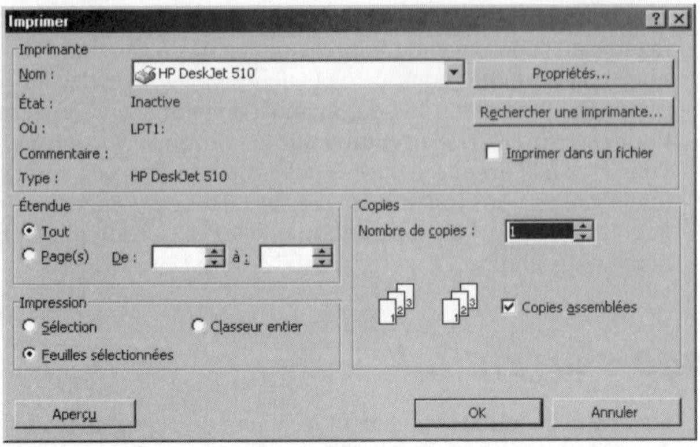

Figure 5.1 : Les options d'impression s'effectuent dans cette boîte de dialogue.

imprimer, le nombre de pages, la zone couverte, etc. Voici ces options :

- **Tout :** Lorsque ce bouton radio est sélectionné, toutes les pages du document seront imprimées. Comme c'est le choix par défaut, vous n'aurez à le sélectionner que si auparavant vous avez imprimé une partie d'un document en activant l'option Page(s).
- **Page(s) :** Normalement, Excel imprime toutes les pages nécessaires pour coucher sur papier les informations contenues dans les zones du classeur à imprimer. Mais parfois, vous désirerez n'imprimer qu'une page ou seulement des pages qui ont été modifiées. Pour imprimer une seule page, entrez son numéro dans les deux champs De et à, ou utilisez les boutons d'incrémentation. Pour réimprimer un ensemble de pages, placez le numéro de la première page dans le champ De, et celui de la dernière page dans le champ à. Dès que vous entrez des chiffres dans l'un des deux champs, Excel désélectionne automatiquement le bouton radio Tout et sélectionne le bouton Page(s), dans la zone Etendue.
- **Sélection :** Sélectionnez ce bouton radio pour qu'Excel n'imprime que les cellules actuellement sélectionnées dans le classeur.
- **Feuilles sélectionnées :** Ce bouton est toujours sélectionné quelles que soient les feuilles actives du classeur. Cela revient en fait à imprimer les données présentes dans la feuille de calcul active. Pour imprimer d'autres feuilles du classeur lorsque ce bouton radio est sélectionné, maintenez la touche Ctrl enfoncée

tout en cliquant sur l'onglet de la ou des feuilles de calcul. Pour sélectionner toutes les feuilles entre deux onglets, cliquez sur l'onglet de la première puis, la touche Maj enfoncée, cliquez sur l'autre onglet ; Excel les sélectionne tous deux ainsi que les onglets qui se trouvent entre eux.

- **Classeur entier :** Quand ce bouton est sélectionné, Excel imprime toutes les données de chacune des feuilles de calcul du classeur.
- **Nombre de copies :** Pour imprimer plusieurs exemplaires d'un rapport, indiquez le nombre voulu dans la boîte de texte Nombre de copies. Tapez-le ou utilisez le bouton d'incrémentation.
- **Copies assemblées :** Quand cette option est active, vous obtenez un empilement de feuilles représentant le rapport complet, au lieu d'imprimer d'abord tous les exemplaires de la page 1, puis tous les exemplaires de la page 2, et ainsi de suite.

Après avoir configuré l'impression, vous pouvez envoyer la tâche vers l'imprimante en cliquant sur OK ou en appuyant sur Entrée. Pour sélectionner une autre imprimante déclarée dans Windows (Excel indique l'imprimante courante dans la boîte de texte Nom et donne accès aux autres au travers d'une liste déroulante), cliquez sur le bouton fléché à droite du champ Nom, et choisissez celle que vous désirez utiliser.

Définir et annuler la zone d'impression

Excel est doté d'une fonctionnalité spéciale appelée *Zone d'impression.* Accessible en choisissant Fichier/Zone d'impression/Définir, elle sert à définir une plage de cellule en tant que zone à imprimer. Après avoir défini cette zone, Excel l'imprime chaque fois que vous imprimez la feuille de calcul, que ce soit en cliquant sur le bouton Imprimer de la barre d'outils Standard ou via la boîte de dialogue Imprimer, en cliquant sur Fichier/Imprimer ou encore en appuyant sur les touches Ctrl+P. Chaque fois qu'une zone d'impression a été définie, elle seule peut être imprimée, quelles que soient les options définies dans la boîte de dialogue Imprimer, et cela jusqu'à ce que la zone d'impression ait été purgée.

Pour annuler la zone d'impression (et rétablir ainsi la configuration par défaut de la boîte de dialogue Imprimer), cliquez sur Fichier/Zone d'impression/Annuler.

TRUC

Une zone d'impression peut aussi être définie et annulée à partir de l'onglet Feuille de la boîte de dialogue Mise en page (voir la section "Mettre en page"). Pour la définir à partir de cette boîte de dialogue, placez le curseur dans la boîte de texte Zone d'impression puis sélectionnez une plage de cellules dans la feuille de calcul (rappelez-vous qu'il est possible de réduire considérablement la boîte de dialogue en cliquant sur l'icône à droite de la boîte de texte). Pour annuler la zone d'impression, sélectionnez son adresse dans la boîte de texte Zone d'impression et appuyez sur la touche Suppr.

Mettre en page

Lors d'une impression, la seule opération quelque peu compliquée concerne l'arrangement des pages. Fort heureusement, les options de la boîte de dialogue Mise en page permettent de contrôler très étroitement ce qui se passe sur une page. Pour l'afficher, choisissez Fichier/Mise en page, dans la barre de menu, ou cliquez sur le bouton Page si la fenêtre de l'aperçu avant impression est ouverte. La boîte de dialogue Mise en page contient quatre onglets : Page, Marges, En-tête/Pied de page et Feuille.

Les options sous l'onglet Page diffèrent légèrement selon le type d'imprimante utilisé. Les paramètres de la Figure 5.2 sont ceux d'une imprimante à jet d'encre ou à laser.

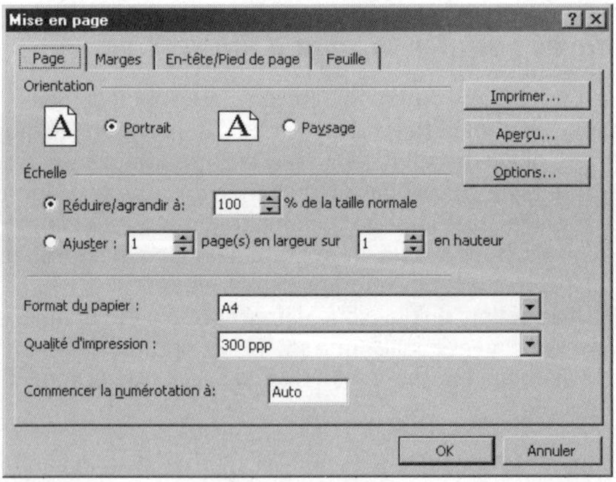

Figure 5.2 : Sélectionnez ici les options d'impression à appliquer à la mise en page.

Pour la plupart des imprimantes, l'onglet Page de la boîte de dialogue Mise en page contient des options permettant de changer l'orientation du papier et l'échelle de l'impression, et de choisir la taille du papier ainsi que la qualité de l'impression :

- **Orientation :** Sélectionnez le bouton radio Portrait pour orienter le papier en hauteur, ou le bouton radio Paysage pour l'orienter en largeur (reportez-vous à la section suivante, "Elargir le paysage").
- **Echelle :** Cette zone de l'onglet Page contient les options d'agrandissement et de réduction de l'impression ainsi que la commande qui permet de faire entrer l'impression dans un nombre de pages imparti.
  - **Réduire/agrandir à :** Cette option fait varier la taille de l'impression selon un pourcentage, un peu à la manière de la fonction de zoom d'une feuille de calcul. La valeur 100 % représente la taille normale. Une valeur supérieure à 100 agrandit l'impression (la page imprimée contient moins d'informations), une valeur inférieure à 100 la réduit.
  - **Ajuster :** Sélectionnez ce bouton radio pour faire tenir toute l'impression dans une seule page (par défaut) ou dans un certain nombre de pages en hauteur et un certain nombre de pages en largeur (reportez-vous à la section "Tout faire tenir dans une seule page", plus loin dans ce chapitre).
- **Format du papier :** Choisissez un format de papier dans le menu déroulant. Cette liste contient tous les formats que votre imprimante est capable de gérer.
- **Qualité d'impression :** Certaines imprimantes, comme les imprimantes matricielles, acceptent de modifier la qualité de l'impression, permettant d'obtenir ainsi une sortie brouillon ou de qualité. Choisissez-la dans cette liste (NdT : les qualités proposées sont exprimées en points par pouce).
- **Commencer la numérotation à :** Indiquez ici le numéro de la première page s'il est différent de 1. Cette option ne fonctionne que si vous avez configuré l'en-tête ou le pied de page. Par défaut, Excel applique une numérotation automatique (Auto) qui commence par le numéro de page 1 à la page 1. Si la pagination doit commencer à un autre numéro, entrez la valeur ici (voir la section "De la tête au pied", plus loin dans ce chapitre).
- **Options :** Ce bouton donne accès à la boîte de dialogue des propriétés propres à l'imprimante sélectionnée. Selon le modèle et le type d'imprimante sélectionné, cette boîte de dialogue peut comporter des onglets comme Papier, Disposition, Options du périphérique ou PostScript (le langage de description de page

utilisé par les imprimantes laser). Leur contenu sert à affiner la configuration en spécifiant notamment le bac à papier à utiliser, la qualité graphique, la sortie PostScript, etc.

Elargir le paysage

Pour la plupart des imprimantes (matricielles, à jet d'encre, laser...) l'onglet Page de la boîte de dialogue Mise en page propose des options Orientation qui permettent de choisir entre le mode Portrait (mode normal, appelé aussi "à la française", dans lequel la page est orientée en hauteur) et le mode Paysage (appelé aussi "à l'italienne", dans lequel le papier est imprimé en largeur). Avec ces imprimantes, vous pouvez utiliser les options Réduire/agrandir à, ainsi que Ajuster (voir la section "Tout faire tenir dans une page", plus loin dans ce chapitre), et ce pour régler l'échelle de l'impression et imprimer ainsi une page agrandie, ou réduite afin de faire tenir toutes les informations dans une seule page.

Beaucoup de feuilles de calcul sont plus larges que hautes. C'est le cas des budgets ou des chiffres de ventes qui s'étalent sur les douze mois de l'année. Au cas où votre imprimante serait capable d'imprimer en largeur, vos feuilles de calcul auront plus belle allure si vous passez du mode d'impression normal (qui ne montre qu'un nombre réduit de colonnes) au mode Paysage.

Tout faire tenir dans une seule page

Si votre imprimante gère les options d'échelle, vous arriverez à faire tenir une feuille de calcul dans une seule page en sélectionnant simplement, dans la boîte de dialogue Mise en page, le bouton radio Ajuster. Excel calcule alors automatiquement la réduction qu'il doit appliquer à l'impression pour que toutes les informations tiennent dans une seule page.

Si, en visionnant l'aperçu de cette page, vous vous êtes rendu compte que les données sont trop petites pour être lues confortablement, retournez sous l'onglet Page de la boîte de dialogue Mise en page (choisissez Fichier/Mise en page) et essayez de modifier le nombre de pages dans la boîte de texte *n* page(s) en largeur sur *n* en hauteur, juste à droite du bouton radio Ajuster.

Par exemple, au lieu d'essayer de tout bourrer dans une seule page, voyez ce que donne la feuille de calcul sur deux pages. Essayez par exemple **2** pages en largeur et laissez le nombre de pages en hauteur sur 1. Ou encore, pour une présentation en hauteur, laissez le nombre de pages en largeur sur 1 et entrez **2** pour le nombre en hauteur.

Après avoir utilisé l'option Ajuster, vous estimerez peut-être qu'il est inutile de changer l'échelle de l'impression. Annulez la mise à l'échelle en sélectionnant le bouton Réduire/agrandir à, juste au-dessus du bouton Ajuster, et entrez **100** % dans la boîte de texte.

Du côté des marges

Excel applique une marge standard de 2,5 cm en haut et en bas de chaque page du rapport, et une marge standard de 2 cm à gauche et à droite.

Il vous arrivera souvent de constater qu'un rapport remplit entièrement une page et déborde très légèrement sur une deuxième page presque vide. Pour récupérer ce débordement et tout faire tenir dans une seule page, vous pouvez modifier les marges. Pour faire tenir plus de colonnes, réduisez les marges gauche et droite ; pour récupérer quelques lignes, réduisez les marges haut et bas.

Les marges peuvent être réglées de deux façons :

- En ouvrant la boîte de dialogue Mise en page (choisissez Fichier/ Mise en page, dans la barre de menu, ou cliquez sur le bouton Page, dans la boîte de dialogue Aperçu avant impression) et en sélectionnant ensuite l'onglet Marges (voir Figure 5.3). Entrez ensuite les nouvelles tailles de marge dans les champs Haut, Gauche, Droite et Bas.

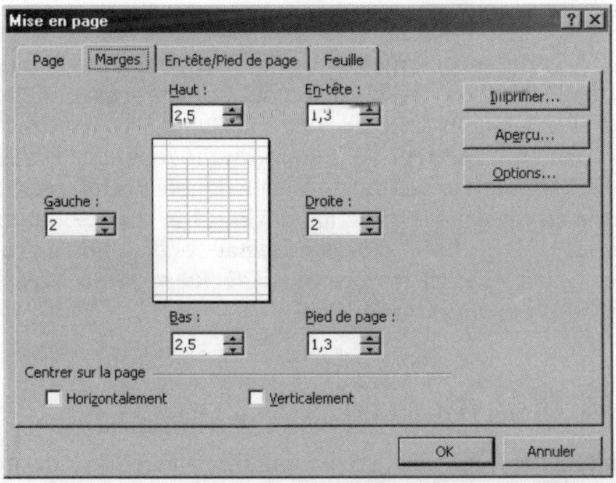

Figure 5.3 : Réglez les marges sous l'onglet Marges de la boîte de dialogue Mise en page.

- En ouvrant la fenêtre Aperçu avant impression, en cliquant sur l'onglet Marges et en tirant les repères de marges aux positions désirées (Figure 5.4).

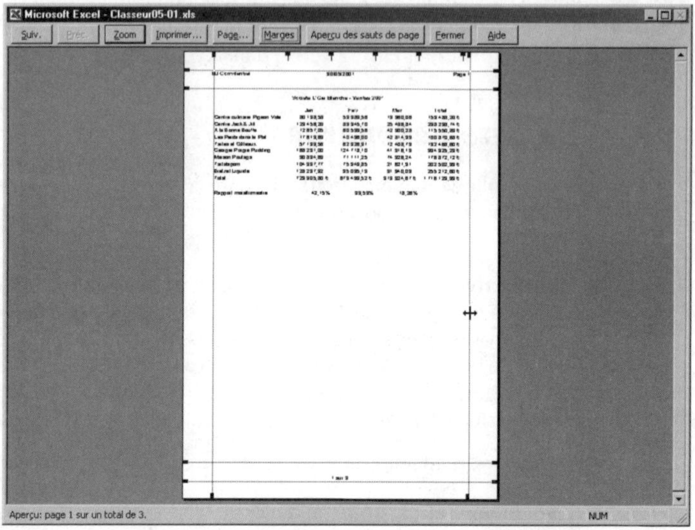

Figure 5.4 : Cliquez sur le bouton Marges pour régler les marges directement dans la fenêtre de l'aperçu avant impression.

TRUC

Sous l'onglet Marges de la boîte de dialogue Mise en page, cochez l'une des cases Horizontal ou Vertical de l'option Centrer sur la page, ou les deux ; les données occupant moins d'une page seront ainsi automatiquement centrées, respectivement entre les marges gauche et droite ou haut et bas.

Si vous accédez aux marges en cliquant sur le bouton Marges de la fenêtre Aperçu avant impression, vous pouvez aussi modifier la largeur des colonnes (référez-vous à la Figure 5.4). Pour régler une marge, placez le pointeur de la souris sur le repère de la marge à déplacer (le pointeur se transforme en double flèche) puis faites glisser la marge dans la direction désirée. Dès que le bouton de la souris est relâché, Excel redessine la page en fonction des nouvelles marges. Selon les réglages que vous effectuerez, vous gagnerez ou perdrez des colonnes ou des lignes.

De la tête au pied

Les en-têtes et les pieds de page sont tout simplement des textes qui apparaissent dans chacune des pages d'un rapport. L'en-tête se trouve en haut des pages et le pied de page en bas. A moins que vous ne le demandiez expressément, Excel n'ajoute pas automatiquement les en-têtes et les pieds de page.

TRUC

Mettez dans l'en-tête ou le pied de page le nom du rapport, ou encore la date de l'impression ou les numéros de page.

Créer une présentation standard

Pour ajouter un en-tête et/ou un pied de page à un classeur, cliquez sur l'onglet En-tête/Pied de page, dans la boîte de dialogue Mise en page (choisissez Fichier/Mise en page) puis entrez les informations dans les deux fenêtres visibles dans la Figure 5.5. Chacune des listes déroulantes de ces fenêtres propose un vaste choix de variantes d'informations susceptibles d'êtres affichées et imprimées, notamment le nom de la feuille de calcul (celui de son onglet), de celui qui a préparé la feuille (prélevé dans le champ Nom d'utilisateur de l'onglet Général de la boîte de dialogue Options), la numérotation des pages, la date courante, le nom du classeur et divers agencements de ces informations.

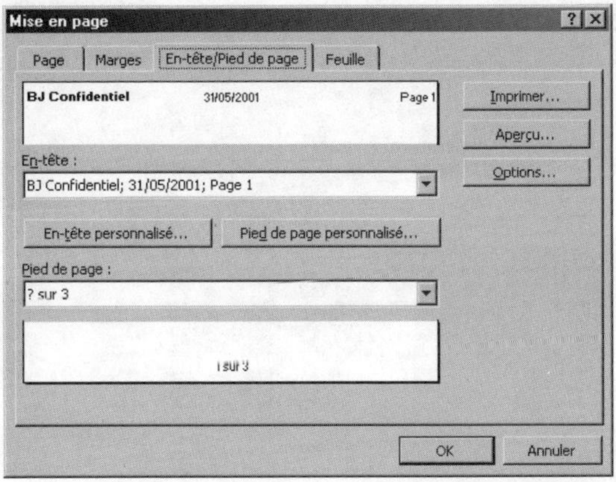

Figure 5.5 : L'onglet En-tête/Pied de page de la boîte de dialogue Mise en page propose divers en-têtes et pieds de page prédéfinis.

Basez-vous sur la Figure 5.5 pour voir comment se présente l'onglet En-tête/Pied de page de la boîte de dialogue Mise en page après avoir choisi dans la liste l'option :

```
BJ Confidentiel; 31/05/2001; Page 1
```

"BJ" est le nom de la société tel qu'il a été déclaré dans Windows. La mention Confidentiel a été ajoutée par Excel. La date est prélevée par Excel dans les options Date/Heure du Panneau de configuration de Windows, et Page 1 est une numérotation de page automatique.

Pour le pied de page, l'option suivante a été choisie dans la liste déroulante de la fenêtre correspondante :

```
? sur 3
```

Le point d'interrogation est un substitut pour le numéro de page qui sera imprimé. Le chiffre 3 correspond au nombre total de pages de la feuille de calcul repéré par Excel. Cette option de pagination peut être sélectionnée à la fois pour l'en-tête et pour le pied de page.

Regardez dans la Figure 5.6 ce que donnent ces en-têtes et pieds de page à la première page de l'Aperçu avant impression du rapport contenant les adresses des clients internationaux. Ils apparaissent tels qu'ils seront imprimés. Vous pouvez vérifier dans chaque page, en cliquant sur le bouton Suiv., que l'en-tête est répété tandis que le pied de page devient tour à tour Page 1 de 8, Page 2 de 8, et ainsi de suite.

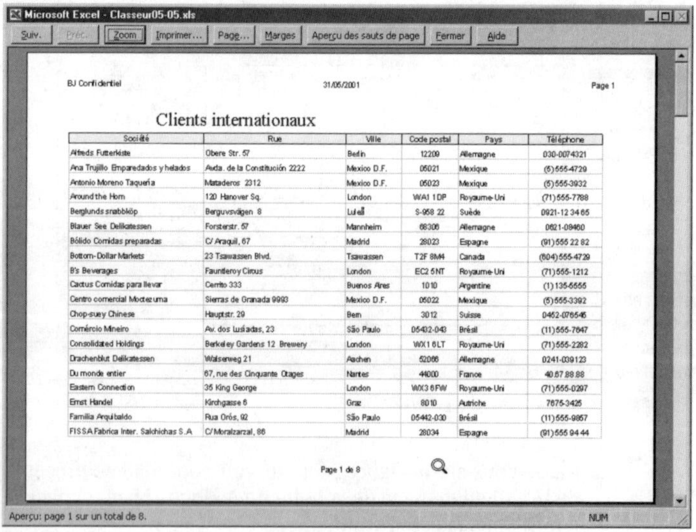

Société	Rue	Ville	Code postal	Pays	Téléphone
Alfreds Futterkiste	Obere Str. 57	Berlin	12209	Allemagne	030-0074321
Ana Trujillo Emparedados y helados	Avda. de la Constitución 2222	Mexico D.F.	05021	Mexique	(5)555-4729
Antonio Moreno Taquería	Mataderos 2312	Mexico D.F.	05023	Mexique	(5)555-3932
Around the Horn	120 Hanover Sq.	London	WA1 1DP	Royaume-Uni	(71)555-7788
Berglunds snabbköp	Berguvsvägen 8	Luleå	S-958 22	Suède	0921-12 34 65
Blauer See Delikatessen	Forsterstr. 57	Mannheim	68306	Allemagne	0621-08460
Bólido Comidas preparadas	C/ Araquil, 67	Madrid	28023	Espagne	(91) 555 22 82
Bottom-Dollar Markets	23 Tsawassen Blvd.	Tsawassen	T2F 8M4	Canada	(604)555-4729
B's Beverages	Fauntleroy Circus	London	EC2 5NT	Royaume-Uni	(71)555-1212
Cactus Comidas para llevar	Cerrito 333	Buenos Aires	1010	Argentine	(1) 135-5555
Centro comercial Moctezuma	Sierras de Granada 9993	Mexico D.F.	05022	Mexique	(5)555-3392
Chop-suey Chinese	Hauptstr. 29	Bern	3012	Suisse	0452-076545
Comércio Mineiro	Av. dos Lusíadas, 23	São Paulo	05432-043	Brésil	(11)555-7647
Consolidated Holdings	Berkeley Gardens 12 Brewery	London	WX1 6LT	Royaume-Uni	(71)555-2282
Drachenblut Delikatessen	Walserweg 21	Aachen	52066	Allemagne	0241-039123
Du monde entier	67, rue des Cinquante Otages	Nantes	44000	France	40.67.88.88
Eastern Connection	35 King George	London	WX3 6FW	Royaume-Uni	(71)555-0297
Ernst Handel	Kirchgasse 6	Graz	8010	Autriche	7675-3425
Familia Arquibaldo	Rua Orós, 92	São Paulo	05442-030	Brésil	(11)555-9857
FISSA Fabrica Inter. Salchichas S.A	C/ Moralzarzal, 86	Madrid	28034	Espagne	(91) 555 94 44

Figure 5.6 : L'Aperçu avant impression montre, pour chaque page, comment l'en-tête et le pied de page seront imprimés.

TRUC

Si, après avoir sélectionné une information d'en-tête ou de pied de page, vous décidez qu'elle n'est plus nécessaire, cliquez sur l'onglet

En-tête/Pied de page, dans la boîte de dialogue Mise en page, puis sélectionnez l'option Aucun, tout en haut de la liste des menus déroulant de la fenêtre En-tête ou Pied de page.

Définir un en-tête ou un pied de page personnalisé

Les en-têtes et pieds de page prédéfinis que proposent les listes répondent à la plupart des besoins, mais pas toujours. Il vous arrivera de vouloir une autre présentation ou un autre contenu.

Dans ce cas, vous devrez cliquer sur le bouton En-tête personnalisé ou Pied de page personnalisé, dans la boîte de dialogue Mise en page, puis configurer votre propre en-tête ou pied de page contenant les informations que vous jugez utiles.

Quand vous cliquez sur le bouton En-tête personnalisé après avoir sélectionné des options, vous voyez apparaître la boîte de dialogue que montre la Figure 5.7.

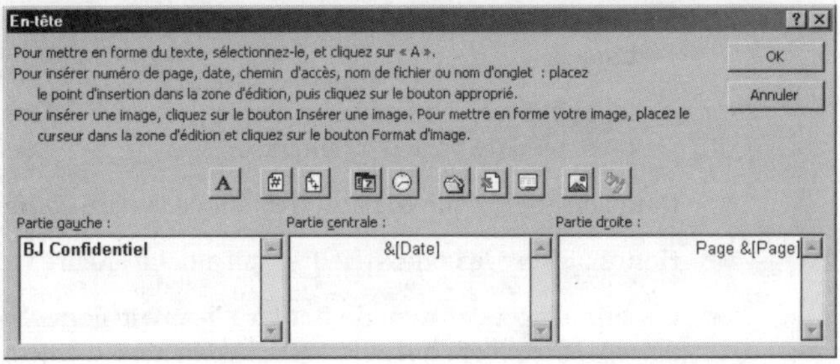

Figure 5.7 : Création d'un en-tête personnalisé.

Remarquez que dans la boîte de dialogue En-tête, l'en-tête est divisé en trois parties : gauche, centrale et droite. Tout texte que vous entrez dans la Partie gauche est justifié (aligné) contre la marge de gauche. Le texte entré dans la Partie centrale est centré entre les marges gauche et droite, et enfin, comme vous l'aurez deviné, tout texte entré dans la Partie droite est justifié contre la marge de droite du rapport.

Utilisez la touche Tab pour passer d'une partie à une autre et sélectionner le contenu de chacune d'elles. Ou alors, appuyez sur la touche Alt+lettre soulignée : U pour la partie gauche, C pour la partie centrale ou R pour la partie droite. Appuyez sur la touche Entrée pour effectuer un retour à la ligne. Pour supprimer le contenu d'une partie, sélectionnez-le et appuyez sur la touche Suppr.

Comme vous le constatez dans la Figure 5.7, Excel utilise des codes quelque peu ésotériques précédés d'une perluète – appelée aussi "et commercial" – comme &[Date] et Page &[Page] dans les parties centrale et droite de la boîte de dialogue. Lorsque vous créez un en-tête – ou un pied de page – personnalisé, vous pouvez mêler ces codes à perluète avec du texte standard (comme *Pour vos beaux yeux seulement*). Cliquez sur les boutons suivants pour insérer des codes à perluète dans les parties d'un en-tête ou d'un pied de page :

- **Page :** Insère le code &[Page] qui affiche le numéro de page courant.
- **Total page :** Insère le code &[Pages] qui indique le nombre total de pages du rapport. Procédez comme suit pour qu'Excel affiche Page 1 de 4 :

  1. **Tapez le mot** Page **et appuyez sur la barre Espace.**
  2. **Cliquez sur le bouton Page et appuyez de nouveau sur la barre Espace.**
  3. **Tapez le mot** de **et appuyez une troisième fois sur la barre Espace.**

     Le code Page &[Page] de &[Pages] est inséré dans l'en-tête ou le pied de page personnalisé.

- **Date :** Insère le code &[Date] qui affiche la date courante.
- **Heure :** Insère le code &[Heure] qui affiche l'heure courante.
- **Chemin d'accès et nom de fichier :** Insère le code &[Chemin d'accès]&[Fichier] qui affiche le chemin ainsi que le nom de fichier du dossier.
- **Nom de fichier :** Insère le code &[Fichier] qui affiche le nom de fichier du classeur.
- **Onglet de feuille :** Insère le code &[Onglet] qui affiche le nom figurant sur l'onglet de la feuille de calcul.
- **Insérer image :** Insère le code &[Image] qui affiche l'image sélectionnée dans la boîte de dialogue Insérer une image (par défaut, l'image est recherchée dans le dossier Mes images).
- **Format de l'image :** Cliquez sur ce bouton pour appliquer au code &[Image] existant les paramètres configurés dans la boîte de dialogue Format de l'image.

Outre l'insertion de perluètes dans les en-têtes et pieds de page, vous pouvez sélectionner une nouvelle police, taille ou style de police en cliquant sur le bouton Police de la boîte de dialogue En-tête. Excel ouvre alors la boîte de dialogue Police dans laquelle vous pourrez configurer la police et lui attribuer des effets spéciaux tels que ~~barré~~, indice ou exposant.

Après avoir procédé à la personnalisation, cliquez sur OK pour fermer la boîte de dialogue En-tête ou Pied de page et revenir dans la boîte de dialogue Mise en page, où vous pourrez contempler le fruit de votre dur labeur dans les fenêtres d'aperçu.

Définir l'impression des titres

Les options de la zone Titres à imprimer, sous l'onglet Feuille de la boîte de dialogue Mise en page, permettent de répéter des lignes ou des colonnes sur chacune des pages imprimées (voir Figure 5.8). Excel appelle ces lignes et ces colonnes des *Titres à imprimer.* Ne les confondez pas avec l'en-tête d'un rapport. Bien que tous deux apparaissent sur chacune des pages, les en-têtes sont imprimés dans la marge supérieure alors que les titres à imprimer apparaissent toujours dans le corps du rapport, que ce soit en haut dans le cas des lignes ou à gauche dans le cas des colonnes.

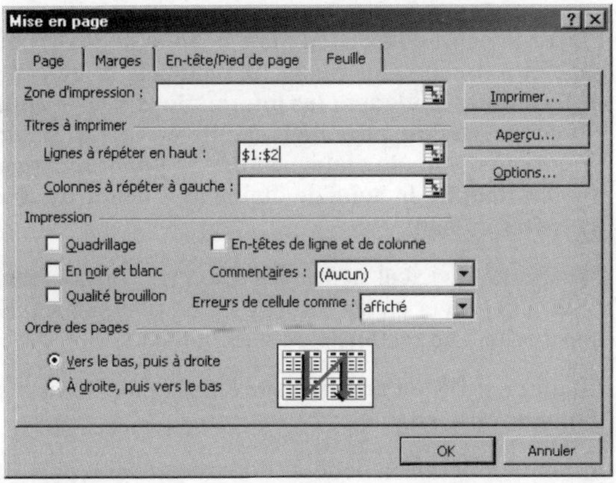

Figure 5.8 : Définissez l'impression des titres d'un rapport sous l'onglet Feuille de la boîte de dialogue Mise en page.

Procédez comme suit pour définir les titres à imprimer :

1. **Ouvrez la boîte de dialogue Mise en page en choisissant, dans la barre de menu, Fichier/Mise en page.**

La Figure 5.2, au début du chapitre, montre la boîte de dialogue qui apparaît.

2. **Sélectionnez l'onglet Feuille.**

   Pour indiquer les lignes à considérer comme des titres à imprimer, allez à l'étape 3a. Pour indiquer des colonnes, allez à l'étape 3b.

3a. **Placez le point d'insertion dans la boîte de texte Lignes à répéter en haut puis tracez un rectangle de sélection autour des lignes contenant les informations à faire apparaître en haut de chaque page de la feuille de calcul. Si nécessaire, réduisez la boîte de dialogue Mise en page en cliquant sur le bouton Réduire la boîte de dialogue, à droite du champ Lignes à répéter en haut.**

   Dans la Figure 5.8, la boîte de dialogue Mise en page avait été réduite, après quoi un rectangle de sélection avait été tiré autour des lignes 1 et 2 de la colonne A, d'où les références $1:$2 qui apparaissent dans le champ Lignes à répéter en haut.

   Remarquez qu'Excel signale les lignes considérées comme titres à imprimer en les entourant d'un pointillé animé (identique à celui d'un rectangle de sélection).

3b. **Placez le point d'insertion dans la boîte de texte Colonnes à répéter à gauche puis tracez un rectangle de sélection autour des colonnes contenant les informations à faire apparaître à gauche de chaque page de la feuille de calcul. Si nécessaire, réduisez la boîte de dialogue Mise en page en cliquant sur le bouton Réduire la boîte de dialogue, à droite du champ Lignes à répéter en haut.**

   Remarquez qu'Excel signale les colonnes considérées comme titres à imprimer en les entourant d'un pointillé animé (identique à celui d'un rectangle de sélection).

4. **Cliquez sur OK ou appuyez sur Entrée pour fermer la boîte de dialogue Mise en page.**

   Après avoir fermé la boîte de dialogue Mise en page, la ligne en pointillé qui matérialise les titres à imprimer disparaît.

Dans la Figure 5.8, les lignes 1 et 2 avaient été définies comme titres à imprimer pour la feuille des clients internationaux. La Figure 5.9 montre l'aperçu avant impression de la dernière page de la liste des clients internationaux : remarquez le report des deux premières lignes (titre et en-têtes sur fond gris), qui sont répétées sur chaque page.

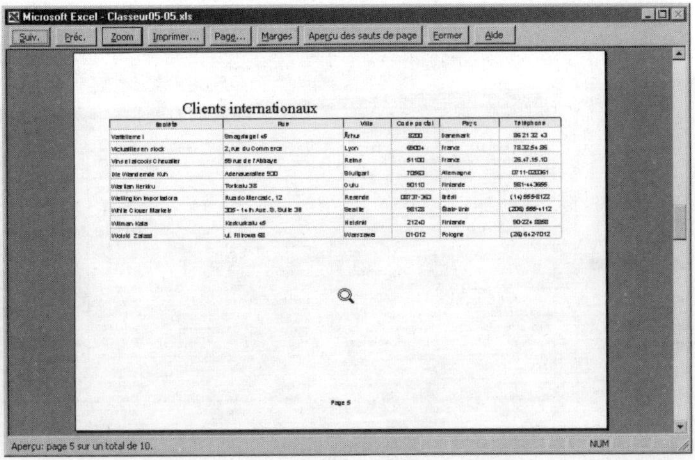

Figure 5.9 : Les deux lignes de titres à imprimer sont répétées de page en page, jusqu'à la dernière (ici, la page 8).

Pour supprimer les titres à imprimer, si vous n'en avez plus besoin, ouvrez l'onglet Feuille de la boîte de dialogue Mise en page, supprimez les références dans les champs Lignes à répéter en haut ou dans Colonnes à répéter à gauche puis cliquez sur OK ou appuyez sur Entrée.

Sauts de page

Il arrive parfois qu'à l'impression d'un rapport Excel place des informations sur des pages différentes alors que vous auriez préféré qu'elles restent ensemble.

La Figure 5.10 montre une feuille de calcul en mode Aperçu des sauts de page, avec un exemple de saut de page maladroit entre les pages 1 et 6 que nous pourrons corriger interactivement. Ce saut de page sépare les numéros de téléphone des numéros de fax, ce qui n'est pas souhaitable. Il vaut mieux qu'ils soient réunis sur une même page.

Pour éviter que la colonne des numéros de téléphone soit imprimée sur une autre page que la colonne des numéros de fax, vous devrez déplacer le saut de page vers la gauche. Vous le placerez en l'occurrence entre les colonnes E (Pays) et F (Téléphone), afin que les colonnes Téléphone et Fax se retrouvent toutes deux sur la Page 6. Voici comment vous devez procéder :

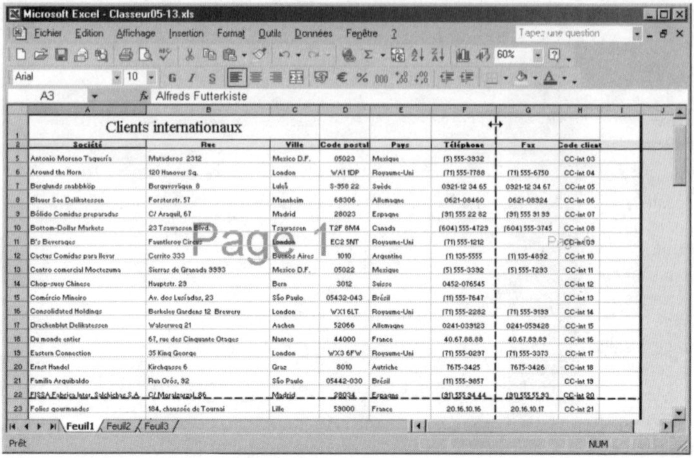

Figure 5.10 : Aperçu des sauts de page d'une feuille de calcul.

1. **Dans la barre de menu, choisissez Affichage/Aperçu des sauts de page.**

   Excel passe en mode Aperçu des sauts de page qui montre les données sous une forme réduite (à 60 % dans la Figure 5.10), avec les numéros de page apparaissant en grand au milieu de chaque page et les sauts de page matérialisés par des traits épais entre les colonnes et les lignes.

2. **Cliquez sur OK ou appuyez sur Entrée pour vous débarrasser de la boîte d'alerte qui apparaît la première fois que vous activez l'Aperçu des sauts de page.**

3. **Placez le pointeur de la souris sur le repère de saut de page que vous désirez régler. Dès que le pointeur s'est transformé en double flèche, faites glisser le repère entre les colonnes ou les lignes désirées puis relâchez le bouton.**

   Dans notre exemple, le repère de saut de page a été décalé vers la gauche, entre les colonnes E et F. Excel a ensuite appliqué un saut de page à cet endroit, réunissant les colonnes Téléphone et Fax sur une même page.

   La Figure 5.11 montre le résultat de cette manipulation.

4. **Après avoir réglé les sauts de page, et probablement imprimé le rapport, choisissez Affichage/Normal pour rétablir la présentation habituelle de la feuille de calcul dans Excel.**

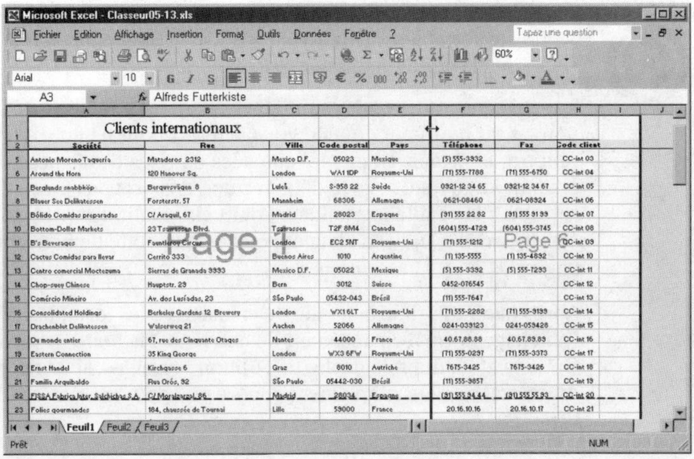

Figure 5.11 : Le repère de saut de page a été placé à gauche de la colonne Téléphone.

Imprimer les formules

De temps en temps, vous désirerez imprimer les formules d'une feuille de calcul plutôt que les résultats qu'elles produisent. Vous pourrez ainsi vérifier les formules sur une sortie imprimante pour vous assurer qu'elles n'ont pas été programmées en dépit du bon sens (références de cellules erronées, remplacement d'une formule par une valeur, etc.) avant de les envoyer à tous les cadres de la société.

Avant d'imprimer les formules, vous devez les afficher :

1. **Dans la barre de menu, choisissez Outils/Options.**
2. **Cliquez sur l'onglet Affichage.**
3. **Dans la zone Fenêtres, cochez la case Formules.**
4. **Cliquez sur OK ou appuyez sur Entrée.**

   En procédant ainsi, Excel affiche le contenu de chaque cellule tel qu'il apparaît dans la barre de formule ou tel qu'il apparaît quand vous l'éditez. Remarquez que la mise en forme n'est pas affichée et que les formules longues ne débordent pas sur les cellules voisines ; Excel élargit automatiquement les colonnes pour faire tenir l'intégralité des formules.

Excel permet de basculer entre l'affichage normal et l'affichage des formules en appuyant sur Ctrl+" (guillemet, sur la touche 3 du clavier alphanumérique).

Une fois que les formules sont affichées dans la feuille de calcul, vous pouvez les imprimer comme vous le feriez pour n'importe quel rapport. Imprimez en même temps les en-têtes des lignes et des colonnes afin que, si vous détectez une erreur, vous puissiez aisément retrouver la cellule incriminée. Pour cela, avant d'imprimer, cochez la case Quadrillage, dans l'onglet Feuille de la boîte de dialogue Mise en page.

Après avoir imprimé la feuille de calcul avec les formules, rétablissez l'affichage normal en accédant de nouveau à la boîte de dialogue Options et en ôtant la coche de l'option Formules, sous l'onglet Affichage, ou plus simplement encore en appuyant sur les touches Ctrl+".

Troisième partie

S'organiser et rester organisé

Remarquable graphique Frank, mais qui ne s'impose pas vraiment.

Dans cette partie...

Dans le monde de l'entreprise qui est le nôtre, chacun sait combien il est nécessaire d'être organisé ; et combien il est difficile de le rester. Maintenir la cohérence de vos feuilles de calcul n'est pas moins important que de les avoir créées, et c'est parfois moins ardu.

Ici, vous apprendrez à vous y retrouver dans les données que vous avez entrées dans vos classeurs. Non seulement vous découvrirez dans le Chapitre 6 comment suivre l'évolution des informations contenues dans une feuille de calcul, mais encore, dans le Chapitre 7, vous apprendrez à jongler avec les données entre différentes feuilles de calcul et même entre des classeurs.

Chapitre 6

Qu'est-ce qu'elle est embrouillée, cette feuille de calcul !

Dans ce chapitre :

- Zoomer en avant et en arrière.
- Fractionner la fenêtre d'un classeur en deux ou quatre volets.
- Figer les lignes ou les colonnes des titres.
- Attacher un commentaire à une cellule.
- Nommer des cellules.
- Rechercher et remplacer des données.
- Protéger les feuilles de calcul.

Chaque feuille de calcul d'Excel offre énormément de place pour vos informations, et par défaut chaque classeur ouvre trois feuilles. Mais, comme un moniteur informatique ne peut en montrer qu'une petite partie, la maintenance de ces informations n'est pas une mince affaire.

Bien qu'Excel propose différents moyens de naviguer dans l'immensité d'une feuille de calcul, il faut bien reconnaître que le système de coordonnées du genre A1, B2... est certes logique, mais assez obscur pour le commun des mortels. En effet, dire "allez à la cellule IV88" n'est de loin pas aussi limpide que de dire "allez à l'intersection de Bordeaux et Vin". Associer dans son esprit le tableau d'amortissement de l'année 1988 avec la plage de cellules AC50:AN75 n'a rien d'évident.

Dans ce chapitre, vous découvrirez quelques techniques efficaces pour garantir la maintenance de vos informations. Vous apprendrez comment attirer l'attention sur une partie d'une feuille de calcul en zoomant dedans, ou comment diviser la fenêtre d'un document en plusieurs volets montrant simultanément diverses parties d'une même feuille, et aussi comment afficher en permanence certaines lignes et colonnes.

Et, si tout cela n'était pas suffisant, vous verrez aussi comment ajouter des commentaires à des cellules, affecter un nom évocateur, en langage courant, à une plage de cellules, comme Bordeaux_et_Vin, ou encore comment utiliser les commandes Rechercher et Remplacer pour trouver une entrée, et au besoin la remplacer, dans une feuille de calcul. Et enfin, vous apprendrez à contrôler Excel lorsqu'il recalcule une feuille et à restreindre les possibilités de modification d'une feuille.

Coup de zoom sur les cellules

La fonction Zoom est une sorte de loupe qui agrandit ou réduit l'affichage de la feuille de calcul.

La Figure 6.1 montre l'agrandissement d'une feuille de calcul à 200 %, c'est-à-dire le double de l'affichage normal. Pour appliquer ce rapport d'agrandissement à une feuille, déroulez le menu associé au bouton Zoom, dans la barre d'outils Standard, ou alors choisissez Affichage/Zoom dans la barre de menu puis sélectionnez le bouton radio 200 % dans la boîte de dialogue Zoom. Une chose est sûre, c'est que vous n'aurez pas à mettre de lunettes pour lire le contenu des cellules ! Le seul problème avec un tel agrandissement, c'est que vous ne voyez plus beaucoup de cellules à l'écran.

La Figure 6.2 montre la même feuille de calcul, mais avec une réduction à 25 %, soit le quart de la taille normale. Pour obtenir cette valeur de zoom, déroulez le menu de la commande Zoom, dans la barre d'outils Standard, ou choisissez Affichage/Zoom et sélectionnez le bouton radio 25 %.

Avec une réduction à 25 %, la seule chose qui est sûre, c'est que plus rien n'est lisible ! Remarquez que cet affichage permet néanmoins de se rendre compte de l'étendue de la feuille de calcul.

Le menu déroulant Zoom et la boîte de dialogue Zoom proposent cinq rapports d'agrandissement et de réduction : 200 %, 100 % (taille d'affichage normale), 75 %, 50 % et 25 %. Pour afficher d'autres rapports, vous avez deux possibilités :

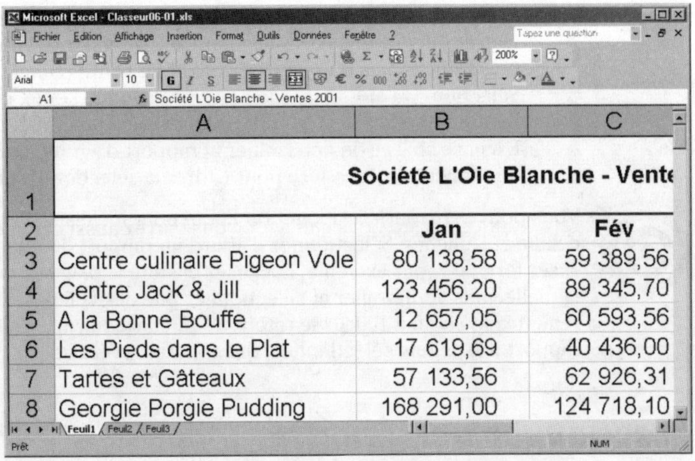

Figure 6.1 : Zoom à 200 % dans une feuille de calcul.

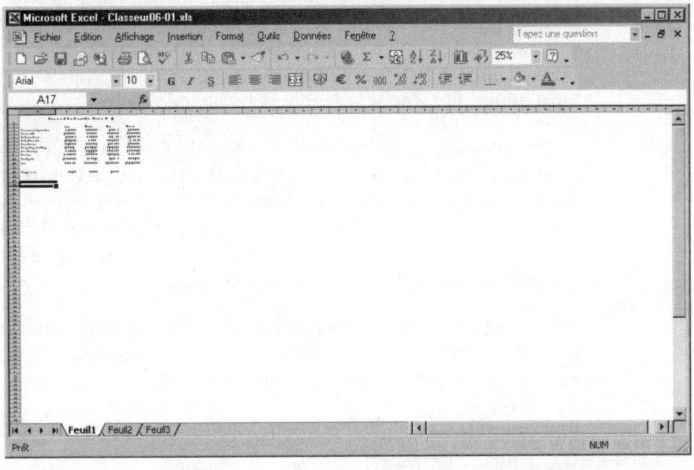

Figure 6.2 : Feuille de calcul dont l'affichage est réduit à 25 %.

- Afin d'utiliser d'autres rapports plus élevés ou plus réduits que ceux proposés (400 % ou 10 %), ou des rapports intermédiaires tels que 150 % ou 85 %, cliquez dans la boîte de texte du bouton Zoom, dans la barre d'outils Standard, tapez le nouveau pourcentage et appuyez sur la touche Entrée. Ou alors, ouvrez la boîte de dialogue Zoom et entrez la valeur de zoom dans le champ Personnalisé.

- Si vous ne savez pas quel pourcentage il faut appliquer pour cadrer une plage de cellules donnée, sélectionnez cette plage puis, tout en bas du menu déroulant de l'outil Zoom, choisissez Sélection. Ou alors, dans la boîte de dialogue Zoom, choisissez l'option Ajusté à la sélection ; cliquez ensuite sur OK ou Entrée. Excel se charge de déterminer le rapport d'agrandissement ou de réduction nécessaire pour cadrer la sélection au plus près.

Vous pouvez recourir à la fonction Zoom pour localiser une plage de cellule et l'afficher. Sélectionnez d'abord un rapport de réduction assez fort, 50 % par exemple. Localisez ensuite la plage de cellule vers laquelle vous voulez aller et sélectionnez une des cellules. Ensuite, remettez le Zoom à 100 % : le retour à l'affichage normal s'effectue par rapport à la cellule sélectionnée, qui apparaît à l'écran.

Fractionner une fenêtre

Bien que le zoom facilite l'accès aux données dispersées dans une feuille de calcul, il ne permet en rien d'afficher deux endroits éloignés d'une feuille afin de comparer leur contenu (du moins pas avec un rapport d'affichage normal). Pour contourner ce problème, vous pouvez diviser la fenêtre d'un document en deux volets distincts et faire défiler librement la feuille dans chacun d'eux.

Le fractionnement d'une fenêtre est facile. Regardez la Figure 6.3 qui montre une projection des revenus attendus par le Centre Jack & Jill après que la fenêtre a été fractionnée horizontalement en deux volets. Dans celui du bas, les lignes 12 à 15 sont masquées car la feuille a été remontée. Chaque volet possède ses propres barres de défilement, ce qui permet de les manipuler indépendamment l'un de l'autre.

Pour fractionner une feuille de calcul en deux volets supérieur et inférieur, vous devez actionner le *curseur de fractionnement* situé juste au-dessus de la barre de défilement vertical.

Il est aussi possible de fractionner la fenêtre du document en deux volets gauche et droite.

Dans les deux cas, Excel divise la fenêtre et ajoute une barre de défilement horizontal au nouveau volet.

Il est possible de supprimer le volet supplémentaire d'une fenêtre de classeur en double-cliquant n'importe où sur la barre de fractionnement, plutôt que de la ramener à son emplacement initial.

Quand vous placez le pointeur de cellule quelque part dans la feuille de calcul – mais ailleurs que dans la colonne de gauche ou la ligne du

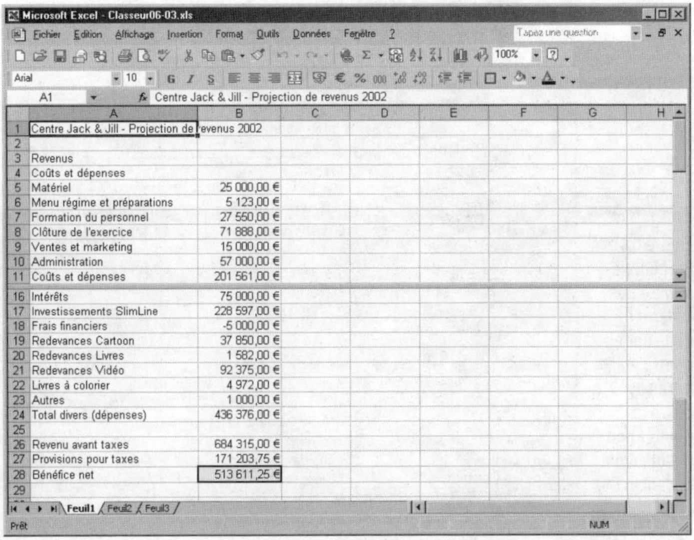

Figure 6.3 : Fractionnement de la fenêtre d'un document. Le volet du bas a été remonté de quelques lignes.

haut – et que vous utilisez la commande Fenêtre/Fractionner, Excel divise la fenêtre en quatre volets à partir du bord gauche du pointeur et de son bord supérieur. Par exemple, si vous placez le pointeur dans la cellule C6 de la liste des clients internationaux et que vous cliquez sur Fenêtre/Fractionner, une scission horizontale se produit entre les lignes 5 et 6 et une scission verticale se produit entre les colonnes B et C, comme le montre la Figure 6.4.

TRUC

Quand le pointeur de cellule est en A1, la commande Fenêtre/Fractionner divise la fenêtre en quatre volets égaux, quel que soit le rapport du zoom.

Après avoir fractionné la fenêtre en volets, vous pouvez déplacer le pointeur de cellule vers l'un des volets, soit en cliquant dedans, soit en appuyant sur les touches Maj+F6 (ce qui ramène le pointeur vers la dernière cellule occupée ou tour à tour vers la cellule en haut à gauche de chaque volet, dans le sens horaire). Pour supprimer les volets, choisissez Fenêtre/Supprimer le fractionnement.

Figer les volets

Les volets sont parfaits pour visualiser simultanément plusieurs parties éloignées d'une feuille de calcul. Mais ils peuvent aussi servir à

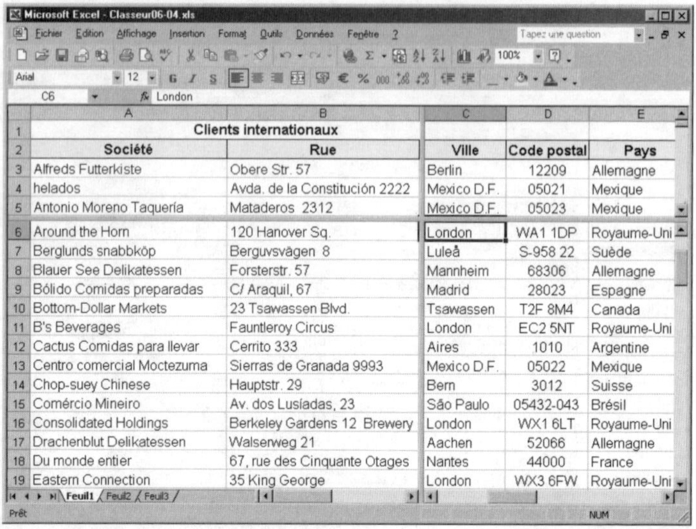

Figure 6.4 : Fractionnement d'une fenêtre de classeur en quatre volets après avoir placé le pointeur de cellule dans la cellule C6.

figer des titres, en haut de la feuille ou à gauche, de sorte que les données peuvent défiler tandis que les titres restent en place. Les volets figés sont particulièrement utiles pour les tableaux dont les données s'étendent loin au-delà des lignes et des colonnes affichées à l'écran.

La Figure 6.5 montre un tel tableau. La feuille de calcul contenant la liste des clients comprend trop de lignes pour les afficher toutes à la fois, à moins de zoomer à un rapport extrêmement faible. A titre indicatif, cette feuille de calcul comporte 91 lignes.

En divisant la fenêtre du document en deux volets entre les lignes 2 et 3, et en les figeant ensuite, les deux premières lignes restent toujours visibles, permettant d'identifier facilement le contenu des différentes colonnes lors d'un défilement de la liste vers le bas. Si vous fractionnez les colonnes à droite de la colonne A, le nom des différentes sociétés restera visible à l'écran même si vous faites défiler la liste vers la gauche.

Référez-vous à la Figure 6.5 pour voir la liste des clients après avoir divisé la fenêtre en quatre volets figés. Procédez comme suit pour figer des volets :

1. **Placez le pointeur dans la cellule C3.**

2. **Dans la barre de menu, choisissez Fenêtre/Figer les volets.**

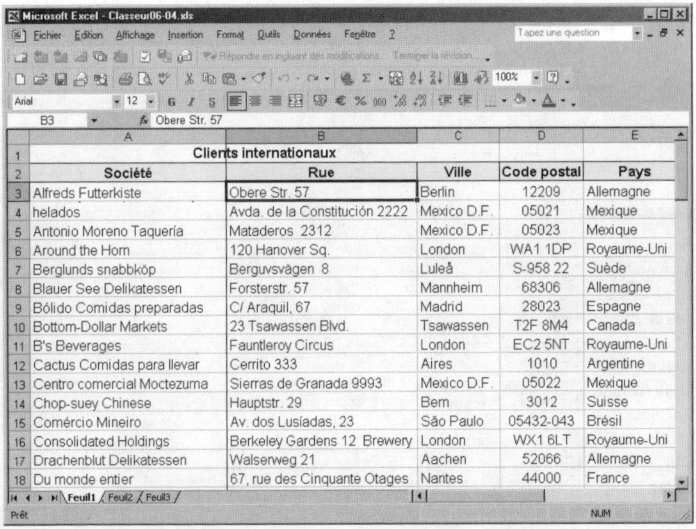

	A	B	C	D	E
1	Clients internationaux				
2	Société	Rue	Ville	Code postal	Pays
3	Alfreds Futterkiste	Obere Str. 57	Berlin	12209	Allemagne
4	helados	Avda. de la Constitución 2222	Mexico D.F.	05021	Mexique
5	Antonio Moreno Taquería	Mataderos 2312	Mexico D.F.	05023	Mexique
6	Around the Horn	120 Hanover Sq.	London	WA1 1DP	Royaume-Uni
7	Berglunds snabbköp	Berguvsvägen 8	Luleå	S-958 22	Suède
8	Blauer See Delikatessen	Forsterstr. 57	Mannheim	68306	Allemagne
9	Bólido Comidas preparadas	C/ Araquil, 67	Madrid	28023	Espagne
10	Bottom-Dollar Markets	23 Tsawassen Blvd.	Tsawassen	T2F 8M4	Canada
11	B's Beverages	Fauntleroy Circus	London	EC2 5NT	Royaume-Uni
12	Cactus Comidas para llevar	Cerrito 333	Aires	1010	Argentine
13	Centro comercial Moctezuma	Sierras de Granada 9993	Mexico D.F.	05022	Mexique
14	Chop-suey Chinese	Hauptstr. 29	Bern	3012	Suisse
15	Comércio Mineiro	Av. dos Lusíadas, 23	São Paulo	05432-043	Brésil
16	Consolidated Holdings	Berkeley Gardens 12 Brewery	London	WX1 6LT	Royaume-Uni
17	Drachenblut Delikatessen	Walserweg 21	Aachen	52066	Allemagne
18	Du monde entier	67, rue des Cinquante Otages	Nantes	44000	France

Figure 6.5 : Les volets figés immobilisent la première colonne (Société) ainsi que les deux lignes du haut.

Dans notre exemple, Excel a figé les volets au-dessus de la ligne 3 et à gauche de la colonne B.

Quand Excel fige les volets, les barres de fractionnement se transforment en traits fins.

Voyez dans la Figure 6.6 ce qui se produit lors d'un défilement de la feuille de calcul, quand les volets sont figés. Dans cet exemple, la liste des clients a été déplacée jusqu'à la ligne 78, de sorte que toutes les données entre les lignes 78 et 91 sont visibles ; puisque les titres ont été figés, ils restent eux aussi visibles. Dans le cas contraire, ils seraient remontés et auraient disparu de la vue en même temps que les données.

Regardez dans la Figure 6.7 pour voir ce qui se passe lorsque le défilement de la feuille de calcul s'effectue vers la gauche : elle a été déplacée afin que les colonnes F à I apparaissent en même temps que la colonne A. Comme cette dernière a été figée, elle reste visible en permanence à l'écran, ce qui facilite l'identification des numéros de téléphone et des autres données figurant sur la même ligne.

Pour que les volets d'une feuille de calcul ne soient plus figés, choisissez Fenêtre/Libérer les volets. Les traits fins sont remplacés par d'épaisses barres, indiquant que les volets ne sont plus figés.

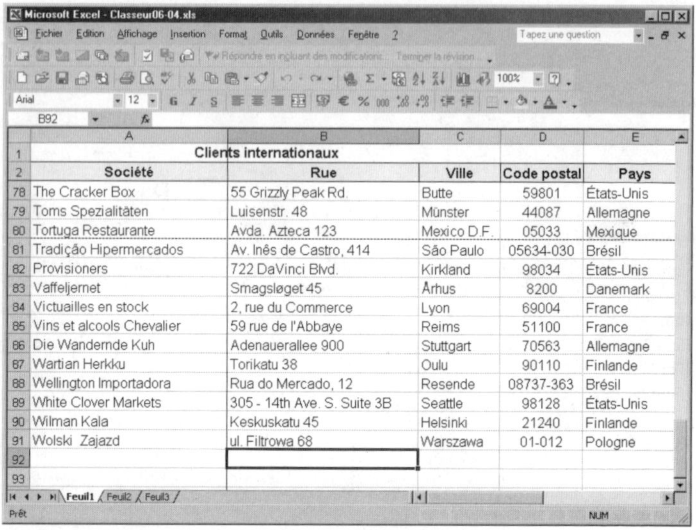

	A	B	C	D	E
1	Clients internationaux				
2	Société	Rue	Ville	Code postal	Pays
78	The Cracker Box	55 Grizzly Peak Rd.	Butte	59801	États-Unis
79	Toms Spezialitäten	Luisenstr. 48	Münster	44087	Allemagne
80	Tortuga Restaurante	Avda. Azteca 123	Mexico D.F.	05033	Mexique
81	Tradição Hipermercados	Av. Inês de Castro, 414	São Paulo	05634-030	Brésil
82	Provisioners	722 DaVinci Blvd.	Kirkland	98034	États-Unis
83	Vaffeljernet	Smagsløget 45	Århus	8200	Danemark
84	Victuailles en stock	2, rue du Commerce	Lyon	69004	France
85	Vins et alcools Chevalier	59 rue de l'Abbaye	Reims	51100	France
86	Die Wandernde Kuh	Adenauerallee 900	Stuttgart	70563	Allemagne
87	Wartian Herkku	Torikatu 38	Oulu	90110	Finlande
88	Wellington Importadora	Rua do Mercado, 12	Resende	08737-363	Brésil
89	White Clover Markets	305 - 14th Ave. S. Suite 3B	Seattle	98128	États-Unis
90	Wilman Kala	Keskuskatu 45	Helsinki	21240	Finlande
91	Wolski Zajazd	ul. Filtrowa 68	Warszawa	01-012	Pologne
92					
93					

Figure 6.6 : Bien que la fin de la liste des clients ait été atteinte, les titres restent visibles en haut de la feuille de calcul.

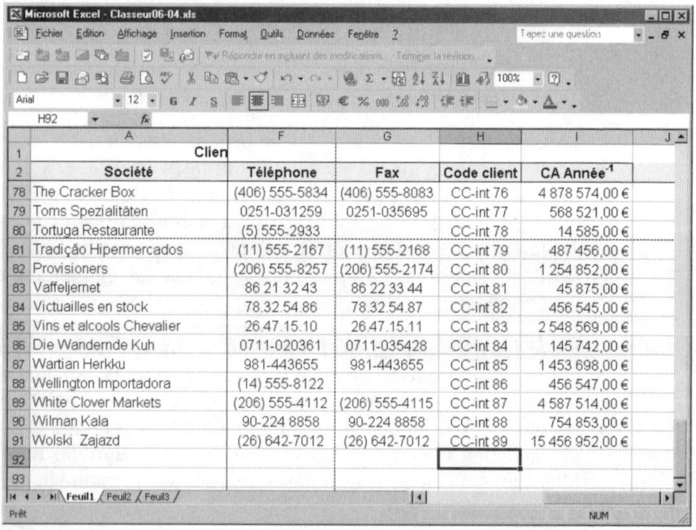

	A	F	G	H	I
1	Clien				
2	Société	Téléphone	Fax	Code client	CA Année-1
78	The Cracker Box	(406) 555-5834	(406) 555-8083	CC-int 76	4 878 574,00 €
79	Toms Spezialitäten	0251-031259	0251-035695	CC-int 77	568 521,00 €
80	Tortuga Restaurante	(5) 555-2933		CC-int 78	14 585,00 €
81	Tradição Hipermercados	(11) 555-2167	(11) 555-2168	CC-int 79	487 456,00 €
82	Provisioners	(206) 555-8257	(206) 555-2174	CC-int 80	1 254 852,00 €
83	Vaffeljernet	86 21 32 43	86 22 33 44	CC-int 81	45 875,00 €
84	Victuailles en stock	78.32.54.86	78.32.54.87	CC-int 82	456 545,00 €
85	Vins et alcools Chevalier	26.47.15.10	26.47.15.11	CC-int 83	2 548 569,00 €
86	Die Wandernde Kuh	0711-020361	0711-035428	CC-int 84	145 742,00 €
87	Wartian Herkku	981-443655	981-443655	CC-int 85	1 453 698,00 €
88	Wellington Importadora	(14) 555-8122		CC-int 86	456 547,00 €
89	White Clover Markets	(206) 555-4112	(206) 555-4115	CC-int 87	4 587 514,00 €
90	Wilman Kala	90-224 8858	90-224 8858	CC-int 88	754 853,00 €
91	Wolski Zajazd	(26) 642-7012	(26) 642-7012	CC-int 89	15 456 952,00 €
92					
93					

Figure 6.7 : La liste des clients a été déplacée vers la gauche, révélant les informations qui figurent en bout de ligne. Le nom de chaque client reste affiché dans la colonne de gauche.

Les notes électroniques

Dans Excel, des commentaires peuvent être ajoutés à des cellules. Les *commentaires* sont des sortes de petites notes qui ressemblent aux *Post-it* autocollants. Ils permettent d'insérer des pense-bêtes pour rappeler, par exemple, que telle ou telle valeur n'est qu'une estimation, ou qu'il faut vérifier un chiffre avant d'imprimer la feuille, voire une date d'anniversaire dont l'oubli ne serait pas du tout apprécié.

TRUC

En plus de rappeler une tâche à effectuer, un commentaire peut être utilisé comme repère visuel pour signaler un emplacement dans une vaste feuille de calcul, et le retrouver facilement la prochaine fois que vous l'ouvrirez.

Ajouter un commentaire à une cellule

Procédez comme suit pour ajouter un commentaire à une cellule :

1. **Sélectionnez la cellule qui doit recevoir le commentaire.**
2. **Dans la barre de menu, choisissez Insertion/Commentaire.**

   Une nouvelle boîte de texte apparaît, similaire à celle visible dans la Figure 6.8. Elle contient le nom de l'utilisateur tel qu'il a été spécifié dans le champ Nom d'utilisateur, sous l'onglet Général de la boîte de dialogue Options. La barre d'insertion clignote au début de la ligne qui suit le nom.

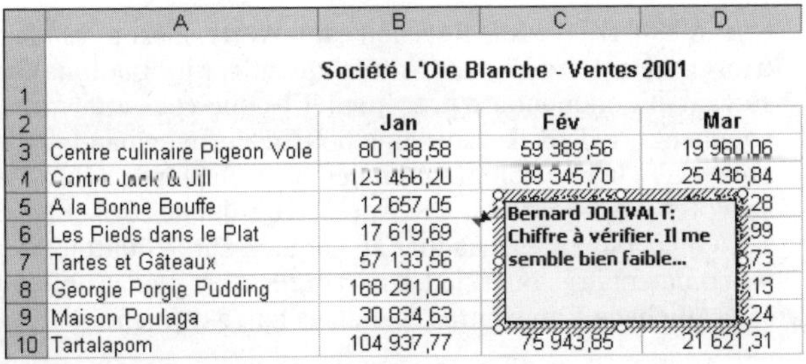

	A	B	C	D
1	Société L'Oie Blanche - Ventes 2001			
2		Jan	Fév	Mar
3	Centre culinaire Pigeon Vole	80 138,58	59 389,56	19 960,06
4	Contro Jack & Jill	123 456,20	89 345,70	25 436,84
5	A la Bonne Bouffe	12 657,05		28
6	Les Pieds dans le Plat	17 619,69		99
7	Tartes et Gâteaux	57 133,56		73
8	Georgie Porgie Pudding	168 291,00		13
9	Maison Poulaga	30 834,63		24
10	Tartalapom	104 937,77	75 943,85	21 621,31

Figure 6.8 : Ajout d'un commentaire à une cellule.

3. **Tapez le texte du commentaire.**
4. **Ceci fait, cliquez hors de la boîte de texte.**

   Excel signale que la cellule comporte un commentaire en plaçant un petit triangle rouge dans le coin supérieur droit.

5. **Pour afficher un commentaire, amenez le pointeur en forme d'épaisse croix blanche au-dessus d'une cellule qui en contient un.**

Réviser les commentaires

Lorsqu'un classeur contient un grand nombre de commentaires, vous ne voudrez sans doute pas promener le pointeur de la souris au-dessus de chacun d'eux pour les lire tour à tour. Il est beaucoup plus commode de choisir, dans la barre de menu, la commande Affichage/ Commentaires ; Excel affiche tous les commentaires du classeur ainsi qu'une barre d'outils Révision, comme le montre la Figure 6.9.

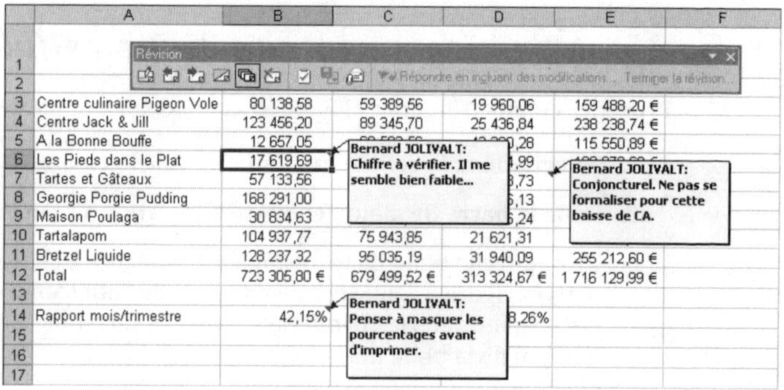

Figure 6.9 : La barre d'outils Révision sert à réviser les commentaires ajoutés à des cellules.

Quand la barre d'outils Révision est ouverte, il est possible de passer d'un commentaire à un autre en cliquant sur les boutons Commentaire suivant et Commentaire précédent. Dès que vous atteignez le dernier commentaire d'un classeur, une boîte d'alerte demande s'il faut poursuivre la révision des commentaires depuis le début, ce que vous acceptez en cliquant sur OK. Après avoir fini de réviser les commentaires, vous pouvez les masquer en cliquant sur le bouton Masquer tous les commentaires ou, si la barre d'outils n'est plus visible, en choisissant Affichage/Commentaires dans la barre de menu.

Modifier les commentaires

Si le commentaire est affiché dans la feuille de calcul, vous pouvez modifier son contenu en cliquant dedans avec le pointeur en forme de barre d'insertion. Cette action ouvre la boîte de texte du commentaire (reconnaissable à la bordure hachurée) et place le point d'insertion.

Ensuite, lorsque la modification est terminée, il suffit de cliquer hors du commentaire pour le désélectionner.

Si le commentaire n'est pas affiché, vous devez sélectionner sa cellule puis choisir, dans la barre de menu, sur Insertion/Commentaire, ou cliquer sur l'option Insérer un commentaire, dans le menu contextuel (accessible en cliquant avec le bouton droit de la souris).

Pour modifier l'emplacement d'un commentaire par rapport à sa cellule, sélectionnez d'abord le commentaire en cliquant dedans puis amenez le pointeur de la souris sur l'une des bordures hachurées. Lorsqu'il se transforme en flèche à quatre pointes, vous pouvez faire glisser le commentaire ailleurs dans la feuille de calcul. Remarquez qu'au moment où vous relâchez le bouton de la souris Excel redessine la flèche qui relie le coin supérieur gauche du commentaire à la cellule.

Pour modifier les dimensions de la boîte de texte du commentaire, placez le pointeur de la souris sur l'une des poignées de redimensionnement et tirez-la dans la direction appropriée, vers l'extérieur du commentaire pour augmenter sa surface, ou vers l'intérieur pour la réduire. Dès que vous relâchez le bouton de la souris, Excel redessine la boîte de texte du commentaire à la taille ainsi définie. Les retours à la ligne du texte qui s'y trouve sont pris en charge par Excel.

Pour changer la police du texte d'un commentaire, vous devez d'abord le sélectionner. Choisissez ensuite Format/Commentaire, dans la barre de menu ; la boîte de dialogue qui apparaît ne contient qu'un seul onglet : Police. Les options sont les mêmes que celles de l'onglet Police de la boîte de dialogue Format de cellule (visible dans la Figure 3.15). Choisissez une police pour le commentaire et précisez son style, sa taille et sa couleur.

TRUC

Pour supprimer un commentaire, vous devez sélectionner la cellule qui le contient puis choisir Edition/Effacer/Commentaires, dans la barre de menu, ou choisir Effacer l'annotation, dans le menu contextuel de la cellule. Excel supprime le commentaire ainsi que l'indicateur rouge dans le coin de la cellule.

Notez qu'il est désormais possible de donner une nouvelle forme à la boîte de texte à l'aide des boutons de la barre d'outils Dessin. Pour savoir comment les utiliser, jetez un coup d'œil au Chapitre 8.

Imprimer les commentaires

Lorsque vous imprimez une feuille de calcul, les commentaires peuvent l'être en même temps que les données sélectionnées. Pour ce faire, dans la boîte de dialogue Mise en page, choisissez dans le menu Commentaire l'option A la fin de la feuille ou Tel que sur la feuille.

Les cellules nommées

En attribuant des noms évocateurs aux cellules et aux plages, vous faciliterez considérablement l'accès aux informations importantes de la feuille de calcul. Plutôt que d'essayer d'associer des informations à des coordonnées abstraites, vous leur donnerez un nom. En nommant une plage, vous nommerez du même coup une sélection de cellules que vous pourrez importer dans d'autres logiciels Office XP, comme Word ou Access. Et, ce qui est très commode, vous pourrez utiliser les noms de cellules avec la commande Atteindre.

J'écris ton nom...

Lorsque vous attribuez un nom à des cellules ou à des plages, vous devez respecter les règles suivantes :

- **Les noms de plages de cellules doivent commencer par une lettre, jamais par un chiffre.**

  Par exemple, au lieu de 01Profits, écrivez Profits01.

- **Un nom ne peut pas contenir d'espace.**

  Au lieu d'un espace, utilisez le caractère de soulignement (celui de la touche 8 du clavier alphanumérique, en minuscule) pour séparer des mots. Exemple : au lieu de Profit 01, utilisez Profit_01 (NdT : les caractères accentués et la cédille sont utilisables).

- **Des coordonnées de cellule ne peuvent jamais être utilisées comme noms.**

  Une cellule ne peut pas être nommée T1 car cette formulation est celle d'une référence de cellule valide. Utilisez plutôt T1_ventes, par exemple.

Pour nommer une cellule ou une plage de cellules :

1. **Sélectionnez la cellule ou la plage à nommer.**

2. **Cliquez sur l'adresse de la cellule courante qui apparaît dans la Zone Nom, à l'extrême gauche de la barre de formule.**

   Excel sélectionne l'adresse de la cellule dans la Zone Nom.

3. **Tapez le nom pour la cellule ou la plage sélectionnée.**

   Veillez à bien respecter les règles de nom que nous venons de stipuler.

4. **Appuyez sur Entrée.**

Pour sélectionner une cellule ou une plage nommée, cliquez sur son nom, dans la liste déroulante à droite de la Zone Nom.

Remarquez que vous pouvez accomplir la même action en appuyant sur la touche de fonction F5 ou en choisissant Edition/Atteindre, dans la barre de menu. Dans la boîte de dialogue qui apparaît (voir Figure 6.10), double-cliquez sur le nom à atteindre, ou sélectionnez-le et cliquez sur OK. Dans tous ces cas, Excel déplace le pointeur de cellule directement vers la cellule nommée. Si le nom correspond à une plage, toutes les cellules sont automatiquement sélectionnées.

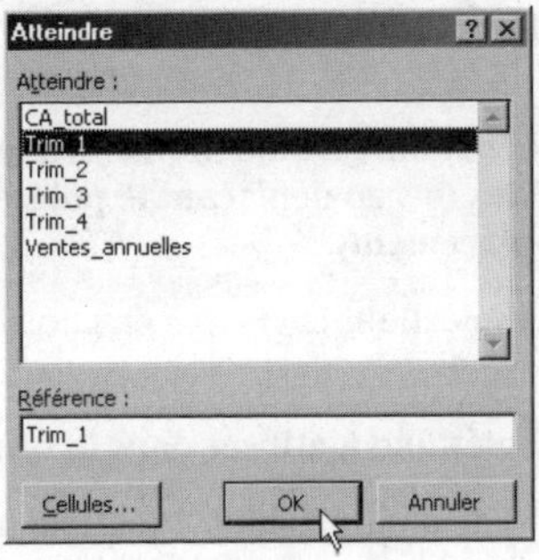

Figure 6.10 : Sélection d'une cellule ou d'une plage de la feuille de calcul.

Nommez les formules

Les noms de cellules sont non seulement commodes pour identifier et localiser des cellules et des plages dans une feuille de calcul, mais ils sont aussi très utiles pour manipuler des formules. Supposons par exemple que la cellule K3 contienne une formule simple qui calcule ce qui vous est dû en multipliant vos heures de travail pour un client (dans la cellule I3) par votre rémunération horaire (dans la cellule J3). Vous taperez normalement cette formule dans la cellule K3 sous la forme :

```
=I3*J3
```

Mais, si vous attribuez le nom *Heures* à la cellule I3 et le nom *Tarif_horaire* à la cellule J3, la formule se présentera dans la cellule K3 sous la forme :

```
=Heures*Tarif_horaire
```

Il va de soi que pour tout le monde, cette formulation est bien plus compréhensible que =I3*J3.

Pour entrer une formule contenant des noms de cellule plutôt que des références de cellule, vous procéderez comme suit :

1. **Nommez les cellules comme nous venons de l'indiquer.**

   Pour cet exemple, vous nommerez la cellule I3 *Heures* et la cellule J3 *Tarif_horaire*.

2. **Placez le pointeur dans la cellule qui recevra la formule.**

   Il s'agit en l'occurrence de la cellule K3.

3. **Tapez le signe = (égal) pour indiquer à Excel que ce qui suit est une formule.**

4. **Sélectionnez la première cellule à laquelle la formule se réfère en cliquant dedans (ou en déplaçant le pointeur de cellule jusqu'à son emplacement).**

   Dans cet exemple, vous sélectionnez Heures en choisissant la cellule I3.

5. **Tapez l'opérateur arithmétique à utiliser dans la formule.**

   Il s'agit ici de l'opérateur de multiplication * (astérisque). Reportez-vous au Chapitre 2 pour connaître les autres opérateurs arithmétiques d'Excel.

6. **Sélectionnez la deuxième cellule à laquelle la formule se réfère. Procédez comme à l'étape 4.**

   Il s'agit de la cellule Tarif_horaire, c'est-à-dire la cellule J3.

7. **Cliquez sur le bouton Entrer ou appuyez sur la touche Entrée pour terminer la formule.**

   Excel affiche la formule de la cellule K3, c'est-à-dire =Heures*Tarif_horaire.

N'OUBLIEZ PAS

Vous ne pouvez pas utiliser la poignée de recopie pour copier une formule qui utilise des noms de cellules vers d'autres cellules qui effectuent la même fonction (voir Chapitre 4). Lorsque vous copiez une formule originale contenant des noms au lieu d'adresses, Excel copie cette formule originale sans ajuster les références de cellules selon les nouvelles lignes et colonnes. Reportez-vous à la section "Les constantes de nom", plus loin dans ce chapitre, pour découvrir comment utiliser les en-têtes des lignes et des colonnes afin d'identifier les références de cellule dans les recopies, ainsi que dans la formule originale d'où les copies avaient été générées.

Les constantes de nom

Certaines formules requièrent des valeurs constantes, comme une taxation de 5,5 % ou un rabais de 10 %. Si vous ne voulez pas les entrer dans des cellules afin de les utiliser ensuite dans des formules, vous pouvez créer des plages de noms contenant ces valeurs, que vous emploierez dans vos formules.

Par exemple, pour créer une constante nommée *Taux_TVA* de 5,5 %, vous procéderez ainsi :

1. **Dans la barre de menu, choisissez Insertion/Nom/Définir.**
2. **Dans la boîte de dialogue Définir un nom, tapez le nom (Taux_TVA, dans notre exemple) dans la boîte de texte Noms dans le classeur.**
3. **Cliquez dans la boîte de texte Fait référence à. Remplacez l'adresse qui s'y trouve par la valeur 5,5 %.**
4. **Cliquez sur le bouton Ajouter afin de placer le nom dans la feuille de calcul.**
5. **Cliquez sur OK pour fermer la boîte de dialogue Définir un nom.**

Après avoir assigné une constante à un nom en utilisant cette méthode, vous pouvez l'appliquer aux formules que vous avez créées dans la feuille de calcul en adoptant l'une de ces deux procédures :

- Taper dans la formule le nom auquel vous avez assigné la constante à la place de la valeur requise.
- Insérer le nom dans la formule en cliquant, dans la barre de menu, sur Insertion/Nom/Coller et en double-cliquant, dans la boîte de dialogue Coller un nom, sur le nom contenant la constante.

Quand vous copiez une formule qui utilise un nom contenant une constante, la valeur reste inchangée dans toutes les recopies de la formule obtenues avec la poignée de recopie automatique. Autrement dit, dans une formule, le nom se comporte comme une adresse de cellule absolue (reportez-vous au Chapitre 4 pour en savoir plus sur les recopies de formules).

Remarquez aussi que lors d'une mise à jour d'une constante en modifiant sa valeur dans la boîte de dialogue Définir un nom, ce changement se répercute dans toutes les formules qui utilisent ce nom. Elles sont automatiquement recalculées.

Qui cherche trouve

Si vous n'arrivez vraiment pas à localiser une information spécifique, vous pouvez demander à la fonction Chercher de la retrouver pour vous. Lorsque vous choisissez Edition/Rechercher, dans la barre de menu, ou que vous appuyez sur Ctrl+F, ou encore sur Maj+F5, Excel ouvre la boîte de dialogue Rechercher et remplacer. Tapez le texte ou la valeur recherchée dans le champ Rechercher puis cliquez sur le bouton Suivant ou appuyez sur Entrée pour commencer la recherche. Cliquez sur le bouton Options afin de pouvoir préciser les critères de la recherche (Figure 6.11).

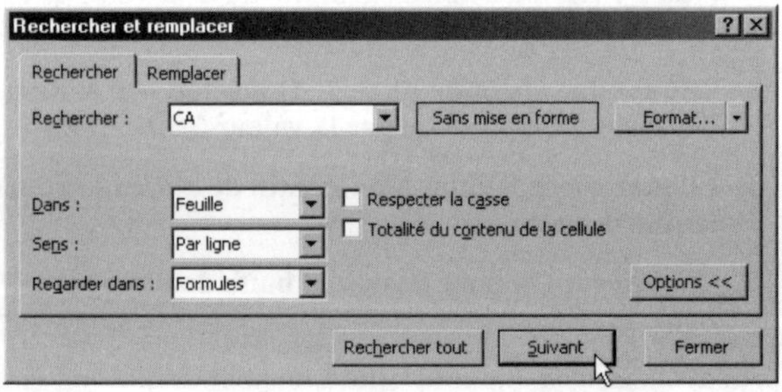

Figure 6.11 : Utilisez les commandes de la boîte de dialogue Rechercher et remplacer pour localiser une entrée.

Nul n'est irremplaçable

Si vous effectuez une recherche pour remplacer une entrée par une autre, vous pouvez automatiser cette opération grâce à l'onglet Remplacer de la boîte de dialogue Rechercher et remplacer. Si, dans la barre de menu, vous choisissez Edition/Remplacer au lieu de Edition/

Rechercher ou que vous appuyez sur Ctrl+H, Excel ouvre la boîte de dialogue Rechercher et remplacer directement sous l'onglet Remplacer. Tapez le texte ou la valeur à remplacer dans le champ Rechercher, puis entrez le texte ou la valeur à lui substituer dans le champ Remplacer par.

Quand vous entrez un texte de remplacement, tapez-le exactement tel qu'il doit apparaître dans la cellule. Autrement dit, si vous voulez remplacer toutes les occurrences de *Jan* par *Janvier*, vous devrez taper ceci dans la boîte de texte Remplacer par :

```
Janvier
```

Veillez à bien mettre le J en majuscule, même si vous pouvez bien sûr entrer "jan" dans le champ Remplacer par (à condition de n'avoir pas coché la case Respecter la casse, qui n'apparaît qu'après avoir cliqué sur le bouton Options pour déployer les commandes supplémentaires de la boîte de dialogue).

Après avoir spécifié ce qu'il faut remplacer par quoi, vous pouvez demander à Excel d'effectuer les remplacements au cas par cas ou globalement. Pour procéder à tous les remplacements à la fois, cliquez sur le bouton Remplacer tout.

Soyez très prudent quand vous effectuez un rechercher/remplacer global car, lancée inconsidérément, cette commande peut provoquer une énorme pagaille en remplaçant des parties de titres, de formules ou d'autres éléments que vous n'aviez pas du tout l'intention de modifier. Cela dit, respectez toujours cette règle d'or :

N'entreprenez jamais un rechercher/remplacer sur une feuille sans l'avoir préalablement enregistrée.

Avant de commencer, assurez-vous aussi que la case Totalité du contenu de la cellule est cochée (elle n'est visible qu'après avoir cliqué sur le bouton Options). Si elle n'était pas cochée alors que vous comptez ne remplacer que le contenu tout entier des cellules, et non une partie, vous risqueriez de vous retrouver avec bon nombre de remplacements indésirables.

Si vous avez néanmoins fait une fausse manœuvre et semé la pagaille, choisissez Edition/Annuler Remplacer ou appuyez sur Ctrl+Z.

Pour voir chaque occurrence avant de les remplacer, cliquez sur le bouton Suivant ou appuyez sur Entrée. Excel sélectionne la prochaine cellule dont le contenu correspond à ce qui a été entré dans la boîte de texte Rechercher ; pour procéder au remplacement, cliquez sur le bouton Remplacer. Pour sauter l'occurrence, cliquez sur le bouton

Suivant afin de poursuivre la recherche. Lorsque les opérations sont terminées, cliquez sur le bouton Fermer pour quitter la boîte de dialogue Rechercher et remplacer.

Activer la protection

Après avoir plus ou moins finalisé une feuille de calcul en vérifiant les formules et les textes, vous voudrez la protéger de toutes modifications intempestives, qu'elles soient faites intentionnellement par autrui ou par inadvertance.

Chaque cellule d'une feuille de calcul peut être verrouillée ou déverrouillée. Par défaut, lorsque la protection est activée comme nous l'expliquons ci-dessous, Excel verrouille la totalité des cellules de la feuille, de sorte que plus rien n'est modifiable.

1. **Dans la barre de menu, choisissez Outils/Protection/Protéger la feuille.**

   Excel ouvre la boîte de dialogue que montre la Figure 6.12. Elle permet d'activer les options de protection pour la feuille à verrouiller. Par défaut, la case Protéger la feuille et le contenu des cellules verrouillées, en haut de la boîte de dialogue, est cochée, de même que – dans la fenêtre Autoriser tous les utilisateurs de cette feuille à... –, les deux options Sélectionner les cellules verrouillées et Sélectionner les cellules déverrouillées.

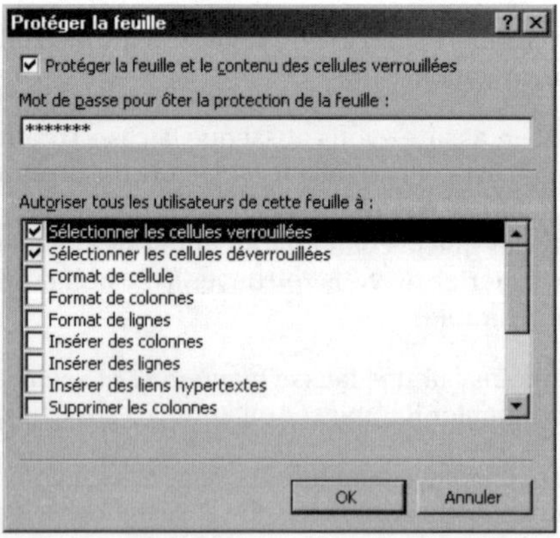

Figure 6.12 : Les options de protection d'une feuille de calcul.

2. **Cochez éventuellement une ou plusieurs cases, dans la fenêtre Autoriser tous les utilisateurs de cette feuille à..., selon la liberté que vous laisserez à autrui de modifier la feuille de calcul.**

3. **Entrez un mot de passe dans la boîte de texte Mot de passe pour ôter la protection de la feuille.**

4. **Cliquez sur OK ou appuyez sur Entrée.**

   Quand vous entrez un mot de passe dans la boîte de texte Mot de passe pour ôter la protection de la feuille, Excel ouvre une boîte de dialogue Confirmer le mot de passe. Vous devez le retaper exactement comme dans la boîte de dialogue Protéger la feuille, puis cliquer sur OK ou appuyer sur Entrée.

Si vous voulez allez plus loin et protéger également la disposition des feuilles de calcul dans un classeur, vous devrez protéger la totalité du classeur en procédant ainsi :

1. **Dans la barre de menu, choisissez Outils/Protection/Protéger le classeur.**

   Excel ouvre la boîte de dialogue Protéger le classeur. La case Structure est cochée, mais pas la case Fenêtres. Comme Structure est sélectionné, Excel n'autorisera aucune manipulation de feuille ; il ne sera pas question d'en supprimer ou de modifier leur ordre. Pour protéger les fenêtres que vous auriez configurées (comme il est décrit dans le Chapitre 7), cochez la case Fenêtres.

2. **(Facultatif) Entrez un mot de passe qui devra être fourni pour pouvoir ôter la protection du classeur.**

3. **Cliquez sur OK ou appuyez sur Entrée.**

   Si vous avez défini un mot de passe, Excel ouvre la boîte de dialogue Confirmer le mot de passe. Retapez le mot de passe exactement comme à l'étape 2, puis cliquez sur OK ou appuyez sur Entrée.

La commande Protéger la feuille empêche toute saisie ou modification du contenu des cellules verrouillées, hormis les opérations expressément autorisées en cochant les cases appropriées dans la fenêtre Autoriser tous les utilisateurs de cette feuille à... (voir étape 2 dans la manipulation précédente). La commande Protéger le classeur empêche tout changement dans la disposition des feuilles de calcul du classeur.

Lorsque vous essayez d'entrer des données ou d'en modifier dans une cellule protégée, Excel affiche le message suivant :

```
Cette feuille est protégée avec la commande Protection
du menu Outils.
```

Ce même message contient à sa suite les directives permettant de déprotéger la feuille, sous réserve de connaître le mot de passe si elle en comporte un.

En général, la protection ne vise pas à verrouiller l'intégralité d'une feuille de calcul ou d'un classeur, mais seulement à empêcher des modifications dans certaines zones des feuilles. Par exemple, dans la feuille de calcul d'un budget, vous protégerez toutes les cellules contenant des titres et des formules, mais vous autoriserez la saisie et la modification des cellules contenant les chiffres du budget. En procédant ainsi, vous ne risquerez pas d'effacer accidentellement des titres ou des formules parce que vous avez entré des données dans les mauvaises cellules, ce qui arrive plus fréquemment qu'on ne le pense.

Procédez comme suit pour verrouiller certaines cellules mais pas les autres :

1. **Sélectionnez les cellules qui doivent rester déverrouillées.**
2. **Dans la barre de menu, choisissez Outils/Protection/Permettre aux utilisateurs de modifier des plages.**
3. **Dans la boîte de dialogue qui apparaît, cliquez sur le bouton Nouvelle.**
4. **(Facultatif) Si vous voulez donner à la plage de cellules non protégées un nom plus évocateur que Plage1, tapez-le dans la boîte de texte Titre.**

   TRUC

   Si le titre est un nom composé, reliez chaque mot par un signe de soulignement (NdT : ce n'est pas une obligation).

5. **Vérifiez l'étendue de la plage concernée dans la boîte de texte Fait référence aux cellules.**

   En cas d'erreur, s'il faut modifier la plage, appuyez sur la touche Tab jusqu'à ce que le contenu de la boîte de texte soit sélectionné puis sélectionnez la bonne plage avec la souris, dans la feuille de calcul. Au cours de cette opération, Excel réduit automatiquement la boîte de dialogue Nouvelle plage, remplit la boîte de texte avec les nouvelles références de cellule et restaure la boîte de dialogue dès que le bouton de la souris a été relâché.

6. **(Facultatif) Si vous voulez que seuls certains utilisateurs puissent modifier cette plage, appuyez sur la touche Tab jusqu'à ce que la boîte de texte Mot de passe de la plage soit sélectionnée. Tapez ensuite le mot de passe.**

7. **Cliquez sur OK pour fermer la boîte de dialogue Nouvelle plage et retourner ainsi dans la boîte de dialogue Permettre aux utilisateurs de modifier les plages.**

   Si vous avez entré un mot de passe pour la plage, à l'étape 6, vous devrez d'abord le répéter dans la boîte de dialogue Confirmer le mot de passe, puis cliquer sur OK.

8. **(Facultatif) Pour permettre l'accès à d'autres plages de la feuille de calcul, cliquez sur le bouton Nouvelle puis répétez les étapes 4 à 7.**

9. **Après avoir défini les plages qui ne seront pas verrouillées même si la feuille est protégée, cliquez sur le bouton Protéger la feuille.**

   La boîte de dialogue Protéger la feuille permet de spécifier le mot de passe pour la déprotection et de choisir les fonctionnalités qui ne seront pas verrouillées.

Pour ôter la protection de la feuille de calcul courante ou du classeur courant afin de modifier librement toutes les cellules (qu'elles aient été verrouillées ou non), choisissez Outils/Protection puis, selon le cas, Ôter la protection de la feuille ou Ôter la protection du classeur. Si vous aviez défini un mot de passe, vous devrez le taper dans la boîte de dialogue Ôter la protection de la feuille, en respectant scrupuleusement les majuscules et les minuscules.

Protéger et partager

Si vous avez créé un classeur dont le contenu peut être modifié par divers utilisateurs présents sur un réseau, vous pourrez utiliser la commande Outils/Protection/Protéger et partager le classeur. Cette commande fait en sorte qu'Excel suive toutes les modifications, et empêche un utilisateur de supprimer volontairement ou non le suivi des modifications. Pour activer cette fonction, il suffit de cocher la case Partage avec suivi des modifications, dans la boîte de dialogue Protection lors du partage. Il est possible de définir un mot de passe qu'un utilisateur devra fournir pour pouvoir effectuer la moindre modification dans un classeur Excel.

Chapitre 7

Gérer des feuilles de calcul multiples

Dans ce chapitre :

- Aller d'une feuille à une autre dans un classeur.
- Ajouter ou supprimer des feuilles dans un classeur.
- Sélectionner des feuilles pour des modifications groupées.
- Nommer judicieusement les onglets des feuilles.
- Réarranger les feuilles d'un classeur.
- Afficher des parties de différentes feuilles.
- Copier ou déplacer des feuilles d'un classeur à un autre.
- Créer des formules qui agissent sur plusieurs feuilles de calcul.

Quand vous débutez dans l'utilisation d'un tableur, vous avez bien assez à faire avec une seule feuille – un classeur d'Excel en contient trois – de sorte que la seule idée de travailler simultanément avec plusieurs feuilles vous rebute. Mais, avec un peu de pratique, vous découvrirez que travailler sur plusieurs feuilles n'est pas beaucoup plus compliqué qu'avec une seule.

N'OUBLIEZ PAS

Ne confondez pas les termes *feuille de calcul* et *classeur*. Le classeur est le document (fichier) que vous ouvrez puis que vous enregistrez. Par défaut, chaque nouveau classeur contient trois feuilles de calcul vierges. Ces feuilles sont l'équivalent des pages volantes d'une reliure : vous pouvez en ajouter à votre guise, les supprimer ou réarranger leur ordre. Pour naviguer confortablement d'une feuille de calcul à une autre, Excel affiche leurs onglets, de Feuil1 à Feuil3. Ces onglets sont un peu comme les intercalaires d'un classeur traditionnel.

Passer d'une feuille à une autre

Chaque classeur que vous créez contient par défaut trois feuilles de calcul nommées *Feuil1*, *Feuil2* et *Feuil3*. Ces noms apparaissent sur des onglets, en bas à gauche de la fenêtre du classeur. Pour passer d'une feuille à une autre, il suffit de cliquer sur l'onglet de la feuille de calcul que vous désirez voir. Excel la place sur le dessus de l'empilement ; son contenu est alors visible dans la fenêtre du classeur. Il est facile de savoir quelle feuille est affichée car, sur son onglet, son nom apparaît en gras, et l'onglet semble placé au-dessus des autres et faire partie de la feuille.

A gauche des onglets, quatre boutons (visibles dans la Figure 7.1) permettent respectivement d'afficher le contenu du premier onglet, de reculer d'un onglet, d'avancer d'un onglet ou d'aller au dernier onglet de la série.

N'OUBLIEZ PAS

Faire défiler des onglets ne les sélectionne pas. Vous devrez cliquer sur l'onglet de la feuille que vous voulez voir.

Pour accéder à un onglet de feuille sans être obligé d'en faire défiler un grand nombre, actionnez le curseur d'onglets (voir Figure 7.1) vers la droite afin d'augmenter la zone réservée à l'affichage des onglets (au détriment de la longueur de la barre de défilement horizontal). Si la barre de défilement horizontal ne vous intéresse pas, vous pourrez afficher un maximum d'onglets en vous débarrassant d'elle. Pour ce faire, déplacez le curseur d'onglets vers la droite, jusqu'à ce qu'il se confonde avec le curseur de fractionnement vertical. Avec une résolution de 640 x 480 pixels sur un moniteur 14 pouces, vous pourrez ainsi voir une douzaine d'onglets à la fois.

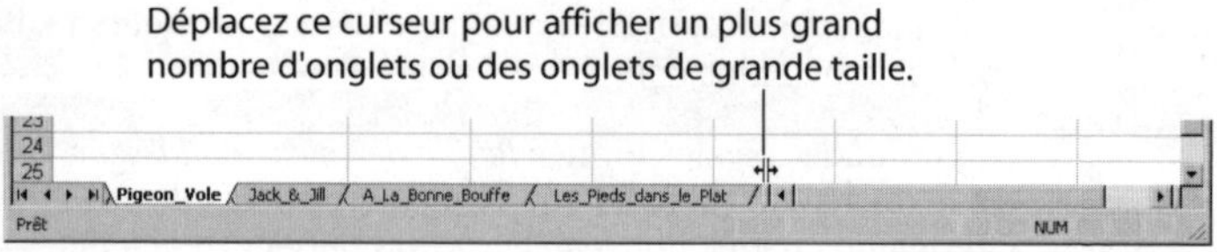

Figure 7.1 : Le curseur magique en action.

Pour rétablir la barre de défilement à sa taille normale, tirez le curseur d'onglet vers la gauche ou, ce qui est plus rapide et efficace, double-cliquez dessus.

Ajouter des feuilles de calcul à un classeur

Pour certains d'entre vous, les trois feuilles de calcul qu'Excel octroie par défaut sont plus que suffisantes. Mais pour d'autres, ces trois misérables feuilles ne seront de loin pas suffisantes. C'est le cas lorsqu'une entreprise possède une dizaine de filiales, ou si vous calculez fréquemment des budgets pour une vingtaine de services, ou encore si vous devez gérer les notes de frais d'une quarantaine de représentants.

Il est très facile d'ajouter des feuilles de calcul à un classeur ou d'en supprimer. Excel en accepte jusqu'à 255. Procédez comme suit pour insérer une nouvelle feuille de calcul dans un classeur :

1. **Sélectionnez l'onglet de la feuille à côté de laquelle Excel doit en insérer une nouvelle.**

2. **Dans la barre de menu, choisissez Insertion/Feuille, ou choisissez Insérer, dans le menu contextuel d'un onglet de feuille.**

   Si vous avez choisi la commande Insertion/Feuille, Excel ajoute une nouvelle feuille de calcul et la nomme selon la numérotation disponible, Feuil4 par exemple.

   Si vous avez choisi la commande Insérer dans le menu contextuel d'un onglet, Excel ouvre la boîte de dialogue Insérer, dans laquelle vous choisirez le type de feuille à ajouter (Feuille, Graphique, Macro MS Excel 4.0 ou MS Excel 5.0...). Passez ensuite à l'étape 3.

3. **Assurez-vous que sous l'onglet Général de la boîte de dialogue Insérer l'icône Feuille est sélectionnée, puis cliquez sur OK ou appuyez sur Entrée.**

   Pour insérer plusieurs feuilles de calcul d'un seul coup dans un classeur, sélectionnez un groupe comportant autant d'onglets que de feuilles que vous désirez ajouter, en commençant à l'emplacement où elles devront être ajoutées. Ensuite, dans la barre de menu, cliquez sur Insertion/Feuille.

Pour supprimer une feuille de calcul d'un classeur, suivez ces étapes :

1. **Cliquez sur l'onglet de la feuille de calcul à supprimer.**

2. **Dans le menu Edition, choisissez Supprimer une feuille. Ou alors, cliquez sur un onglet avec le bouton droit de la souris et, dans le menu contextuel, choisissez Supprimer.**

Excel affiche un angoissant message d'alerte qui prévient que vous êtes sur le point de supprimer définitivement la feuille de calcul sélectionnée.

3. **Ne vous laissez pas impressionner et, si vous voulez vraiment supprimer la feuille, cliquez sur OK ou appuyez sur Entrée.**

   La suppression d'une feuille de calcul est l'un des cas où vous ne pourrez pas recourir à la fonction Annuler pour revenir en arrière.

Afin de supprimer plusieurs feuilles de calcul d'un classeur, sélectionnez-les puis, dans la barre de menu, choisissez Edition/Supprimer une feuille ou Supprimer, dans le menu contextuel d'un onglet de feuille. Après avoir vérifié qu'aucune feuille à supprimer n'a été oubliée, cliquez sur OK ou appuyez sur Entrée, après l'apparition de la boîte d'alerte.

Si vous êtes amené à créer très souvent des classeurs comportant toujours le même nombre de feuilles ou seulement une seule, pensez à modifier le nombre de feuilles de calcul qu'Excel crée par défaut dans chaque nouveau classeur. Vous pourrez ainsi obtenir des classeurs prêts à l'usage sans avoir à ajouter ou supprimer des feuilles. Pour cela, choisissez Outils/Options, dans la barre de menu puis, sous l'onglet Général, entrez une valeur de 1 à 255 dans le champ Nombre de feuilles de calcul par nouveau classeur. Cliquez ensuite sur OK.

D'autres noms pour les feuilles

Les noms qu'Excel attribue par défaut aux feuilles de calcul, *Feuil1*, *Feuil2*, *Feuil3*... ne brillent pas par leur originalité et n'évoquent en rien ce que contiennent ces feuilles. Il est fort heureusement facile de renommer l'onglet d'une feuille de calcul d'une manière un peu plus évocatrice. Ce nom peut comporter jusqu'à 32 caractères.

Procédez comme suit pour renommer un onglet de feuille de calcul :

1. **Double-cliquez sur l'onglet de la feuille ou cliquez dessus avec le bouton droit de la souris et, dans le menu contextuel, choisissez l'option Renommer.**

   Le nom actuel de la feuille de calcul est sélectionné.

2. **Remplacez le nom actuel de la feuille de calcul en tapant le nouveau nom.**

3. **Appuyez sur la touche Entrée.**

   L'onglet de la feuille affiche maintenant son nouveau nom.

Des onglets en couleur

Excel 2002 permet d'affecter différentes couleurs aux onglets des feuilles de calcul, comme par exemple du rouge pour signaler des feuilles de calcul nécessitant une vérification immédiate ou du bleu pour les feuilles déjà vérifiées.

Pour colorier un onglet de feuille, cliquez dessus avec le bouton droit de la souris et, dans le menu contextuel, choisissez l'option Couleur d'onglet ; la boîte de dialogue Format de couleur d'onglet apparaît. Cliquez sur la couleur désirée puis sur le bouton OK. Quand la boîte de dialogue a disparu, le nom de la feuille de calcul active apparaît d'abord souligné dans la couleur choisie. Mais dès que vous sélectionnez un autre onglet, celui qui a été coloré apparaît dans la couleur choisie ; si celle-ci est sombre, le texte de l'onglet est affiché en blanc afin d'améliorer sa lisibilité.

Pour ôter la couleur d'un onglet, procédez comme pour la mise en couleur mais, dans la boîte de dialogue Format de couleur d'onglet, cliquez sur le bouton Aucune couleur.

Modifier l'ordre des feuilles de calcul

Il vous arrivera de vouloir modifier l'ordre dans lequel les feuilles de calcul se succèdent dans le classeur. C'est possible en faisant glisser l'onglet de la feuille que vous désirez déplacer. Pendant ce déplacement, le pointeur se transforme en icône en forme de feuille qui accompagne la flèche et un petit repère triangulaire indique l'emplacement de l'onglet. Lorsque vous relâchez le bouton de la souris, Excel modifie l'ordre des feuilles de calcul selon l'endroit où vous avez déplacé l'onglet.

TRUC

En maintenant enfoncée la touche Ctrl tout en déplaçant un onglet, Excel insère une copie de la feuille de calcul à l'emplacement où vous relâchez le bouton de la souris. Pendant cette manipulation, le pointeur est accompagné d'un signe + (plus). La copie possède le même nom que la feuille originale suivi de la mention (2). Par exemple, si vous copiez la Feuil5, la nouvelle feuille de calcul sera nommée *Feuil5 (2)*. L'onglet peut bien sûr être renommé pour afficher un nom un peu moins ésotérique (cette manipulation est décrite dans la section "D'autres noms pour les feuilles", un peu plus haut dans ce chapitre).

TRUC

Vous pouvez aussi déplacer ou copier des feuilles de calcul dans le classeur en activant la feuille en question et en choisissant, dans le menu contextuel, l'option Déplacer ou copier. Dans la boîte de dialogue Déplacer ou copier, cliquez sur le nom de la feuille avant laquelle la feuille active doit être déplacée ou copiée.

Pour déplacer la feuille active juste avant la feuille que vous venez de sélectionner dans la boîte de dialogue Déplacer ou copier, cliquez simplement sur le bouton OK. Pour effectuer une copie, cochez d'abord la case Créer une copie, en bas de la boîte de dialogue, puis cliquez sur OK. Si une copie a été faite, et non un déplacement, Excel ajoute un numéro d'ordre à l'onglet. Par exemple, si vous avez copié la feuille de calcul Pertes et Profits, l'onglet de la copie aura pour nom *Pertes et Profits (2)*.

Transférer des feuilles de calcul d'un classeur à un autre

Il vous arrivera de devoir déplacer ou copier une feuille de calcul dans un autre classeur. Voici la procédure à suivre :

1. **Ouvrez le classeur contenant la ou les feuilles de calcul à transférer ainsi que le classeur de destination.**

   Utilisez le bouton Ouvrir de la barre d'outils ou, dans la barre de menu, choisissez Fichier/Ouvrir. Ou encore, appuyez sur Ctrl+O.

2. **Sélectionnez le classeur contenant la ou les feuilles de calcul à déplacer ou à copier.**

   Pour sélectionner le classeur en question, choisissez son nom en bas du menu Fenêtre.

3. **Sélectionnez la ou les feuilles à déplacer ou à copier.**

   Pour sélectionner une seule feuille de calcul, cliquez sur son onglet. Pour sélectionner un groupe de feuilles adjacentes, cliquez sur le premier onglet puis, la touche Maj enfoncée, cliquez sur le dernier onglet. Pour sélectionner des feuilles éparses, cliquez sur un premier onglet puis, la touche Ctrl enfoncée, cliquez sur les onglets des autres feuilles.

4. **Dans la barre de menu, choisissez la commande Edition/ Déplacer ou copier une feuille. Ou alors, dans le menu contextuel de l'onglet, choisissez l'option Déplacer ou copier.**

   Excel ouvre la boîte de dialogue Déplacer ou copier (voir Figure 7.2) dans laquelle vous préciserez s'il faut déplacer ou copier la ou les feuilles sélectionnées, et à quel endroit.

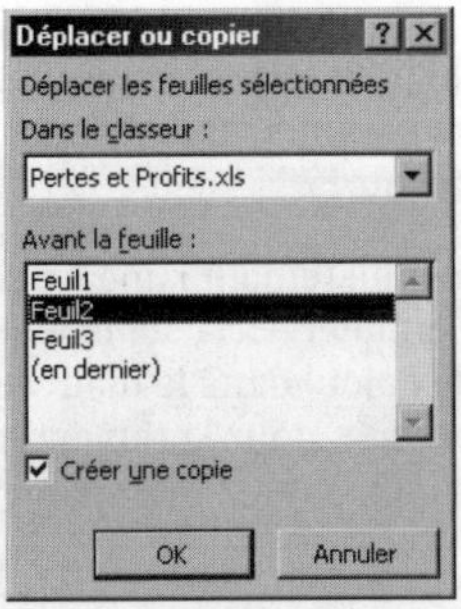

Figure 7.2 : Précisez dans cette boîte de dialogue s'il faut déplacer la feuille sélectionnée ou la copier.

5. **Dans la liste déroulante Dans le classeur, sélectionnez le nom du classeur dans lequel vous désirez déplacer ou copier la ou les feuilles de calcul.**

   Si vous voulez déplacer ou copier les feuilles sélectionnées dans un nouveau classeur au lieu d'un classeur existant, choisissez l'option Nouveau classeur, tout en haut de la liste déroulante.

6. **Dans la liste Avant la feuille, sélectionnez le nom de la feuille de calcul, dans le classeur de destination, avant laquelle les feuilles déplacées ou copiées doivent être placées. Si vous voulez les placer à la fin, choisissez l'option En dernier.**

7. **Au besoin, cochez la case Créer une copie, ce qui évite de voir disparaître la ou les feuilles sélectionnées dans le classeur d'origine.**

8. **Cliquez sur OK ou appuyez sur Entrée pour terminer l'opération de déplacement ou de copie.**

Si vous préférez une méthode plus directe, vous pouvez déplacer ou copier des feuilles entre des classeurs ouverts en faisant glisser les onglets sélectionnés de l'un à l'autre. Notez que cette technique fonctionne aussi bien avec une seule feuille qu'avec plusieurs à la fois.

TRUC

Pour faire glisser une feuille de calcul d'un classeur vers un autre, les deux classeurs doivent être ouverts. Utilisez la commande Fenêtre/Réorganiser, dans la barre de menu, puis choisissez une disposition (en mosaïque, horizontale ou verticale). Avant de fermer la boîte de dialogue Réorganiser, assurez-vous que la case Fenêtres du classeur *ne soit pas* cochée.

Après avoir réorganisé les fenêtres du classeur, faites glisser l'onglet de feuille d'un classeur vers un autre. Pour copier une feuille plutôt que de la déplacer, maintenez la touche Ctrl enfoncée pendant la manipulation. Pour placer la feuille où bon vous semble dans le classeur de destination, cliquez sur le petit triangle noir de l'onglet et faites-le glisser jusqu'à l'emplacement où vous voulez déposer la feuille. Relâchez alors le bouton de la souris.

TRUC

Cette opération par glisser-déposer est justement l'une de celles qui sont irréversibles, car impossibles à annuler. Cela signifie que si vous avez déplacé par erreur une feuille de calcul dans le mauvais classeur, vous devrez effectuer la procédure inverse pour la ramener là où elle était.

Pour récapituler...

Je m'en voudrais de ne pas vous présenter la fascinante fonctionnalité permettant de créer une *feuille récapitulative* qui reprend tous les totaux des valeurs calculées dans d'autres feuilles du classeur.

Le meilleur moyen de vous montrer comment créer une feuille récapitulative, c'est de vous décrire les différentes étapes de création d'une feuille que nous nommerons Revenu total, qui appartiendra au classeur Prévisions.xls. Elle récapitulera les pertes et les profits de toutes les entreprises partenaires de la société L'Oie Blanche.

Puisque le classeur Prévisions.xls contient d'ores et déjà neuf feuilles de calcul qui comportent chacune les dépenses et les revenus escomptés pour ces neuf entreprises, et parce que ces feuilles ont toutes une structure identique, la création de la feuille récapitulative sera très rapide :

1. **Dans le classeur Prévisions.xls, une nouvelle feuille de calcul Feuil1 est insérée avant toutes les autres puis elle est renommée Revenu total.**

   Pour savoir comment insérer une nouvelle feuille, reportez-vous à la section "Ajouter des feuilles de calcul à un classeur", dans ce chapitre. Pour savoir comment renommer une feuille, reportez-vous à la section "D'autres noms pour les feuilles".

2. **Ensuite, le titre** L'Oie Blanche – feuille récapitulative **a été entré dans la cellule A1.**

   Il suffit de sélectionner cette cellule et de taper le texte.

3. **Enfin, les titres de la colonne A ont été recopiés de la feuille de calcul Pigeon_Vole vers la feuille de calcul Revenu total.**

Pour ce faire, sélectionnez la cellule A3 dans la feuille Revenu total puis cliquez sur l'onglet Pigeon_Vole. Sélectionnez-y la plage de cellules A3:A22, appuyez sur Ctrl+C, cliquez de nouveau sur l'onglet Revenu total et appuyez sur Entrée.

Vous êtes maintenant prêt à créer la formule maître SOMME qui totalise les revenus des neuf entreprises dans la cellule B3 de la feuille Revenu total :

1. **Commencez par cliquer sur la cellule B3 puis sur l'outil Somme automatique, dans la barre d'outils Standard.**

   Excel place le mot =SOMME() dans la cellule ; le point d'insertion se trouve entre les deux parenthèses.

2. **Cliquez sur l'onglet Pigeon_Vole puis sur la cellule B3 pour sélectionner les revenus attendus par la société Pigeon Vole.**

   Après avoir sélectionné cette cellule, la formule devient =SOMME('Pigeon_Vole'!B3).

3. **Tapez ensuite un point-virgule (;) pour ajouter un nouvel argument. Cliquez alors sur l'onglet Jack_&_Jill puis dans la cellule B3 de cette feuille afin de récupérer la valeur qui s'y trouve.**

   Après avoir effectué cette sélection, la formule devient =SOMME('Pigeon_Vole'!B3;'Jack_&_Jill'!B3).

4. **Continuez ainsi avec toutes les autres entreprises, en séparant chaque argument par un point-virgule.**

   A la fin de cette procédure, la barre de formule contient l'impressionnante formule SOMME visible dans la Figure 7.3.

5. **Après avoir terminé d'écrire la formule SOMME dans la cellule B3, cliquez sur le bouton Entrer ou appuyez sur la touche Entrée.**

   Dans la Figure 7.3, remarquez comment la colonne B3 a été automatiquement élargie par la fonction Ajustement automatique. Comme l'indique le contenu de la barre de formule, la formule maître SOMME retourne 6 130 295 _, c'est-à-dire les valeurs cumulées des cellules B3 de chacune des neuf entreprises.

Il ne nous reste plus qu'à utiliser la Recopie automatique pour copier la formule maître de la cellule B3 dans toutes les autres cellules jusqu'à la ligne 22 en procédant ainsi :

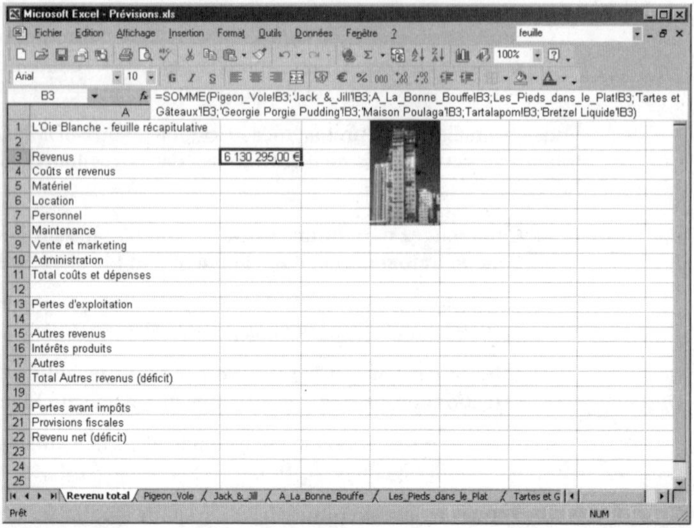

Figure 7.3 : La feuille de calcul Revenu total telle qu'elle apparaît après la récupération par la fonction SOMME des chiffres des neuf entreprises.

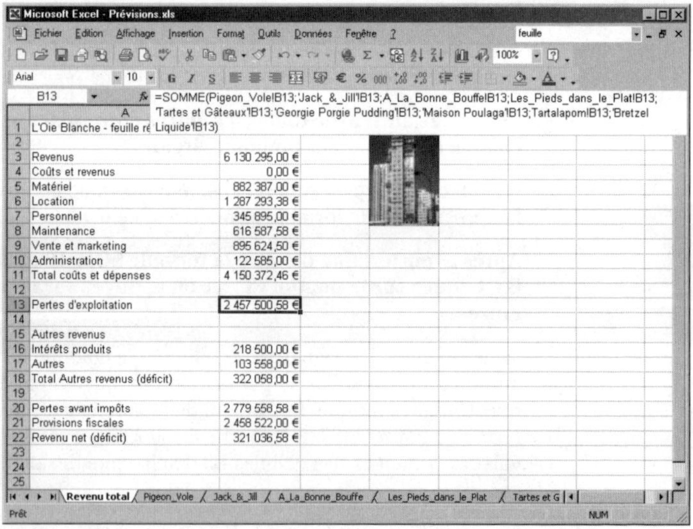

Figure 7.4 : La feuille de calcul Revenu total après avoir recopié automatiquement la formule SOMME et supprimé les formules qui retournent zéro.

1. **La cellule B3 étant toujours sélectionnée, tirez la poignée de recopie automatique, dans le coin en bas à droite du pointeur de cellule, jusqu'à la cellule B22 afin d'y recopier les valeurs correspondant à la somme des neuf entreprises.**

2. **Supprimez ensuite les formules SOMME des cellules B4, B12, B14, B15 et B19. En effet, elles contiennent toutes des zéros car, dans les feuilles des entreprises, aucun chiffre ne figure à ces endroits.**

La Figure 7.4 montre la première partie du récapitulatif final après la recopie de la formule de la cellule B3 et la suppression de cette formule dans les cellules qui doivent rester vides (ce qui évite l'affichage de zéros inutiles et inesthétiques).

Quatrième partie

Y a-t-il une vie après le tableur ?

Bien joué ! Ce graphique en aubergine est aussi confus que le graphique en papillon et celui en calebasse. Tu ne pourrais pas faire des graphiques en camembert comme tout le monde ?

Dans cette partie...

Cette partie vous propose d'aller plus loin avec le tableur, de découvrir des tâches aussi attrayantes que la création des graphiques, l'ajout d'images, la création, le tri et le filtrage des bases de données, sans oublier la publication des feuilles de calcul sur l'Internet ou sur l'intranet de votre entreprise.

Chapitre 8

L'art subtil des graphiques

Dans ce chapitre :

- Créer des graphiques bien présentés avec l'Assistant Graphique.
- Modifier un graphique avec la barre d'outils Graphique.
- Mettre les axes du graphique en forme.
- Ajouter une boîte de texte et des flèches à un graphique.
- Placer une image dans une feuille de calcul.
- Utiliser les outils de dessin pour agrémenter les graphiques et les feuilles de calcul.

Excel facilite au maximum la création d'un graphique. Un Assistant Graphique vous guide en effet au travers d'une procédure de création en quatre étapes, au terme de laquelle vous obtenez un magnifique graphique tout beau tout neuf.

Se faire aider par l'Assistant Graphique

Avant de démarrer l'Assistant Graphique, vous devez sélectionner la plage de cellules à représenter. Les informations doivent être placées dans une seule plage d'un tableau standard, comme le montre la Figure 8.1.

Si vous créez un graphique basé sur les axes X et Y – ce qui est le cas le plus fréquent –, l'Assistant Graphique utilisera spontanément les titres d'une colonne pour en faire des étiquettes de catégories qu'il placera sur l'axe X. Si le tableau comporte des titres placés sur une ligne, l'Assistant Graphique en fera des légendes (à condition bien sûr que vous ayez sélectionné ces titres). Une légende identifie chaque

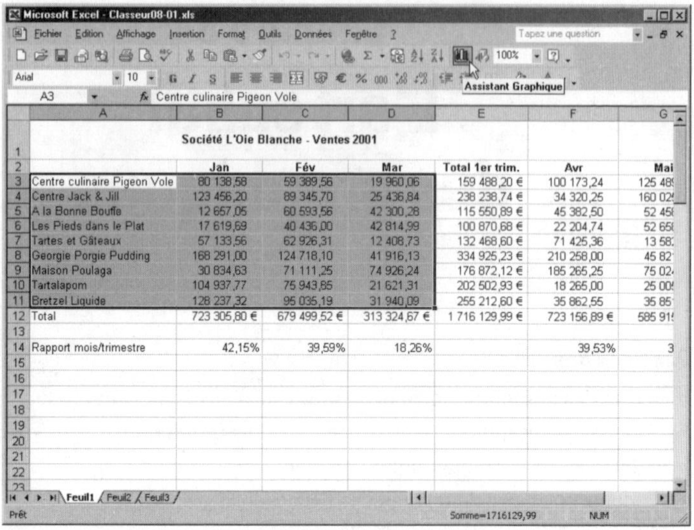

	A	B	C	D	E	F	G
1		Société L'Oie Blanche - Ventes 2001					
2		Jan	Fév	Mar	Total 1er trim.	Avr	Mai
3	Centre culinaire Pigeon Vole	80 138,58	59 389,56	19 960,06	159 488,20 €	100 173,24	125 48
4	Centre Jack & Jill	123 456,20	89 345,70	25 436,84	238 238,74 €	34 320,25	160 02
5	A la Bonne Bouffe	12 657,05	60 593,56	42 300,28	115 550,89 €	45 382,50	52 45
6	Les Pieds dans le Plat	17 619,69	40 436,00	42 814,99	100 870,68 €	22 204,74	52 65
7	Tartes et Gâteaux	57 133,56	62 926,31	12 408,73	132 468,60 €	71 425,36	13 58
8	Georgie Porgie Pudding	168 291,00	124 718,10	41 916,13	334 925,23 €	210 258,00	45 82
9	Maison Poulaga	30 834,63	71 111,25	74 926,24	176 872,12 €	185 265,25	75 02
10	Tartalapom	104 937,77	75 943,65	21 621,31	202 502,93 €	18 265,00	25 00
11	Bretzel Liquide	128 237,32	95 035,19	31 940,09	255 212,60 €	35 862,55	35 85
12	Total	723 305,80 €	679 499,52 €	313 324,67 €	1 716 129,99 €	723 156,89 €	585 91
13							
14	Rapport mois/trimestre	42,15%	39,59%	18,26%		39,53%	3

Figure 8.1 : Sélection des informations à représenter dans un graphique.

point, colonne ou barre qui, dans le graphique, représente une valeur du tableau.

Après avoir sélectionné les informations à représenter, procédez comme suit pour créer le graphique :

1. **Cliquez sur le bouton Assistant Graphique, dans la barre d'outils Standard, pour démarrer l'assistant. Il affiche la boîte de dialogue de la première étape (Figure 8.2) : Type de graphique.**

   Le bouton Assistant Graphique se reconnaît à son icône montrant un histogramme.

2. **Si vous désirez un autre graphique que l'histogramme groupé proposé par défaut, sélectionnez-le dans la liste Type de graphique puis dans la fenêtre Sous-type de graphique.**

   Pour choisir un autre type de graphique, cliquez sur l'un de ceux proposés dans la liste Type de graphique. Pour sélectionner un sous-type, cliquez sur sa représentation dans la fenêtre Sous-type de graphique. Pour visualiser l'apparence des données avec le graphique choisi, cliquez pendant un certain temps sur le bouton Maintenir appuyé pour visionner, en bas à droite de la boîte de dialogue.

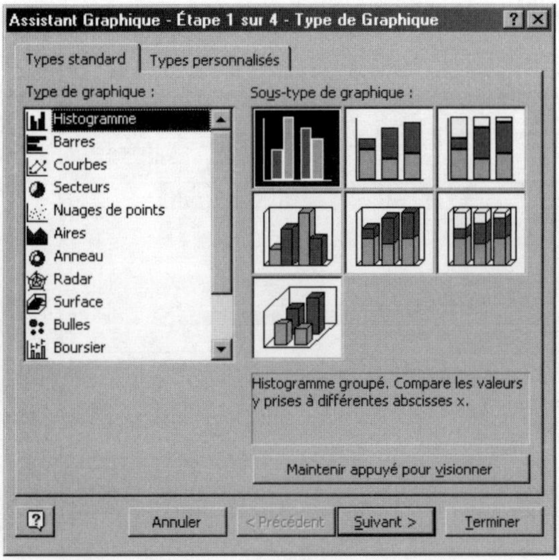

Figure 8.2 : La boîte de dialogue de la première étape de l'Assistant Graphique.

3. **Cliquez sur le bouton Suivant ou appuyez sur Entrée pour passer à la deuxième étape de l'Assistant Graphique : Données source du graphique.**

   Utilisez les options de la boîte de dialogue de l'étape 2 de l'Assistant Graphique (voir Figure 8.3) pour modifier la plage de données à représenter dans le graphique. Ou alors, indiquez-la si elle n'a pas encore été sélectionnée. Choisissez aussi la manière dont les séries de chiffres seront définies. L'étape 2 de l'Assistant Graphique comporte deux onglets : Plage de données et Série.

   Lorsque cette boîte de dialogue est ouverte sur l'onglet Plage de données, la plage de données sélectionnée avant de démarrer l'Assistant Graphique est entourée d'un rectangle de sélection et elle est mentionnée dans la boîte de texte Plage de données, avec des références de cellules absolues. Afin de modifier cette plage – pour ajouter par exemple des lignes ou des colonnes à inclure dans le graphique –, resélectionnez la plage avec la souris ou modifiez les références de cellules directement dans la boîte de texte Plage de données.

   N'OUBLIEZ PAS

   Si la boîte de dialogue de l'Assistant Graphique gêne la sélection des cellules avec la souris, vous pouvez la réduire à la taille d'une boîte de texte en cliquant sur l'icône Réduire la boîte de

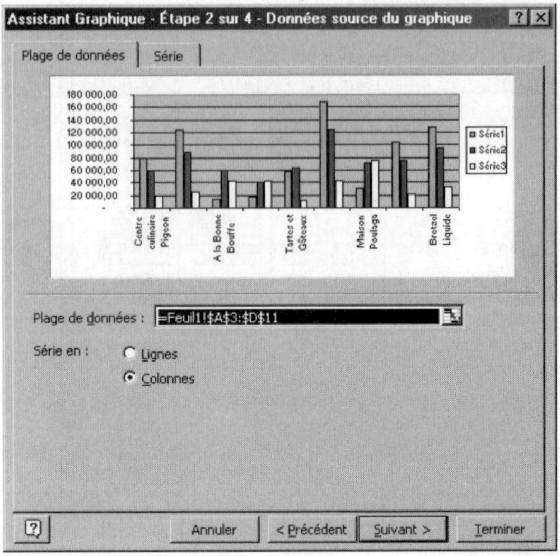

Figure 8.3 : La deuxième étape de l'Assistant Graphique définit la source des données.

dialogue, à droite de l'indication de la plage de données. Pour rétablir la boîte de dialogue à sa taille d'origine, cliquez sur le même bouton. De toutes les façons, dès que vous commencez à tracer le rectangle de sélection avec la souris, la boîte de dialogue se réduit automatiquement et réapparaît quand vous relâchez le bouton de la souris.

4. **Vérifiez la plage de cellules affichée dans la boîte de texte Plage de données et corrigez les adresses, que ce soit au clavier ou à la souris.**

   Normalement, l'Assistant Graphique dispose les chiffres de chacune des colonnes du tableau sélectionné en *séries de données*, dans le graphique. Une *légende*, qui figure dans un cadre contenant les indicateurs des couleurs ou des motifs utilisés dans le graphique, identifie chacune des séries de données du graphique.

   Pour les données du premier trimestre de la société L'Oie Blanche sélectionnées dans la feuille de calcul (reportez-vous à la Figure 8.1), Excel représente les ventes de chaque mois par une barre de l'histogramme, et regroupe ces mois pour chacune des neuf entreprises. Si vous le désirez, il est possible de permuter la présentation des séries de données des colonnes aux lignes en activant le bouton radio Lignes. Dans notre exemple, chaque barre de l'histogramme représenterait les ventes de l'une des neuf entreprises réunies par mois.

Lorsque le graphique représente les séries de données par colonnes, l'Assistant Graphique affiche les entrées de la première colonne – les titres de la plage A3:A11 – sur l'axe X (*étiquettes de catégories*) et utilise les entrées de la première ligne – plage B2:D2 – comme titres pour les légendes.

5. **Si vous désirez que l'Assistant graphique utilise les lignes de la plage de données sélectionnée comme série de données dans le graphique, au lieu des colonnes, activez le bouton radio Lignes, sous l'onglet Plage de données.**

   Si vous devez modifier les noms ou les références de cellules d'une série de données, vous pourrez le faire en cliquant sur l'onglet Série, dans la boîte de dialogue de l'étape 2 de l'Assistant Graphique.

6. **Cliquez sur le bouton Suivant ou appuyez sur Entrée pour passer à la troisième étape de l'Assistant Graphique : Options du graphique.**

   La boîte de dialogue de l'étape 3 de l'Assistant Graphique que montre la Figure 8.4 permet de définir bon nombre d'options, notamment l'ajout d'un titre, l'affichage d'un quadrillage ou des légendes, le choix de l'apparition des étiquettes près des séries de données ou non, ou si le graphique doit afficher les valeurs représentées dans le graphique juste sous les séries de données.

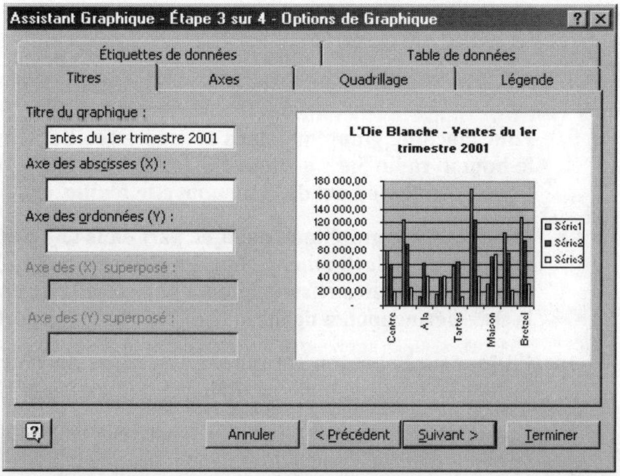

Figure 8.4 : La boîte de dialogue de la troisième étape de l'Assistant Graphique.

7. **Sélectionnez l'onglet de l'option que vous désirez modifier (Titre, Axes, Quadrillage, Légendes, Etiquettes de données ou Table de données) puis changez les paramètres à votre guise. Nous y reviendrons dans la section "Modifier les options du graphique", plus loin dans ce chapitre.**

8. **Cliquez sur le bouton Suivant ou appuyez sur Entrée pour passer à la quatrième et dernière étape de l'Assistant Graphique : Emplacement du graphique.**

   Activez l'un ou l'autre des boutons radio de la boîte de dialogue que montre la Figure 8.5 pour placer le graphique sur une nouvelle feuille ou en tant qu'objet dans l'une des feuilles de calcul du classeur.

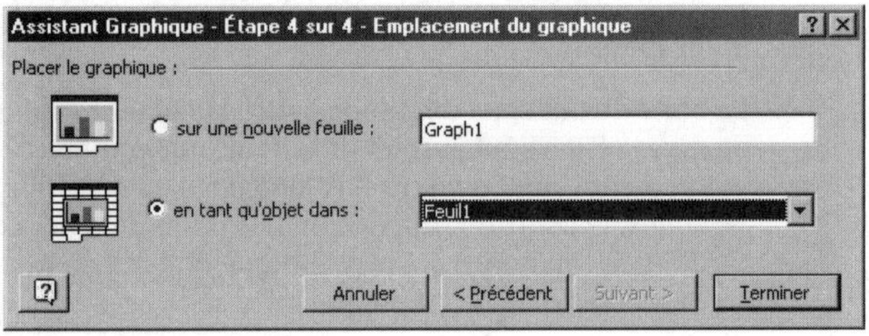

Figure 8.5 : Cette boîte de dialogue permet de choisir l'emplacement du graphique : dans une nouvelle feuille ou dans une feuille existante du classeur.

9a. **Pour placer le graphique dans sa propre feuille, sélectionnez le bouton radio Sur une nouvelle feuille. Si vous le désirez, tapez à droite le nom de cette nouvelle feuille.**

9b. **Pour placer le graphique quelque part dans une des feuilles du classeur, sélectionnez le bouton radio En tant qu'objet dans. Sélectionnez ensuite le nom de la feuille de calcul dans la liste déroulante, à droite.**

10. **Cliquez sur le bouton Terminer ou appuyez sur Entrée pour fermer la dernière boîte de dialogue de l'Assistant Graphique.**

    Si vous avez choisi l'option Sur une nouvelle feuille, le graphique apparaît dans une nouvelle feuille tandis que la barre d'outils

Graphique flotte au-dessus de la fenêtre. Si vous avez sélectionné En tant qu'objet dans, le graphique – mais aussi la barre d'outils Graphique – apparaît dans la feuille de calcul sélectionnée, comme le montre la Figure 8.6.

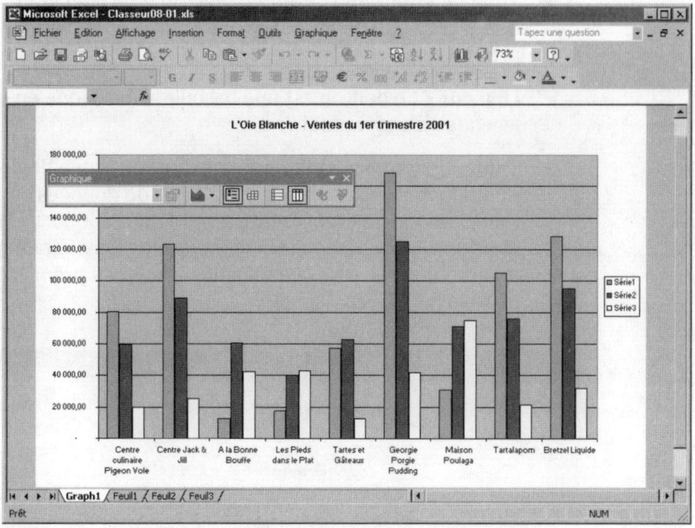

Figure 8.6 : Le graphique Histogramme groupé terminé, présenté dans sa propre feuille.

Modifier le graphique avec la barre d'outils Graphique

Après avoir créé un graphique, vous pouvez utiliser la barre d'outils Graphique (voir Figure 8.7) pour effectuer toutes sortes de modifications.

- **Objets du graphique :** Pour sélectionner la partie du graphique à modifier, cliquez sur le bouton déroulant de cette option et choisissez le nom de l'objet dans la liste. Il est aussi possible de cliquer directement sur cet objet dans le graphique ; à ce moment, son nom apparaît automatiquement dans la boîte de texte Objet du graphique.
- **Format d'objet :** Cliquez sur ce bouton pour modifier la mise en forme de l'objet graphique sélectionné dont le nom figure dans la boîte de texte Objet du graphique. Une boîte de dialogue contenant des options de mise en forme apparaît. Remarquez

que dans la barre d'outils le nom de ce bouton varie selon l'objet sélectionné. Si la zone de traçage est sélectionnée, le bouton se nomme Format de zone de traçage. Et si Légende est sélectionné, le bouton se nomme Format de la légende.

- **Type de graphique :** Pour changer le type d'un graphique, déroulez la palette associée à ce bouton et choisissez une autre présentation.
- **Légende :** Ce bouton est une bascule qui masque ou affiche les légendes d'un graphique.
- **Table de données :** Cliquez sur le bouton Table de données pour ajouter ou supprimer un tableau de données contenant toutes les valeurs représentées par le graphique. La Figure 8.7 montre la table de données ajoutée sous l'histogramme groupé du graphique issu de la feuille des ventes du premier trimestre de la société L'Oie Blanche.

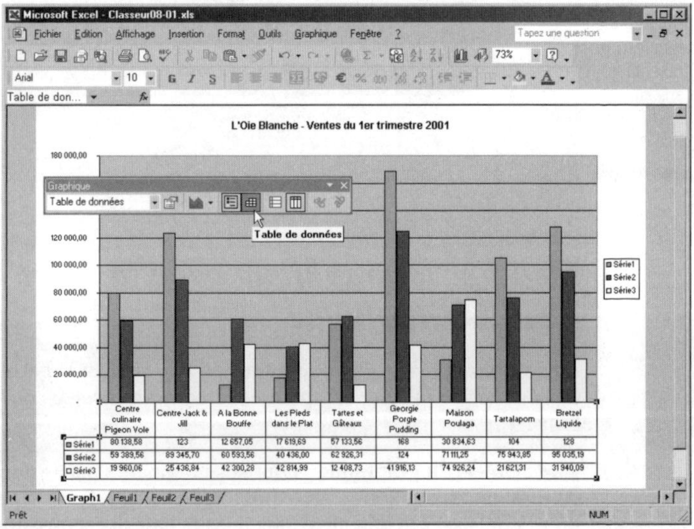

Figure 8.7 : Un histogramme groupé représenté avec une table de données et la barre d'outils Graphique.

- **Par ligne :** Cliquez sur ce bouton afin que les séries de données du graphique représentent des lignes de valeurs dans la plage de données sélectionnée.
- **Par colonne :** Cliquez sur ce bouton afin que les séries de données du graphique représentent des colonnes de valeurs dans la plage de données sélectionnée.

- **Rotation dans le sens des aiguilles d'une montre :** Lorsque ce bouton est activé, le texte des axes de catégories ou de valeurs est incliné vers le bas à 45° (remarquez l'inclinaison dans cette direction des lettres *ab* de l'icône).
- **Rotation dans le sens inverse des aiguilles d'une montre :** Lorsque ce bouton est activé, le texte des axes de catégories ou de valeurs est incliné vers le haut à 45° (remarquez l'inclinaison dans cette direction des lettres *ab* de l'icône).

Modifier un graphique directement dans la feuille

De temps en temps, vous serez amené à modifier des parties spécifiques du graphique, comme l'application d'une nouvelle police à un titre ou le repositionnement d'une légende. Pour effectuer ces changements, vous devrez double-cliquer sur l'objet en question : un titre, une légende, la zone de traçage... Excel le sélectionne et affiche une boîte de dialogue de mise en forme spécifique à cet objet. Par exemple, si vous double-cliquez dans la légende d'un graphique, Excel fait apparaître la boîte de dialogue Format de légende avec ses trois onglets Motifs, Police et Emplacement, comme le montre la Figure 8.8. Vous pouvez ensuite choisir les options qui agrémenteront l'apparence des légendes.

Après avoir sélectionné un objet du graphique en ayant cliqué dessus, vous pouvez passer à d'autres objets et les sélectionner en appuyant sur les touches PageHaut et PageBas. Appuyer sur la touche fléchée droite sélectionne l'objet suivant, appuyer sur la touche fléchée gauche sélectionne l'objet précédent.

Toutes les parties d'un graphique susceptibles d'être sélectionnées ont un menu contextuel. Pour choisir l'une des commandes de ce menu, cliquez simplement sur l'objet du graphique avec le bouton droit de la souris (il n'est pas nécessaire de sélectionner d'abord l'objet).

Le titre du graphique peut être déplacé en le tirant ailleurs dans le graphique. En plus de pouvoir le déplacer, le titre peut être séparé en plusieurs lignes ; après quoi vous pourrez utiliser les options de l'onglet Alignement, dans la boîte de dialogue Format du titre du graphique.

Dans le but de forcer un retour à la ligne, cliquez dans le texte pour placer une barre d'insertion à l'endroit où le saut de ligne devra se produire, et appuyez ensuite sur la touche Entrée.

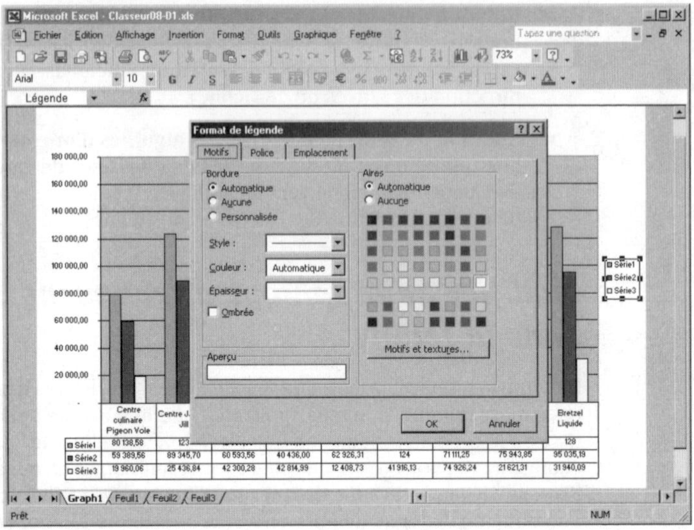

Figure 8.8 : La boîte de dialogue Format de légende apparaît après avoir double-cliqué sur les légendes du graphique.

Il est non seulement possible de modifier l'apparence des titres du graphique, mais aussi celle des séries de données et des axes X et Y. Pour ce faire, cliquez sur ces parties avec le bouton droit de la souris et sélectionnez les commandes appropriées.

Modifier les options du graphique

Si vous devez substantiellement modifier un graphique, ouvrez la boîte de dialogue Options du graphique. Elle contient les mêmes onglets et commandes que l'étape 3 de l'Assistant Graphique (référez-vous à la Figure 8.4). Vous accédez à cette boîte de dialogue en sélectionnant la zone de traçage et en choisissant, dans la barre de menu, Graphique/ Options du graphique, ou encore en sélectionnant Options du graphique dans le menu contextuel de la zone de traçage.

La boîte de dialogue Options du traçage contient jusqu'à six onglets, selon le type de graphique (les secteurs, par exemple, n'en ont que trois), dont voici les descriptions :

- **Titres :** Les options sous cet onglet servent à créer ou modifier le titre principal qui apparaît en haut du graphique, le titre de la catégorie qui apparaît sous l'axe X et le titre des valeurs qui apparaît à gauche de l'axe Y.

- **Axes :** Les options d'axe permettent de masquer ou afficher les graduations et les étiquettes des axes de catégories (X) ou de valeurs (Y).
- **Quadrillage :** Les options de quadrillage servent à masquer ou afficher les traits principaux et secondaires perpendiculaires aux graduations des axes de catégories ou de valeurs.
- **Légende :** Ces options masquent ou affichent les légendes et servent aussi à redéfinir leur emplacement en bas du graphique, ou encore dans le coin supérieur droit, en haut, à droite ou à gauche.
- **Etiquettes de données :** Masque ou affiche les étiquettes qui identifient chaque série de données du graphique.
- **Table de données :** Ajoute ou supprime la table de données qui contient les valeurs représentées (reportez-vous à la Figure 8.7 pour en voir une).

Tout dire dans la zone de texte

La Figure 8.9 montre un graphique de type Aires qui représente les ventes de la société L'Oie Blanche au cours du premier trimestre. Une zone de texte a été ajoutée pour attirer l'attention sur les résultats remarquables de Georgie Porgie Pudding pendant ce trimestre. La zone de traçage a été mise en blanc et l'axe Y a reçu un format monétaire.

Pour placer une zone de texte dans un graphique, affichez la barre d'outils Dessin que montre la Figure 8.10 ; pour cela, cliquez sur Affichage/Barres d'outils/Dessin, dans la barre de menu. Comme vous le constatez dans la Figure 8.9, cette barre d'outils s'ancre automatiquement en bas de la fenêtre du classeur. Cliquez sur le bouton Zone de texte ; Excel transforme le pointeur de souris en un trait fin avec une minuscule ligne horizontale près du bas. Cliquez à l'emplacement où vous voulez tracer une zone de texte, que ce soit dans le graphique ou dans la feuille de calcul, et tirez son contour. Au moment où vous cliquez, Excel commence à dessiner un quadrilatère. Quand vous relâchez le bouton de la souris après avoir défini le contour, Excel crée la zone de texte.

Après avoir créé la zone de texte, Excel y place la barre d'insertion ; vous pouvez maintenant taper le texte. Il s'inscrit dans le contour et revient automatiquement à la ligne chaque fois qu'il rencontre le bord droit de la zone. Rappelez-vous que vous pouvez appuyer sur la touche Entrée pour effectuer un retour à la ligne. Quand vous avez fini

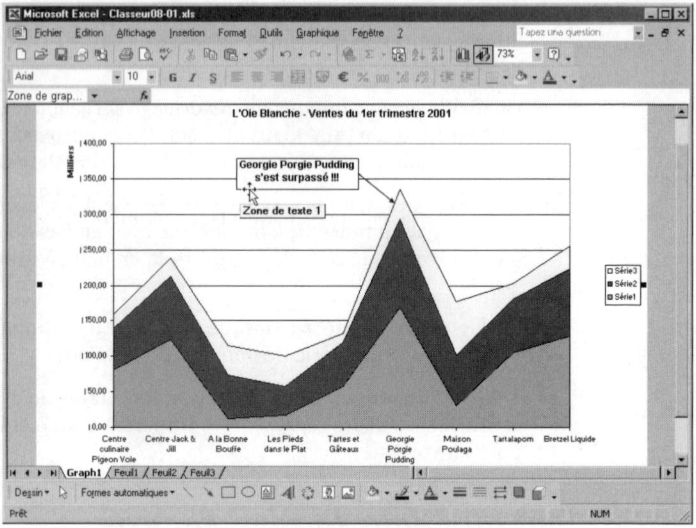

Figure 8.9 : Un graphique à aires après l'ajout d'une zone de texte et la mise en forme de l'axe Y.

Figure 8.10 : La barre d'outils Dessin contient de nombreux outils permettant de créer des graphismes dans une feuille de calcul.

de saisir le texte, cliquez n'importe où hors de la boîte pour la désélectionner.

TRUC

Dans la zone de texte, le texte peut être placé verticalement, de haut en bas ou de bas en haut. Il suffit pour cela d'afficher la boîte de dialogue Format de la zone de texte en double-cliquant sur la bordure et de choisir l'onglet Alignement puis, dans la zone Orientation, de cliquer dans un des rectangles avec le mot "Texte" pour placer le texte dans une colonne verticale. Cliquez ensuite sur OK ou appuyez sur Entrée, puis cliquez hors de la zone de texte pour la désélectionner.

Après avoir créé une zone de texte, vous voudrez sans doute ajouter une flèche qui pointe sur l'objet auquel le texte fait allusion. Pour ce faire, cliquez sur le bouton Flèche, dans la barre d'outils Dessin, puis tirez-la en plaçant le réticule au départ de la flèche et en la tirant, bouton de la souris enfoncé, jusqu'à l'endroit où doit se trouver la pointe. Relâchez ensuite le bouton de la souris.

Excel trace la flèche, qui reste sélectionnée, avec des poignées de sélection à ses deux extrémités. Cette flèche peut être :

- Déplacée en la faisant glisser à l'emplacement voulu.
- Allongée ou réduite en tirant sur l'une des poignées de sélection.
- Orientée en la faisant pivoter autour de la poignée de sélection fixe.
- Redessinée en modifiant la forme de sa pointe ainsi que l'épaisseur de son trait. Pour ce faire, sélectionnez la flèche, cliquez sur le bouton Style de flèche, dans la barre d'outils Dessin (son icône montre trois flèches) puis choisissez le style à appliquer dans le menu déroulant. Pour changer la couleur de la flèche, ou bien l'épaisseur et le style du trait, ou si vous voulez définir une pointe de flèche personnalisée, choisissez la commande Autres flèches, en bas du menu déroulant. La boîte de dialogue Format de la forme automatique apparaît (elle est aussi accessible en cliquant, dans la barre de menu, sur Format/Objet sélectionné).

La mise en forme des axes X et Y

Quand vous créez un graphique à partir d'un grand nombre de valeurs, Excel ne se soucie guère de leur apparence sur l'axe Y (ou sur l'axe X des histogrammes 3D ou des nuages de points XY). Si la manière dont les valeurs apparaissent sur un axe ne vous satisfait pas, vous pouvez changer la mise en forme en procédant comme suit :

1. **Double-cliquez sur l'axe X ou Y du graphique, ou cliquez sur un axe et choisissez Format/Axe sélectionné, dans la barre de menu.**

   Excel ouvre la boîte de dialogue Format de l'axe. Elle contient les onglets suivants : Motifs, Echelle, Police, Nombre et Alignement.

2. **Pour changer l'apparence des épaisses graduations le long de l'axe, modifiez les options sous l'onglet Motifs (qui est automatiquement activé lorsque vous accédez à la boîte de dialogue).**

3. **Pour modifier l'échelle de l'axe sélectionné, cliquez sur l'onglet Echelle puis réglez les options à votre convenance.**

4. **Pour changer la police des étiquettes qui apparaissent aux graduations de l'axe sélectionné, cliquez sur l'onglet Police et choisissez les options à votre convenance.**

5. **Pour changer le format des valeurs qui apparaissent aux graduations de l'axe sélectionné, cliquez sur l'onglet Nombre puis choisissez un format dans la liste Catégorie ainsi que les options qui lui sont propres.**

   Par exemple, pour sélectionner un format monétaire sans décimales, choisissez Monétaire dans la liste Catégorie puis mettez le champ Nombre de décimales à zéro.

6. **Pour modifier la mise en forme et l'orientation des étiquettes des graduations de l'axe sélectionné, cliquez sur l'onglet Alignement. Choisissez ensuite l'orientation dans un des champs Texte ou réglez son orientation, de 90° à -90°, avec le demi-cadran ou en entrant la valeur exacte dans le champ Degrés.**

7. **Cliquez sur OK ou appuyez sur Entrée pour fermer la boîte de dialogue Format de l'axe.**

Sitôt que la boîte de dialogue Format de l'axe a été fermée, Excel redessine l'axe du graphique selon les nouveaux paramètres. Par exemple, si vous avez défini un format de nombre, Excel modifie aussitôt la mise en forme de ces nombres le long de l'axe sélectionné.

Les valeurs variables font varier le graphique

Dès que vous avez fini de modifier les objets d'un graphique, vous pouvez désélectionner les objets du graphique, les étiquettes et les valeurs et retourner à la feuille de calcul et à ses cellules en y plaçant tout simplement le pointeur. Dès qu'un graphique est désélectionné, le pointeur peut de nouveau être utilisé sur une feuille de calcul. Cependant, si vous déplacez le pointeur de cellule avec les touches fléchées, il disparaît sous le graphique si celui-ci occulte des cellules (et bien sûr, si vous tentiez de sélectionner une cellule recouverte par un graphique, vous ne feriez que sélectionner le graphique lui-même).

Gardez à l'esprit ce fait important : les valeurs représentées dans le graphique restent dynamiquement liées, se sorte que si vous modifiez une de ces valeurs dans la feuille de calcul, Excel mettra automatiquement le graphique à jour afin qu'il corresponde à la nouvelle situation.

Insérer un fichier d'image

Si vous voulez importer une image créée avec un autre logiciel et enregistrée comme fichier graphique, choisissez Insertion/Image/A partir du fichier, puis sélectionnez le fichier à partir de la boîte de dialogue Insérer une image (fonctionnant d'ailleurs comme la boîte de dialogue Ouvrir qui sert à charger un classeur Excel).

Pour importer une image créée dans un logiciel graphique mais qui n'a pas été enregistrée, sélectionnez-la dans le logiciel puis copiez-la dans le Presse-papiers en appuyant sur les touches Ctrl+C, ou choisissez Edition/Copier, dans la barre de menu, avant de retourner dans Excel. Ensuite, dans le tableur, placez le pointeur là où l'image doit apparaître et appuyez sur Ctrl+V, ou choisissez la commande Edition/Coller.

Dessiner dans Excel

En plus des images toutes faites ou créées dans d'autres logiciels, vous pouvez dessiner dans Excel à l'aide des outils de la barre d'outils Dessin. Elle contient toutes sortes d'instruments capables de produire des contours de formes ou des formes pleines, comme des traits, des rectangles, des carrés, des ellipses, etc.

En plus de ces outils de dessin, la barre d'outils contient une commande Formes automatiques qui donne accès à toutes sortes de lignes et de formes spécialisées. Pour en sélectionner une, cliquez sur l'une des options Lignes, Connecteurs, Formes de base, Flèches pleines, Organigrammes, Etoiles et bannières, Bulles et légendes. Les palettes de chacune des options s'ouvriront spontanément.

L'option Autres formes automatiques, en bas du menu déroulant, ouvre le volet Insérer une image clipart qui offre d'autres formes prédéfinies plus élaborées, comme des dessins d'ordinateurs ou de mobilier de bureau vus en plan, que vous pourrez insérer dans vos documents.

L'un sur l'autre

Les objets graphiques flottent au-dessus des cellules de la feuille de calcul. La plupart des objets, y compris les graphiques, sont opaques : ils occultent les informations qui se trouvent sous eux. Si vous placez un graphique opaque sur un autre, ce dernier est masqué de la même manière que quand vous cachez ce qui est écrit sur un papier en plaçant un autre papier dessus. C'est pourquoi, le plus souvent, vous devrez vous assurer qu'un objet graphique n'empiète pas sur un autre ou ne masque pas des cellules dont le contenu doit apparaître à l'écran.

Mais parfois, vous obtiendrez d'intéressants effets en plaçant un objet graphique transparent, comme un cercle, au-dessus d'un objet opaque. Le seul problème qui risque de survenir, c'est si l'objet opaque se retrouve au-dessus de l'objet transparent. Dans ce cas, vous devrez permuter leurs positions en cliquant sur l'objet du dessus avec le bouton droit de la cellule et en choisissant, dans le menu déroulant, l'option Ordre/Mettre en arrière-plan. Si un objet se trouvant sous un autre doit être amené à l'avant-plan, cliquez dessus avec le bouton droit de la souris puis choisissez Ordre/Mettre au premier plan.

Parfois aussi, vous désirerez grouper plusieurs objets afin qu'ils n'en forment plus qu'un seul (c'est le cas d'une zone de texte et sa flèche). Il vous sera ainsi possible de déplacer ces objets ou de les redimensionner en une seule opération. Dans le but de grouper des objets, cliquez sur chacun d'eux, la touche Maj enfoncée, afin de les sélectionner simultanément puis cliquez avec le bouton droit de la souris sur le dernier objet pour accéder au menu contextuel où vous choisirez Groupe/Grouper. Après avoir groupé plusieurs objets, le "superobjet" qui en résulte est sélectionné quel que soit l'endroit où vous cliquez dessus ; les poignées de sélection apparaissent autour de cet ensemble d'objets groupés.

Si plus tard vous décidez de rendre leur indépendance aux objets d'un groupe, cliquez sur le groupe avec le bouton droit de la souris et, dans le menu contextuel, choisissez Groupe/Dissocier.

Chapitre 9

Les bases de données

Dans ce chapitre :

- Concevoir une base de données dans Excel.
- Créer un formulaire de données pour entrer des enregistrements dans la base de données et les modifier.
- Ajouter des enregistrements à l'aide du formulaire.
- Rechercher, modifier et supprimer des enregistrements à partir du formulaire.
- Trier les enregistrements d'une base de données.
- Filtrer les enregistrements d'une base de données.
- Filtrer des enregistrements avec des critères personnalisés.

La création d'une base de données ressemble beaucoup à la création d'un tableau dans une feuille de calcul. Quand vous concevez une base de données, vous commencez par entrer une ligne de titres – appelés *noms de champ* dans le jargon technique – qui identifient les différents éléments à stocker, tels que Nom, Prénom, Rue, Code postal, Ville et ainsi de suite. Après avoir défini une ligne de champ, vous entrez les informations dans les colonnes et les lignes appropriées, sous les différents noms de champs.

Tout en procédant à la saisie des données, remarquez que chaque colonne de la base de données contient des informations concernant un élément particulier, comme le nom de la société ou le poste du numéro de téléphone d'un employé. Chacune de ces colonnes est aussi appelée *champ*. En observant ce que vous venez de saisir, vous remarquerez que chaque ligne de la base de données contient des informations complètes sur une personne ou sur tout autre objet enregistré dans la base de données, qu'il s'agisse d'une entreprise comme Duschmoll ou d'une employée comme Ida Jones. Les personnes ou les entités décrites dans chacune des lignes d'une base de données sont appelées *enregistrements*. Chaque enregistrement (ligne) contient de nombreux champs (colonnes).

Concevoir un formulaire

Dans Excel, la conception et la maintenance d'une base de données sont facilitées par l'utilisation d'un *formulaire de base de données* intégré (NdT : appelé *Grille de données* dans l'aide d'Excel). Il sert à ajouter, supprimer ou modifier les enregistrements d'une base de données. Pour créer un tel formulaire, vous devez d'abord entrer les titres qui seront utilisés comme noms de champs, ainsi qu'un modèle d'enregistrement dans la ligne qui suit (la Figure 9.1 propose un exemple de base de données "clients"). Vous mettez ensuite en forme chaque entrée du champ telle que les autres devront apparaître, en n'oubliant pas de régler la largeur de colonnes afin que les titres qui s'y trouvent soient entièrement affichés. Placez alors le pointeur de cellule dans n'importe laquelle de ces deux lignes puis, dans la barre de menu, choisissez Données/Formulaire.

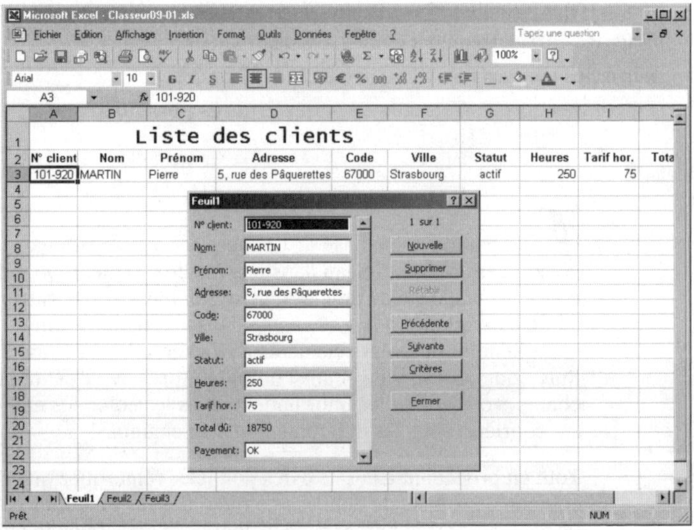

Figure 9.1 : Excel crée instantanément un formulaire pour une base de données d'après les noms de champs et les entrées figurant dans le premier enregistrement.

Dès que vous avez choisi la commande Données/Formulaire, Excel analyse la ligne des noms de champs ainsi que les entrées du premier enregistrement, puis il génère un formulaire de données contenant, à gauche, les noms de champs, et à droite des champs de saisie. La Figure 9.1 montre le formulaire d'une liste de clients ; il ressemble à une boîte de dialogue personnalisée.

Le formulaire de données créé par Excel affiche les entrées faites pour le premier enregistrement. Le formulaire contient de plus, à droite, une série de boutons servant à ajouter, supprimer ou rechercher des enregistrements. Juste au-dessus du premier bouton (Nouvelle), le formulaire indique le numéro de l'enregistrement suivi du nombre total d'enregistrements (1 sur 1 lorsque la base de données vient d'être créée).

N'oubliez pas d'effectuer la mise en forme des entrées dans les champs du premier enregistrement, et aussi celle des noms de champs, dans la ligne au-dessus. Tous les formatages affectés à une ou des entrées du premier enregistrement sont automatiquement appliqués à tous les champs subséquents. Par exemple, si la liste de données contient des numéros de téléphone, il suffit d'entrer les dix chiffres du numéro dans le champ Téléphone du premier enregistrement puis d'appliquer à cette cellule le format de nombre spécial Numéros de téléphone (reportez-vous au Chapitre 3 pour en savoir plus sur les formats de nombre spéciaux) pour qu'une entrée effectuée sous la forme **0140214620** soit automatiquement présentée, dans la cellule, sous la forme 01 40 21 46 20.

Ajouter des enregistrements

Après avoir créé un formulaire comportant un premier enregistrement, vous pourrez l'utiliser pour en ajouter d'autres. La manipulation est des plus simples. Quand vous cliquez sur le bouton Nouvelle, Excel affiche un formulaire vierge ; la mention "Nouvel enregistrement" apparaît en haut à droite de la boîte de dialogue à compléter.

Après avoir entré les informations dans le premier champ, appuyez sur la touche Tab pour passer au prochain champ (NdT : ou cliquez dedans pour y placer la barre d'insertion).

N'appuyez surtout pas sur la touche Entrée pour passer au champ suivant ! Vous inséreriez en effet un enregistrement incomplet dans la base de données (NdT : mais si cela vous arrivait, il suffirait de réafficher le formulaire de l'enregistrement et de terminer la saisie, voire de taper les données manquantes directement dans la feuille de la base de données).

Continuez à entrer des informations dans chaque champ en appuyant sur Tab pour passer au suivant.

- Si vous remarquez que vous avez fait une erreur dans un champ précédent, appuyez sur Maj+Tab pour reculer d'un champ.

- Pour remplacer une entrée, contentez-vous de taper.
- Pour modifier l'un des caractères d'un champ, appuyez sur la touche fléchée gauche ou cliquez pour placer la barre d'insertion à côté de la lettre à corriger.

Quand vous entrez des informations dans un champ, vous pouvez recopier cette même entrée à partir de l'enregistrement précédent en appuyant sur Ctrl+² (ce chiffre 2 en exposant se trouve en haut à gauche du clavier, à côté de la touche 1). Ce raccourci clavier est extrêmement pratique pour recopier, notamment, le code postal et le nom de la ville lors de la saisie d'une longue liste de gens qui habitent au même endroit.

Lorsque vous entrez des dates dans des champs, utilisez un format cohérent connu d'Excel, comme **21/7/98**. Si vous devez entrer des codes postaux avec des zéros comme préfixe, comme **07000**, mettez la cellule en forme avec le format de nombre spécial code postal (reportez-vous au Chapitre 3 pour en savoir plus sur les formats de nombre spéciaux). Dans le cas d'autres chiffres que vous désirez faire précéder de zéros, placez une apostrophe (') devant le premier d'entre eux. Ce signe, qui n'apparaît pas dans la base de données – il n'est visible que dans la barre de formule –, indique à Excel qu'il doit considérer le nombre comme du texte.

Une fois que vous avez entré toutes les informations demandées par le nouvel enregistrement, appuyez sur la touche fléchée bas. Vous pouvez aussi appuyer sur la touche Entrée ou cliquer sur le bouton Nouvelle (voir Figure 9.2). Excel place le nouvel enregistrement après le dernier, dans la feuille de calcul, et affiche un nouveau formulaire vierge dans lequel vous pourrez entrer le prochain enregistrement (Figure 9.3).

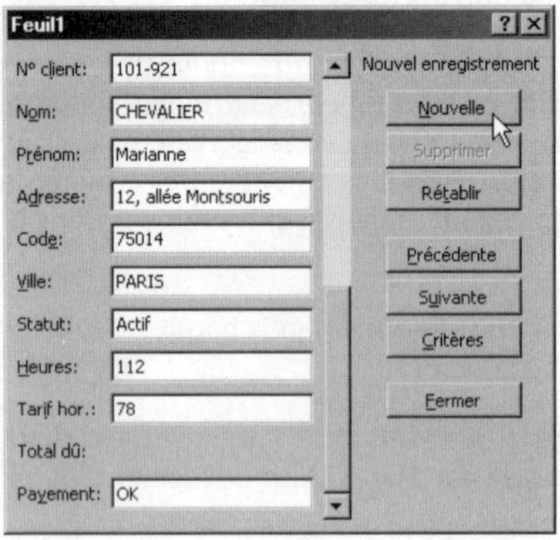

Figure 9.2 : Entrez les données dans les champs du deuxième enregistrement.

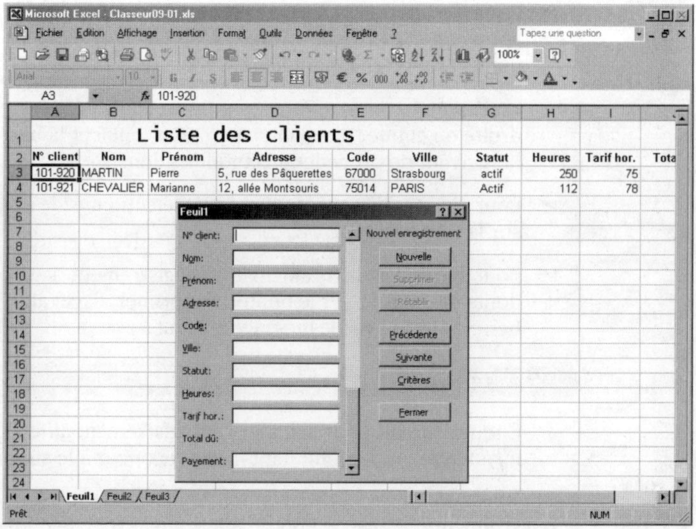

Figure 9.3 : Après avoir inséré l'enregistrement dans la base de données, un nouveau formulaire vierge est affiché.

Après avoir fini d'ajouter de nouveaux enregistrements dans la base de données, appuyez sur la touche Echap ou cliquez sur le bouton fermer, en bas de la boîte de dialogue, pour quitter le formulaire. Enregistrez ensuite la feuille de calcul avec la commande Fichier/ Enregistrer ou le bouton Enregistrer, dans la barre d'outils Standard.

Rechercher, modifier et supprimer des enregistrements

Lorsque votre base de données se sera étoffée, au fil des nouveaux enregistrements que vous serez amené à faire, vous pourrez commencer à exécuter les inévitables tâches de mise à jour. Vous utiliserez le formulaire pour accéder à un enregistrement que vous désirez modifier, et procéder à quelques changements. Le formulaire vous servira aussi à retrouver un enregistrement que vous désirez ôter puis supprimer de la base de données.

- Localisez l'enregistrement à modifier, dans la base de données, en affichant son formulaire. Reportez-vous aux deux sections "D'un enregistrement à l'autre" et "Celui qui le trouve le garde" pour savoir comment localiser des enregistrements, et aussi au Tableau 9.1 qui fournit d'utiles conseils.

- Pour modifier un champ de l'enregistrement courant, allez-y en appuyant sur la touche Tab ou Maj+Tab et remplacez la donnée qui s'y trouve en tapant la nouvelle.

  Vous pouvez aussi appuyer sur les touches fléchées gauche et droite ou cliquer dans un champ pour y placer la barre d'insertion, avant de procéder aux modifications.

- Pour vider entièrement un champ, sélectionnez-le et appuyez sur la touche Suppr.

- Pour supprimer la totalité d'un enregistrement de la base de données, cliquez sur le bouton Supprimer. Excel affiche une boîte d'alerte avec le message suivant :

```
L'enregistrement affiché sera supprimé définitivement.
```

Cliquez sur OK pour éliminer l'enregistrement affiché dans le formulaire, ou sur Annuler si vous renoncez à le supprimer.

Il est *impossible* de recourir à l'option Annuler pour récupérer un enregistrement ôté avec le bouton Supprimé. Excel ne rigole pas quand il prévient que l'enregistrement sera *définitivement supprimé.* Par précaution, enregistrez toujours la feuille de la base de données avant de supprimer des enregistrements.

D'un enregistrement à l'autre

Après avoir affiché le formulaire dans la feuille de calcul en plaçant le pointeur de cellule quelque part dans la base de données et avoir choisi la commande Données/Formulaire, dans la barre de menu, vous pouvez utiliser soit la barre de défilement à droite des champs de saisie pour aller d'un enregistrement à l'autre, soit les diverses touches du Tableau 9.1.

- **Pour aller vers le prochain enregistrement, dans la base de données :** Appuyez sur la touche fléchée bas ou sur Entrée, ou cliquez sur le bouton en bas de la barre de défilement.

- **Pour aller vers l'enregistrement précédent, dans la base de données :** Appuyez sur la touche fléchée haut ou sur Maj+Entrée, ou cliquez sur le bouton en haut de la barre de défilement.

- **Pour aller au premier enregistrement de la base de données :** Appuyez sur Ctrl+touche fléchée haut ou sur Ctrl+PageHaut, ou amenez le curseur de défilement tout en haut de la barre.

- **Pour aller au nouvel enregistrement de la base de données qui se trouve juste après le dernier enregistrement :** Appuyez sur Ctrl+touche fléchée bas ou sur Ctrl+PageBas, ou amenez le curseur de défilement tout en bas de la barre.

Tableau 9.1 : Comment accéder à un enregistrement.

Touche ou utilisation de la barre de défilement	Résultat
Appui sur la touche flèche bas ou sur Entrée. Clic sur le bouton en bas de la barre de défilement ou sur le bouton Suivante.	Déplacement vers le prochain enregistrement de la base de données. Le même champ est sélectionné.
Appui sur la touche flèche haut ou sur Maj+ Entrée. Clic sur le bouton en haut de la barre de défilement ou sur le bouton Précédente.	Déplacement vers l'enregistrement précédent, dans la base de données. Le même champ est sélectionné.
Appui sur PageBas	Déplacement de 10 enregistrements plus loin, dans la base de données.
Appui sur PageHaut	Déplacement de 10 enregistrements en arrière, dans la base de données.
Appui sur Ctrl+touche fléchée haut ou sur Ctrl+PageHaut, ou déplacement du curseur de défilement jusque tout en haut de la barre.	Affichage du premier enregistrement de la base de données.
Déplacement du curseur de défilement jusque tout en bas de la barre.	Affichage du dernier enregistrement de la base de données.

Celui qui le trouve le garde

Dans une très grande base de données, retrouver un enregistrement en allant de l'un à l'autre – et même dix par dix en actionnant la barre de défilement – n'est pas une mince affaire. Plutôt que de perdre du temps à tenter de trouver manuellement un enregistrement, utilisez le bouton Critères, dans le formulaire.

Lorsque vous cliquez sur le bouton Critères, Excel vide tous les champs du formulaire et affiche le mot *Critères* à la place du compteur d'enregistrement. Vous pouvez maintenant entrer un ou plusieurs critères de recherche dans les champs vierges.

Supposons que vous désiriez afficher le statut actif ou inactif de la fiche Ferré. Malheureusement, le document administratif qui le concerne ne contient pas son numéro de client. La seule chose que vous savez, c'est que le champ Statut de son enregistrement contient la mention Actif, et non Inactif, et que son nom commence par F.

Afin de trouver cet enregistrement, vous pouvez utiliser le peu d'informations dont vous disposez pour restreindre la recherche à tous les enregistrements dont le champ Nom commence par F et dont le champ Statut contient la mention Actif. Pour ce faire, ouvrez le formulaire de la base de données, cliquez sur le bouton Critères puis, dans le champ Nom, tapez :

```
F
```

Ensuite, dans le champ Statut, entrez :

```
Actif
```

La Figure 9.4 montre le formulaire ainsi configuré.

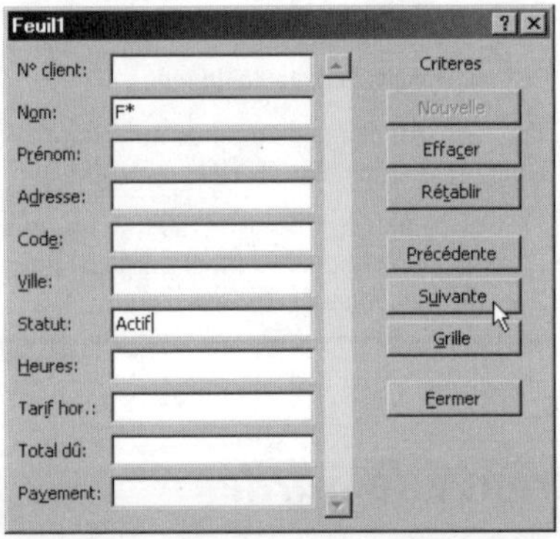

Figure 9.4 : Utilisez la fonction Critères, dans le formulaire, pour effectuer une recherche spécifique.

Lorsque vous entrez des critères de recherche dans les champs vides du formulaire, vous pouvez utiliser les caractères de substitution ? (occurrence d'une lettre à cette place précise) et * (plusieurs caractères), comme nous l'avions expliqué dans le Chapitre 6.

Cliquez maintenant sur le bouton Suivante. Excel affiche les données du premier enregistrement dans lequel le champ Nom commence par F et dont le champ Statut contient le mot Actif. Comme le montre la Figure 9.5, le premier enregistrement qui correspond à cette recherche est la fiche de Flora Rose. Pour continuer la recherche et trouver la fiche du client Ferré, cliquez sur le bouton Suivante. Son enregistrement apparaît dans la Figure 9.6. Il est maintenant possible de modifier le champ Statut de Jacques Ferré et de remplacer Actif par Inactif.

Après avoir cliqué sur le bouton Fermer, Excel enregistre cette modification dans la base de données.

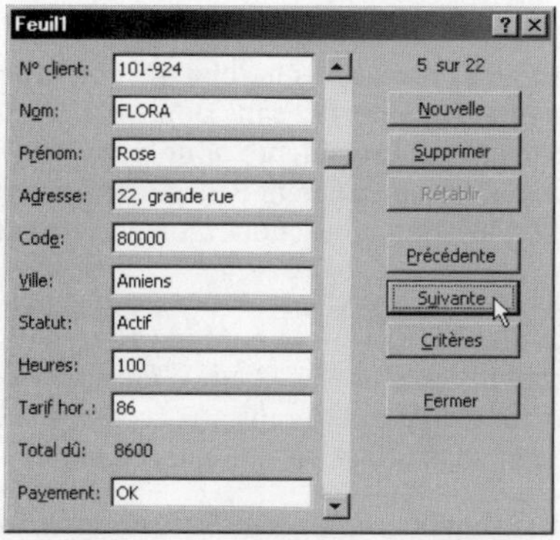

Figure 9.5 : Le premier enregistrement qui correspond aux critères de recherche n'est pas encore le bon.

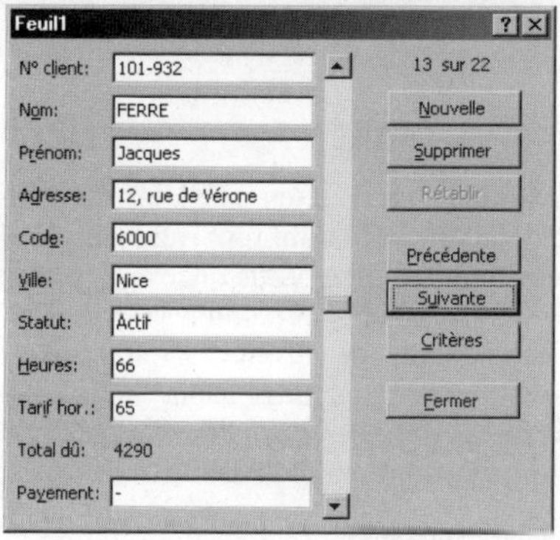

Figure 9.6 : Ça y est ! L'enregistrement recherché a été trouvé !

Quand vous faites appel à des critères de recherche pour trouver des enregistrements dans la base de données, vous pouvez utiliser les opérateurs suivants pour localiser un enregistrement en particulier :

Opérateur	**Signification**
=	Egal à
>	Supérieur à
>=	Supérieur ou égal à
<	Inférieur à
<=	Inférieur ou égal à
<>	Différent de

Par exemple, pour n'afficher que des enregistrements dans lesquels le champ Total dû est supérieur ou égal à 50 000 _, vous taperez **>=50000** dans le champ Total dû, après quoi vous cliquerez sur le bouton Suivante.

Lorsque vous spécifiez un critère de recherche qui correspond à plusieurs enregistrements, vous devrez sans doute cliquer plusieurs fois sur les boutons Suivante et Précédente pour trouver la fiche que vous recherchez. Si aucun enregistrement ne répond à ce critère, l'ordinateur émet un son lorsque vous cliquez sur l'un de ces boutons.

Afin de modifier les critères de recherche, videz les champs du formulaire en cliquant de nouveau sur le bouton Critères puis sur le bouton Effacer. Sélectionnez ensuite les champs appropriés et effacez les anciens critères avant d'entrer les nouveaux (vous ne pouvez que remplacer des critères si vous utilisez les mêmes champs).

Pour revenir à l'enregistrement courant sans utiliser les critères de recherche, cliquez sur le bouton Grille (ce bouton de retour à la grille de données se substitue au bouton Critères pendant une recherche).

On trie tout !

Dans chaque base de données créée dans Excel, les données sont de préférence disposées dans un ordre cohérent qui facilite l'affichage des informations et leur maintenance. Vous désirerez par exemple voir les informations en ordre alphabétique, selon les noms. Dans le cas d'une base de données de clients, ce seront des entreprises qui seront rangées en ordre alphabétique. Dans notre exemple de base de données, nous avons trié les données d'après un numéro de client, dans l'ordre où les clients se sont manifestés.

Quand vous entrez des enregistrements pour la première fois dans une base de données, vous les entrez certainement dans l'ordre alphabétique ou bien dans l'ordre où ils se présentent. Mais, dès la deuxième saisie d'enregistrements, vous constaterez bien vite qu'il est impossible de continuer à les entrer dans l'ordre que vous aviez adopté précédemment. Chaque fois que des fiches sont ajoutées avec le bouton Nouvelle, Excel place le nouvel enregistrement dans une nouvelle ligne, à la suite de ceux déjà existants.

Supposons que vous ayez commencé par entrer tous les enregistrements dans l'ordre alphabétique, par entreprises (de *Abondance SA* à *Zorglub & Cie*), et que vous devez maintenant ajouter un nouveau client, *Restoroute.* Excel le placera dans une nouvelle ligne, juste après

Zorglub & Cie, au lieu de le glisser au bon endroit, parmi les fiches dont le nom commence par un "R".

Ce problème n'est pas le seul auquel vous risquez d'être confronté lorsque des enregistrements doivent être entrés dans un ordre donné. Même si les enregistrements présents dans une base de données restent relativement stables, l'ordre que vous avez défini est celui qui vous conviendra la plupart du temps. Mais qu'en est-il si vous voulez classer les enregistrements dans un ordre complètement différent ?

Par exemple, bien que vous préfériez travailler avec une base de données triée par numéros de clients, il vous arrivera de vouloir la trier alphabétiquement selon le nom des clients afin de les localiser plus efficacement dans une sortie imprimante. Lorsque les enregistrements sont utilisés pour un publipostage de grande envergure, vous préférerez qu'ils soient triés par codes postaux. Si vous préparez un rapport pour vos représentants, qui indique quels sont les clients présents dans leurs zones, vous trierez par villes.

La souplesse dans l'ordre des enregistrements est une qualité indispensable pour répondre aux différents besoins. C'est là qu'intervient la commande Données/Trier.

Pour qu'Excel trie correctement les enregistrements d'une base de données, vous devez lui indiquer les champs à prendre en compte. De tels champs sont appelés *clé de tri* dans le jargon des bases de données. Il vous faudra aussi spécifier dans quel ordre le tri doit s'effectuer :

- **Croissant :** Les textes sont triés alphabétiquement de A à Z et les valeurs numériques de la plus faible à la plus élevée.
- **Décroissant :** Les textes sont triés dans l'ordre alphabétique inverse de Z à A et les valeurs numériques de la plus élevée à la plus faible.

Lors d'un tri, il est possible de spécifier jusqu'à trois champs de tri, chacun pouvant être trié en ordre croissant ou décroissant. Le tri sur plusieurs champs est nécessaire lorsque le premier comporte des doublons qui exigent un tri supplémentaire sur un deuxième, voire un troisième champ. Sans cette possibilité de tri sur plusieurs champs, Excel classerait tout simplement les doublons dans l'ordre où ils ont été entrés.

L'exemple le plus classique d'un tri sur plusieurs champs est celui où le tri doit s'effectuer sur des noms de famille. Supposons que votre base de données soit truffée de noms comme Dupont, Martin ou autres noms très fréquents. Si vous spécifiez uniquement le champ

Nom, lors d'un tri, en utilisant le tri croissant proposé par défaut, tous les Dupont et les Martin seront classés dans l'ordre où leurs enregistrements avaient été entrés. Pour affiner le tri de ces doublons, vous indiquerez le champ Prénom comme deuxième clé de tri (toujours dans l'ordre croissant), ce qui fera que Dominique Dupont précédera Jean Dupont, et que Sandra Martin se retrouvera après Claude Martin.

Procédez comme suit pour trier une base de données dans Excel :

1. **Positionnez le pointeur de cellule dans le premier nom de champ de la base de données.**
2. **Dans la barre de menu, choisissez Données/Trier.**

   Excel sélectionne tous les enregistrements de la base de données – hormis la ligne des noms de champs – et ouvre la boîte de dialogue Trier que montre la Figure 9.7. Par défaut, le premier nom apparaît dans la liste déroulante Trier par, et le bouton radio Croissant est sélectionné.

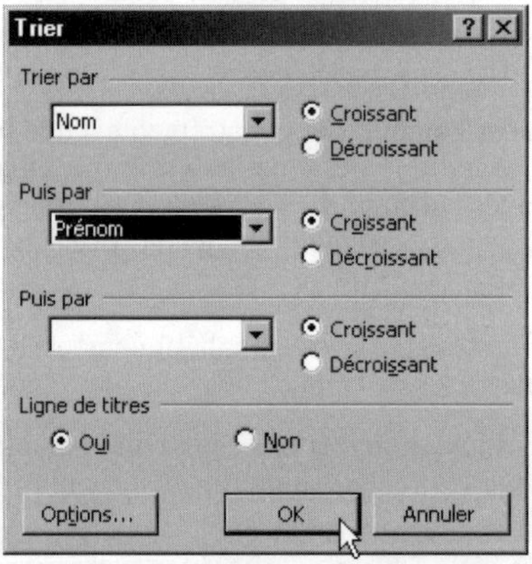

Figure 9.7 : Configurez le tri alphabétique des noms et des prénoms.

3. **Dans la liste Trier par, sélectionnez le nom du champ sur lequel le tri doit être effectué en premier.**

   Si les enregistrements doivent être triés par ordre décroissant, sélectionnez le bouton Décroissant.

4. **Si le premier champ contient des doublons et que vous voulez affiner le tri, sélectionnez une deuxième clé de tri dans la liste déroulante Puis par. Sélectionnez un ordre de tri croissant ou décroissant.**

5. **Si nécessaire, spécifiez un troisième champ pour trier les enregistrements ; choisissez-le dans la deuxième option Puis par, et spécifiez l'ordre de tri.**

6. **Cliquez sur OK ou appuyez sur Entrée.**

   Excel trie les enregistrements sélectionnés. Si le tri s'est effectué sur un mauvais champ ou dans un ordre erroné, choisissez la commande Annuler Trier, dans la barre de menu, ou appuyez immédiatement sur Ctrl+Z pour rétablir l'ordre d'origine de la base de données.

Lors d'un tri, ne sélectionnez pas par inadvertance le bouton radio Ligne de titre/Non (voir Figure 9.8), car Excel déplacerait les noms de champs en les triant en même temps que les données des enregistrements.

Observez comment le tri a été configuré dans la boîte de dialogue que montre la Figure 9.8 : dans la liste des clients, j'ai défini le champ Nom (Trier par) comme première clé de tri et le champ Prénom comme deuxième clé (Puis par) afin de trier les noms identiques par leur prénom. L'ordre de tri Croissant a été appliqué aux opérations. Remarquez dans la figure comment les trois Perret – Claude, François et Marc – ont été correctement triés par leurs prénoms.

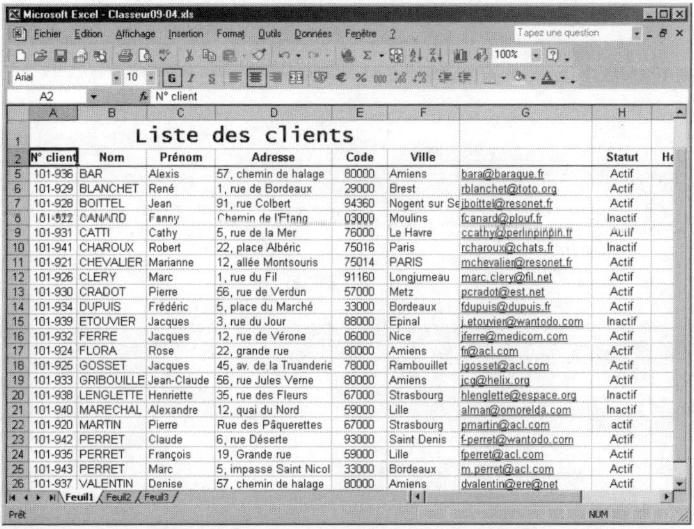

N° client	Nom	Prénom	Adresse	Code	Ville		Statut
101-936	BAR	Alexis	57, chemin de halage	80000	Amiens	bara@baraque.fr	Actif
101-929	BLANCHET	René	1, rue de Bordeaux	29000	Brest	rblanchet@toto.org	Actif
101-928	BOITTEL	Jean	91, rue Colbert	94360	Nogent sur Se	jboittel@resonet.fr	Actif
101-922	CANARD	Fanny	Chemin de l'Etang	03000	Moulins	fcanard@plouf.fr	Inactif
101-931	CATTI	Cathy	5, rue de la Mer	76000	Le Havre	ccathy@perlinpinpin.fr	Actif
101-941	CHAROUX	Robert	22, place Albéric	75016	Paris	rcharoux@chats.fr	Inactif
101-921	CHEVALIER	Marianne	12, allée Montsouris	75014	PARIS	mchevalier@resonet.fr	Actif
101-926	CLERY	Marc	1, rue du Fil	91160	Longjumeau	marc.clery@fil.net	Actif
101-930	CRADOT	Pierre	56, rue de Verdun	57000	Metz	pcradot@est.net	Actif
101-934	DUPUIS	Frédéric	5, place du Marché	33000	Bordeaux	fdupuis@dupuis.fr	Actif
101-939	ETOUVIER	Jacques	3, rue du Jour	88000	Epinal	j.etouvier@wantodo.com	Inactif
101-932	FERRE	Jacques	12, rue de Vérone	06000	Nice	jferre@medicom.com	Actif
101-924	FLORA	Rose	22, grande rue	80000	Amiens	fr@acl.com	Actif
101-925	GOSSET	Jacques	45, av. de la Truanderie	78000	Rambouillet	jgosset@acl.com	Actif
101-933	GRIBOUILLE	Jean-Claude	56, rue Jules Verne	80000	Amiens	jcg@helix.org	Actif
101-938	LENGLETTE	Henriette	35, rue des Fleurs	67000	Strasbourg	hlenglette@espace.org	Inactif
101-940	MARECHAL	Alexandre	12, quai du Nord	59000	Lille	almar@omorelda.com	Inactif
101-920	MARTIN	Pierre	Rue des Pâquerettes	67000	Strasbourg	pmartin@acl.com	actif
101-942	PERRET	Claude	6, rue Déserte	93000	Saint Denis	f-perret@wantodo.com	Actif
101-935	PERRET	François	19, Grande rue	59000	Lille	fperret@acl.com	Actif
101-943	PERRET	Marc	5, impasse Saint Nicol	33000	Bordeaux	m.perret@acl.com	Actif
101-937	VALENTIN	Denise	57, chemin de halage	80000	Amiens	dvalentin@ere@net	Actif

Figure 9.8 : La base de données des clients a été triée alphabétiquement par nom et par prénom.

TRUC

Vous pouvez utiliser les boutons Tri croissant et Tri décroissant, dans la barre d'outils Standard, pour effectuer un tri des enregistrements de la base de données sur un seul champ.

- Pour trier la base de données en ordre croissant selon un seul champ, placez le pointeur de cellule sur le nom de champ, tout en haut de la liste puis, dans la barre d'outils Standard, cliquez sur le bouton Tri croissant.
- Pour trier la base de données en ordre décroissant selon un seul champ, placez le pointeur de cellule sur le nom de champ, tout en haut de la liste puis, dans la barre d'outils Standard, cliquez sur le bouton Tri décroissant.

Cinquième partie

Les dix commandements

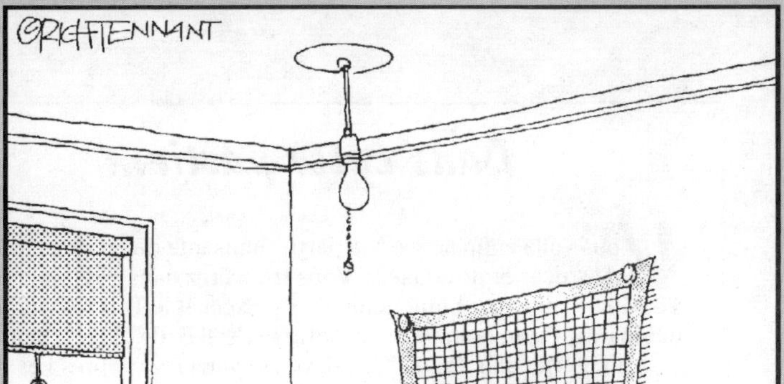

Ma petite amie a créé une feuille de calcul de ma vie et elle en a tiré ce graphique. Maintenant, ce qui m'arrangerait, c'est qu'elle laisse tomber ses études d'informatique pour faire de l'aide sociale.

Dans cette partie...

Vous voilà enfin arrivé à la partie amusante de ce livre, faite d'astuces et de conseils. Vous trouverez dans ce chapitre le Top 10 des nouvelles fonctionnalités d'Excel et le Top 10 pour les débutants. Et, en hommage au cinéaste Cecil B. de Mille, à Moïse et, à un niveau plus élevé d'Excel, vous trouverez ci-après Les dix commandements d'Excel 2002 qui, bien que n'ayant pas été gravés dans la pierre, vous garantiront le septième ciel bureautique si vous les appliquez scrupuleusement.

Chapitre 10

Le Top 10 des nouvelles fonctions d'Excel 2002

Vous voulez savoir ce qu'il y a de neuf dans Excel 2002 ? Ne cherchez plus, c'est ici. Vous trouverez dans ces pages mon Top 10 officiel des nouvelles fonctions. Jetez un coup d'œil à cette liste numérotée à rebours et vous découvrirez qu'elle contient en plus des astuces.

10. **Republication automatique d'une feuille de calcul en tant que page Web chaque fois que la feuille est enregistrée.** La fonction de republication automatique republie sans aucune intervention de votre part tous les tableaux et graphiques enregistrés en tant que page Web. Pour cela, cochez simplement la case Republier automatiquement lors de chaque enregistrement de ce classeur, dans la boîte de dialogue qui apparaît lorsque vous enregistrez pour la première fois le tableau ou le classeur pour le Web. Par la suite, Excel enregistrera automatiquement les nouvelles informations ou les informations modifiées chaque fois que vous cliquerez sur Fichier/Enregistrer.

9. **Pour obtenir de l'aide sur Excel, posez votre question dans la boîte de texte Tapez une question, dans la barre de menu.** Excel 2002 facilite l'accès à l'aide. Après avoir posé la question en quelques mots et appuyé sur la touche Entrée, Excel affiche un menu proposant des sujets relatifs au problème que vous rencontrez. Reportez-vous au Chapitre 1 pour en savoir plus.

8. **Modification des options de collage après avoir recopié une sélection à l'aide de la poignée de recopie.** Cette remarquable fonction, toute nouvelle dans Excel 2002, permet de recopier des cellules avec la poignée de recopie puis d'appliquer des options aux éléments dupliqués. Par exemple, quand Excel recopie automatiquement une valeur dans une plage de cellules, la série ainsi obtenue peut être une simple recopie ou une série incrémentée, selon l'option choisie dans le menu contextuel proposé à ce moment-là. La même icône proposant des options apparaît lorsque vous collez des objets coupés ou copiés dans le Presse-papiers de Windows. Reportez-vous au Chapitre 1 pour les détails.

7. **Recherche des classeurs à modifier dans le volet Office.** Le très pratique volet Office permet entre autres de rechercher les fichiers des classeurs que vous désirez ouvrir, et cela directement depuis la zone de travail de la feuille de calcul. Le volet Rechercher effectue toutes sortes de recherches, de la plus simple à la plus complexe.

6. **Affichage et insertion d'éléments stockés dans le Presse-papiers de Windows, en utilisant le volet Presse-papiers.** Le volet Presse-papiers apparaît automatiquement chaque fois que vous copiez plus d'un objet dans le Presse-papiers à l'aide des commandes Edition/Couper ou Edition/Coller. Ces objets, jusqu'à 24, sont représentés visuellement. Pour en coller un dans la feuille de calcul courante, il suffit de cliquer dessus. Cette fonction est décrite dans le Chapitre 4.

5. **Recherche et insertion d'une image grâce au volet Insérer une image clipart.** Ce volet, automatiquement affiché en cliquant sur Insertion/Image/Image clipart, permet de rechercher différents types d'images à partir de mots-clés. Le résultat de cette recherche apparaît ensuite dans le volet sous la forme d'une série de vignettes. Cliquez sur l'une d'elles pour l'insérer dans la feuille de calcul courante.

4. **Ouverture d'un nouveau classeur ou d'un classeur existant, à partir du volet Nouveau classeur.** Chaque fois que vous ouvrez Excel avec une nouvelle feuille de calcul vide, le logiciel affiche automatiquement le volet Nouveau classeur. Les liens qu'il contient permettent d'ouvrir un nouveau classeur ou n'importe lequel des quatre derniers classeurs que vous avez utilisés, ou d'ouvrir l'un des modèles à votre disposition. Reportez-vous aux Chapitres 1 et 4 pour en savoir plus.

3. **Valider des corrections avec la fonction Texte en parole.** Cette fonction nouvelle n'est citée ici qu'à titre indicatif, car elle n'est

utilisable que sur la version américaine d'Excel 2002, ainsi que sur les versions chinoises et japonaises. La présence d'une barre d'outils Texte en parole ainsi qu'une aide rédigée en français est cependant fournie dans Excel, ce qui laisse à penser que Microsoft n'exclut pas l'adaptation de cette fonction sur d'autres langues que celles citées.

2. **Commander Excel vocalement.** A l'instar de la fonction précédente, les fonctions vocales n'existent que sur la version américaine d'Excel 2002, ainsi que sur les versions chinoises et japonaises. L'aide en français, dans Excel, laisse à penser que Microsoft n'exclut pas l'adaptation de cette fonction sur d'autres langues que celles citées.

1. **Récupération des données non enregistrées grâce à la fonction Récupération automatique.** Cette fonction, l'une des plus utiles d'Excel 2002, sauvegarde des données non enregistrées et permet ainsi de les récupérer après un plantage de l'ordinateur. Les données de récupération sont mémorisées toutes les dix minutes, à condition cependant que vous ayez effectué au moins un enregistrement manuellement en cliquant sur Fichier/Enregistrer. Si l'ordinateur venait à planter, dès le redémarrage, Excel afficherait le volet Récupération du document, qui permet de restaurer la version la plus complète du fichier récupéré. Reportez-vous au Chapitre 2 pour savoir comment configurer la récupération automatique et vous assurer qu'elle est en fonction.

Chapitre 11

Les dix commandements d'Excel 2002

Dans Excel, vous découvrirez que certaines choses se font et d'autres pas. En respectant religieusement les tables de la loi édictées ci-dessous, votre tableur vous mènera au septième ciel.

10. **Sur le disque dur tu coucheras ton travail.** En sauvegardant fréquemment le travail en cours (cliquez sur Fichier/Enregistrer ou sur Ctrl+S), vous minimiserez le risque de pertes de données. De plus, dès la première sauvegarde, Excel enclenchera la fonction de récupération automatique. Choisissez Outils/ Options puis cliquez sur l'onglet Enregistrer ; cochez ensuite la case Enregistrer les informations de récupération automatique toutes les *n* minutes et modifiez l'intervalle de la sauvegarde à votre guise.

9. **Tes classeurs tu nommeras.** La première fois que vous enregistrez un classeur, donnez-lui un nom plus descriptif que celui proposé par défaut. Vous avez droit à 255 caractères ou symboles (si un caractère interdit est utilisé, Excel ne manquera pas de vous le signaler). Choisissez judicieusement le dossier dans lequel vous stockerez le classeur afin de le retrouver facilement par la suite.

8. **Tes données tu n'éparpilleras point dans la feuille de calcul.** Il est au contraire préférable de réunir les tableaux et éviter les lignes et colonnes vides, à moins que ce ne soit absolument nécessaire pour la lisibilité des données. Réunir les données évite de gaspiller de la mémoire vive.

7. **Par le signe céleste = (égal) chacune des formules d'Excel 2002 tu commenceras.** Mais si vous apparteniez à la tribu de Lotus 1-2-3, vous bénéficieriez d'une dispense et pourriez commencer une formule par le signe + et les fonctions par le signe @.

6. **Les cellules tu sélectionneras avant que les commandes tu invoqueras.** Sinon, leur terrible pouvoir ne s'appliquera pas à elles.

5. **De la fonction Annuler tu useras.** Appliquez-la immédiatement après avoir commis votre très grande faute. Hormis la commande Edition/Annuler de la barre de menu ou l'appui sur Ctrl+S, vous pouvez cliquer sur le bouton Annuler, dans la barre d'outils Standard ; il offre en effet la possibilité d'annuler à plusieurs niveaux en arrière.

4. **Des lignes ou des colonnes tu ne supprimeras ou n'inséreras,** à moins d'avoir vérifié que ces opérations ne détruisent ou ne déplacent pas inconsidérément des formules et des données.

3. **Sans l'Aperçu avant impression jamais tu n'imprimeras.** Vérifiez systématiquement, en cliquant sur Fichier/Aperçu avant impression, que les données apparaissent correctement dans la page, qu'elles ne sont pas tronquées et que les sauts de page sont pertinents. Pour cela, cliquez sur Affichage/Aperçu des sauts de page.

2. **Le recalcul manuel tu utiliseras,** lorsque la feuille de calcul sera devenue si grosse qu'elle rampera comme un dromadaire enlisé dans la dune. Choisissez Outils/Option et cliquez sur l'onglet Calcul. Activez ensuite l'option Sur ordre. Ôtez la coche de Recalcul avant l'enregistrement si vous voulez ignorer le message Calculer dans la barre d'état et ne pas avoir à appuyer sur la touche de recalcul immédiat (F9) au moment d'imprimer des données.

1. **Les feuilles et le classeur tu protégeras de l'iniquité et de la corruption**, et surtout des maladroits et des malfaisants. Pour ce faire, cliquez sur Outils/Protection/Protéger la feuille ou Protéger le classeur. Et afin de se prémunir du malin (si tant est qu'il le soit), appliquez un mot de passe : "En vérité je vous le dis, le jour où vous en viendrez à oublier le mot de passe, ce jour sera le dernier où vous aurez vu votre feuille de calcul."

Chapitre 12

Le Top 10 pour les débutants

Si vous ne maîtrisiez que les dix points qui suivent, vous sauriez déjà vous débrouiller honorablement avec Excel 2002. Ce Top 10 recense en effet ce qu'il faut absolument savoir pour utiliser efficacement Excel.

10. **Pour démarrer Excel 2002 depuis la barre des tâches de Windows 98, Me ou 2000,** cliquez sur le bouton Démarrer puis, dans le menu Programmes, choisissez Microsoft Excel.

9. **Pour démarrer automatiquement Excel 2002 en même temps que le classeur que vous désirez modifier,** localisez le fichier en question dans l'Explorateur Windows ou dans le Poste de travail et double-cliquez sur son icône.

8. **Pour atteindre une partie de la feuille de calcul qui n'est pas visible à l'écran,** actionnez les barres de défilement à droite et en bas de la fenêtre du classeur jusqu'à ce que l'endroit voulu apparaisse.

7. **Pour créer un nouveau classeur contenant trois feuilles de calcul vierges,** cliquez sur le bouton Nouveau, dans la barre d'outils Standard, ou choisissez Fichier/Nouveau, dans la barre de menu. Ou encore, appuyez sur les touches Ctrl+N. Pour insérer une nouvelle feuille de calcul dans un classeur, choisissez Insertion/Feuille, dans la barre de menu, ou appuyez sur Maj+F1.

6. **Pour activer un classeur ouvert et l'afficher à l'écran,** pardessus tous ceux déjà ouverts, déployez le menu Fenêtre puis

sélectionnez le nom ou le numéro de la feuille désirée. Pour localiser une feuille de calcul particulière dans le classeur actif, cliquez sur l'onglet de cette feuille, en bas à gauche de la fenêtre du document. Pour afficher d'autres feuilles, cliquez sur les boutons de défilement des feuilles, à gauche des onglets.

5. **Pour entrer des données dans une feuille de calcul,** sélectionnez la cellule qui doit les contenir puis tapez-les. Ceci fait, cliquez sur le bouton Entrer de la barre de formule (celui en forme de coche), ou appuyez sur la touche Tab, sur la touche Entrée ou sur l'une des touches fléchées.

4. **Pour modifier le contenu d'une cellule,** double-cliquez sur la cellule ou placez le pointeur de cellule dessus et cliquez sur F2. Excel place la barre d'insertion au bout du contenu de la cellule et passe en mode Modifier (reportez-vous au Chapitre 2 pour les détails). Après avoir corrigé l'entrée, cliquez sur le bouton Entrer de la barre de formule, ou appuyez sur la touche Tab, sur la touche Entrée ou sur l'une des touches fléchées.

3. **Pour choisir l'une des nombreuses commandes des menus déroulants,** choisissez un nom sur la barre de menu afin de déployer son panneau puis faites glisser le pointeur jusque sur la commande désirée. Pour choisir une commande dans un menu contextuel, cliquez sur l'objet (cellule, onglet de feuille, barre d'outils, graphique...) avec le bouton droit de la souris.

2. **Pour enregistrer une première fois le classeur sur le disque dur,** cliquez sur Fichier/Enregistrer ou sur Fichier/Enregistrer sous, ou cliquez sur le bouton Enregistrer, sur la barre d'outils Standard, ou appuyez sur Ctrl+S. Dans la liste déroulante Enregistrer dans, choisissez le lecteur et le dossier qui contiendront le classeur. Dans le camp Nom, remplacez le nom Classeur1.xls proposé par défaut par un nom plus personnalisé (jusqu'à 255 caractères de long, y compris les espaces) puis cliquez sur le bouton Enregistrer. Par la suite, pour enregistrer des modifications, cliquez sur le bouton Enregistrer, dans la barre d'outils Standard, ou choisissez Fichier/Enregistrer, ou appuyez sur Ctrl+S ou sur Maj+F12 (NDT : l'appui uniquement sur F12 affiche la boîte de dialogue Enregistrer sous).

1. **Pour quitter Excel,** choisissez la commande Fichier/Quitter, dans la barre de menu, ou cliquez sur le bouton Fermer, dans la barre de titre du logiciel, ou appuyez sur Alt+F4. Si le classeur a été modifié et que ces modifications n'ont pas été enregistrées, Excel 2002 demande s'il faut enregistrer les changements.

Arrêtez l'ordinateur proprement en cliquant, dans la barre des tâches, sur le menu Démarrer (NDT : eh oui, c'est l'un des paradoxes les plus célèbres de Windows) et en choisissant l'option Arrêter (NDT : on finit par y arriver...)

Annexe

Glossaire de poche des termes Windows

Agrandir : Action par laquelle une fenêtre occupe la totalité de l'écran. Une fenêtre peut être agrandie en double-cliquant sur sa barre de titre, ou en cliquant sur le bouton qui, à droite de la barre de titre, contient un rectangle (double-cliquer de nouveau dans la barre de titre ramène la fenêtre à sa taille précédente). Voir Réduire.

Application : Synonyme de logiciel et de programme.

Assistant : Programme d'aide qui prend en charge toutes les tâches compliquées ou rébarbatives.

Barre d'insertion : Voir **Curseur**.

Bitmap : Un des nombreux formats d'image. Le programme Paint, qui est un accessoire de Windows, produit des images BMP (bitmap).

Bordure : Bord d'une fenêtre. Les bordures peuvent être déplacées afin de redimensionner la fenêtre.

Bouton de raccourci : Bouton qui, dans le menu Aide, mène directement à l'emplacement à configurer.

Bribe : Lorsque vous sélectionnez du texte ou des images dans un programme et que vous déposez cet élément sur le Bureau, Windows en fait une "bribe", c'est-à-dire un fichier de données contenant des informations. Cette bribe peut être enregistrée ou déposée dans d'autres programmes.

Bureau : Zone de l'écran qui héberge les fenêtres et les icônes. La plupart des utilisateurs recouvrent le Bureau d'un *arrière-plan* (une jolie image ou la photo des enfants), appelé aussi *papier peint*.

Cache : Zone de stockage dans laquelle Windows mémorise temporairement les fichiers récemment utilisés afin d'accélérer leur chargement, au besoin.

Casse : Terme emprunté à l'époque de la typographie au plomb. Il sert en informatique à indiquer la nature d'un caractère : majuscule ou minuscule. Dans un logiciel sensible à la casse, *concombre* et *Concombre* sont deux mots différents.

Chemin : Phrase sibylline pour le novice qui décrit la succession des dossiers et des sous-dossiers qui mène à l'emplacement d'un fichier. Le nom de ce fichier fait partie du chemin.

Clic : Action consistant à appuyer sur le bouton de la souris et à le relâcher. Cliquer avec le bouton gauche sert à sélectionner un élément. Cliquer avec le bouton droit affiche des informations concernant l'élément.

Connexion à distance : Technique de connexion à l'Internet au moyen d'un modem et d'une ligne téléphonique.

Curseur : Petite ligne clignotante qui indique l'emplacement où un caractère typographique apparaîtra lorsque vous aurez appuyé sur une touche. Synonyme : *barre d'insertion.*

Document : Fichier contenant une information telle que du texte, un son ou une image. Les documents sont produits et modifiés par les programmes. Voir Programme.

Dossier : Organisation thématique des fichiers dans des zones bien définies. Autrefois appelés "répertoires", les dossiers peuvent eux-mêmes contenir des dossiers. Voir **Répertoire**, **Sous-dossier**.

Double clic : Action consistant à appuyer et à relâcher le bouton gauche de la souris deux fois, à intervalle très rapproché (le double clic avec le bouton droit est sans effet). Les gauchers peuvent permuter les boutons de la souris afin d'améliorer leur confort de travail.

Elastique : Technique de sélection d'un ensemble d'éléments avec la souris : cliquez à un endroit de l'écran puis, le bouton gauche de la souris enfoncé, tirez un rectangle englobant les éléments à sélectionner. Relâchez le bouton pour sélectionner tous les éléments (ils apparaissent en surbrillance).

Fenêtre active : La dernière fenêtre dans laquelle vous avez cliqué, reconnaissable à sa barre de titre bleue, est considérée comme active. Toute action sur une touche du clavier la concernera.

Fenêtre : Rectangle affiché à l'écran ; il contient les données sur lesquelles vous travaillez. Les programmes s'ouvrent chacun dans une fenêtre.

Fichier : Ensemble de données cohérentes réunies dans un format lisible par les ordinateurs.

Formatage : Opération consistant à préparer un support magnétique (disque ou disquette) de manière qu'il puisse recevoir des données. Un disque doit être organisé en pistes concentriques divisées en secteurs. Le formatage d'un disque efface toutes les données qui s'y trouvent.

Glisser-déposer : Manipulation en quatre phases permettant de déplacer un objet sur le Bureau. La première phase consiste à pointer sur l'objet (une icône, un paragraphe sélectionné...). La deuxième phase consiste à appuyer sur le bouton gauche de la souris et à le maintenir enfoncé. Dans la troisième phase, le pointeur de la souris est déplacé là où l'objet doit être déposé. La quatrième phase consiste à relâcher le bouton de la souris : l'objet se trouve au nouvel emplacement.

Icône : Pictogramme représentant un objet (programme, fichier, commande...). Il facilite l'identification de cet objet et sa fonction.

Internet : Vaste regroupement d'ordinateurs à l'échelle planétaire. Le World Wide Web est, parmi d'autres éléments, la partie grand public de l'Internet. La connexion à l'Internet s'effectue par l'intermédiaire d'un fournisseur d'accès.

Logiciel : Synonyme d'application et de programme.

Mémoire vive : Ensemble de composants dans lesquels l'ordinateur stocke les données en cours d'utilisation et/ou de traitement.

Multitâche : Capacité pour un système d'exploitation de gérer plusieurs programmes simultanément.

Navigateur Web : Logiciel permettant de circuler dans le labyrinthe qu'est le World Wide Web, de visiter des pages Web et d'examiner ce qu'elles contiennent. Windows XP est équipé de son propre navigateur : Internet Explorer.

Page Web : Le Web contient des dizaines de millions de pages sur tous les sujets et tous les thèmes. Chacun a la possibilité de créer les siennes et de les "mettre sur le Web".

Par défaut : Le choix d'une option par défaut évite d'avoir à prendre une décision plus compliquée. L'option *par défaut* est celle que vous adopterez quand vous ne saurez pas quelle autre choisir. Il suffit d'appuyer sur Entrée pour la mettre en œuvre.

Pare-feu : Matériel ou logiciel spécialisé, installé sur un réseau. Il empêche les intrus provenant notamment de l'Internet d'accéder aux fichiers des ordinateurs. Certains pare-feux empêchent les employés d'une société de télécharger du matériel non autorisé. Windows XP est équipé d'un pare-feu qui doit parfois être activé manuellement.

Pilote : Fichier permettant à Windows de communiquer avec des périphériques tels qu'une carte graphique ou vidéo, un lecteur de CD, etc.

Plug and Play : (PnP) Technologie de reconnaissance automatique par Windows des périphériques nouvellement installés.

Presse-papiers : Partie de Windows XP qui conserve les éléments qui ont été coupés ou copiés dans un programme ou dans un fichier. Ces éléments peuvent ensuite être collés dans d'autres programmes.

Programme : Synonyme d'application et de logiciel. Fichier ou ensemble de fichiers programmés pour effectuer une tâche spécifique. Un traitement de texte, un tableur ou un jeu vidéo sont des programmes. Les fichiers produits par les programmes (courrier, feuilles de calcul, scores) sont des *fichiers de données*.

Raccourci : Icône qui exécute une action externe : chargement d'un fichier, lancement d'un programme ou émission d'un son, par exemple. Un raccourci se reconnaît à la petite flèche en bas à gauche du pictogramme. Elle différencie l'icône d'un raccourci (qui peut être supprimée) de l'icône d'un programme (qui ne doit pas être supprimée).

Raccourci clavier : Contrairement au raccourci, un raccourci clavier est une lettre soulignée dans une option de menu ; elle permet d'utiliser le clavier au lieu de la souris.

RAM : Initiales de *Random Access Memory,* mémoire à accès aléatoire. Terme technique pour "mémoire vive". Voir ce mot.

Réduire : Réduction d'une fenêtre à la taille d'une petite icône placée dans la barre des tâches. Pour ce faire, cliquez sur le petit bouton qui, dans la barre de titre de la fenêtre, montre un tiret. Voir **Agrandir**.

Répertoire : Dossier de stockage de fichiers. Le stockage des fichiers dans des dossiers thématiques les rend plus faciles à trouver. Windows XP n'utilise plus le terme "répertoire", qui date de l'époque des systèmes d'exploitation révolus comme CP/M, DR-DOS ou MS-DOS, et lui préfère le terme "dossier". Voir **Dossier**.

Réseau : Connexion entre eux de plusieurs ordinateurs afin que les utilisateurs puissent se partager des données sans avoir à quitter leur poste de travail.

Sous-dossier : Répertoire en aval d'un autre ou, mieux, un dossier contenu dans un autre. Une bonne organisation d'un disque dur repose sur des dossiers et des sous-dossiers. Par exemple, le dossier Malbouffe contiendra des sous-dossiers Fastfood, Colorants et Hormones. Bon appétit et voyez aussi **Dossier**.

Surbrillance : Néologisme dont le sens équivaux à "surligné". Un élément en surbrillance est un élément sélectionné.

SVGA : L'un des standards d'affichage des données sur un moniteur. L'affichage SVGA gère une grande variété de couleurs et de résolutions. Voir VGA.

Système d'exploitation : Logiciel qui contrôle la manière dont un ordinateur s'acquitte des tâches les plus élémentaires : démarrage des programmes, stockage des fichiers, communication avec l'imprimante, et autres opérations internes propres à la machine. Windows est un système d'exploitation.

Téléchargement : Transfert de fichiers depuis l'Internet vers l'ordinateur et inversement (NDT : les Américains utilisent deux termes distincts selon le sens du transfert : *downloading,* pour le téléchargement vers l'ordinateur, *uploading* pour le téléchargement vers l'Internet [ou vers un serveur Internet]).

VGA : Initiales de *Video Graphic Array,* matrice graphique vidéo. Standard d'affichage assez ancien. Il a été remplacé par le SVGA et d'autres standards encore plus performants. Voir **SVGA**.

Virtuel : Un mot très "tendance" recouvrant notamment la simulation informatique. Dans le langage courant, est virtuel ce qui *semble* réel mais ne l'est pas. Par exemple, lorsque Windows utilise de la mémoire virtuelle, il utilise une partie du disque dur pour la simuler, et non des barrettes de mémoire.

World Wide Web : "La toile d'araignée mondiale". Elle étend ses ramifications (câbles téléphoniques, faisceaux hertziens...) sur l'ensemble du monde. Des myriades de données transitent en permanence d'un bout du monde à l'autre. (NDT : le Web a été inventé au début des années 90 par Tim Berners Lee, un ingénieur du Centre européen de recherches nucléaires, à Genève).

Index

A

B

C

D

E

F

G

H

I

O

P

Q

R

S

T

V

Z

Achevé d'imprimer
en novembre 2001
par Legoprint S.p.A.
Lavis, Italie